儿童基本运动技能教学指导

第④版

[英] A. 冯妮·科尔文 (A. Vonnie Colvin)
南希·J. 埃格纳·马科斯 (Nancy J. Egner Markos) 编著
帕梅拉·J. 沃克 (Pamela J. Walker)

陈凤林 胡永泉 译

人 民 邮 电 出 版 社
北 京

图书在版编目（CIP）数据

儿童基本运动技能教学指导：第4版 / （英）A.冯妮·科尔文（A. Vonnie Colvin），（英）南希·J.埃格纳·马科斯（Nancy J. Egner Markos），（英）帕梅拉·J.沃克（Pamela J. Walker）编著；陈凤林，胡永泉译. —北京：人民邮电出版社，2025.6
ISBN 978-7-115-62865-7

Ⅰ. ①儿… Ⅱ. ①A… ②南… ③帕… ④陈… ⑤胡…
Ⅲ. ①体育课－小学－教学参考资料 Ⅳ. ①G623.83

中国国家版本馆CIP数据核字(2023)第194612号

版 权 声 明

免 责 声 明

本书内容旨在为大众提供有用的信息。所有材料（包括文本、图形和图像）仅供参考，不能用于对特定疾病或症状的医疗诊断、建议或治疗。所有读者在针对任何一般性或特定的健康问题开始某项锻炼之前，均应向专业的医疗保健机构或医生进行咨询。作者和出版商都已尽可能确保本书技术上的准确性以及合理性，且并不特别推崇任何治疗方法、方案、建议或本书中的其他信息，并特别声明，不会承担由于使用本出版物中的材料而遭受的任何损伤所直接或间接产生的与个人或团体相关的一切责任、损失或风险。

内 容 提 要

本书是一本关于儿童基本运动技能教学指导书，全书共10章，提供了儿童应该掌握的8项运动技能和17项操控性技能，案例中有详细的教学计划、关键要领和可以拿来就用的详细表格，可以帮助教师更好地在课堂上教学，从而帮助儿童养成良好的运动习惯，学会正确地运动。本书适合小学体育教师、儿童家长和儿童体育培训机构教练阅读。

- ◆ 编　　著　[英] A.冯妮·科尔文（A. Vonnie Colvin）
　　　　　　　[英] 南希·J.埃格纳·马科斯（Nancy J. Egner Markos）
　　　　　　　[英] 帕梅拉·J.沃克（Pamela J.Walker）
　　译　　　　陈凤林　胡永泉
　　责任编辑　刘日红
　　责任印制　彭志环
- ◆ 人民邮电出版社出版发行　　　　北京市丰台区成寿寺路 11 号
　　邮编　100164　　电子邮件　315@ptpress.com.cn
　　网址　https://www.ptpress.com.cn
　　北京市艺辉印刷有限公司印刷
- ◆ 开本：700×1000　1/16
　　印张：19.75　　　　　　　　　　2025 年 6 月第 1 版
　　字数：420 千字　　　　　　　　2025 年 6 月北京第 1 次印刷
　　著作权合同登记号　图字：01-2022-4098 号

定价：148.00 元
读者服务热线：**(010)81055296**　印装质量热线：**(010)81055316**
反盗版热线：**(010)81055315**

谨以本书献给所有我们有幸教过的学子，是你们帮助我们成为更优秀的老师，使我们可以完成本书的写作。虽然我们已经正式结束了教学生涯，但我们仍然关心体育教育事业，关心我们以前的学生和同事，以及未来的体育教育领域的同行们。因此，本书也献给未来的同行们，希望各位同行和我们一样热爱体育教育事业。

前 言

作为教育工作者，我们应努力为学生创造良好的学习环境，让学生能够在非竞争的环境下进行训练，同时注重他们自身的发展（SHAPE America, 2014）。虽然教育的主要目标是提高技能，但我们相信教学可以调动学生的积极性，让学生享受学习。尽管娱乐消遣并不是教育的目标，但它却有助于激发学生的积极性。当学生有了积极性，同时接受合理的教导，他们学习时会更加集中注意力。在体育教育中，这种学习方式可以帮助学生养成积极参与体育活动的习惯。

儿童时期是学习语言、阅读和基本动作的黄金时期。3～9岁是学生学习体育技能的关键时期（Pangrazi, Chomokos & Massoney, 1981）。与一生中任何其他时期相比，学生在小学低年级阶段更容易掌握一些基本的动作技能。运动技能和操控性技能是很关键的基石，能够使学生越过熟练度的壁垒，成为成功的运动者（Seefeldt, 1979）。然而，高质量的教学和练习对学生掌握所有的运动技能来说很有必要。这些经历会转换为技能，以及一种积极运动的生活方式。

过去，很多课程集中于让学生玩一些没有指导重点的游戏。像突破防线（Red Rover）和丢手绢（Duck, Duck, Goose）这样的游戏虽然好玩，但它们对培养基本技能帮助效果甚微。20多年来，美国国家运动和体育教育协会（NASPE），现称为"美国健康和体育教育协会"（SHAPE America），发布的报告里强调了基本技能教育的重要性。正如NASPE发布的素质体育教育项目成果（1992）中所提到的，"学前班和小学低年级阶段应重点关注运动技能的习得"（p.9）。

NASPE的项目成果引领了美国体育教育标准（NASPE, 1995）的发展，该标准曾在2003年和2013年做过修订。上述标准的现行版本设定的目标是培养"身体素质良好的民众"，人们"学习必要的运动技能，从而参与各类体育运动"（SHAPE America, 2014, p.11）。SHAPE America对其的解释为：

> "因为小学阶段是发展基本运动技能的基础时期，所以体育教育的重点在于技能习得……只有通过强化训练和高品质的教学，生疏的技能才能变为熟练的技能。小学阶段培养的基本运动技能是将来在初中和高中玩游戏、进行体育运动和健身活动的基石。"（pp. 15-16）

对于那些教小学生的体育教师来说，他们面临的挑战是显而易见的。基本技能应该是体育教育课程的核心内容。然而，尽管现有文献能清楚地表明要教什么，但是能解释如何教这些技能的资源却很少。这本书为小学体育教师准备的基础的信息和活动资源，可以给学生获得成功的运动体验打下基础。这些基础资源涵盖了学生要掌握的基本运动技能和操控性技能的关键知识。本书呈现了以标准为导向的信息，这些信息能激发学生的积极性。这些有趣的活动将确保学生有更多的练习机会，掌握更多技能。毕竟，当你享受你所做的事情时，你就会想继续做这件事。

本书的结构

为帮助读者打好基础，我们站在读者的角度，结合相似的理念和技能来编排本书。开篇概述了如何使用本书。第 1 章可能是最关键的一章，介绍了 9 个活动，强调了活动涉及的每项运动技能的关键部分。这些活动有助于学生掌握本书后面详细介绍的 8 项运动技能（第 2 章）和 17 项操控性技能（第 3 ～ 10 章）的关键要领。

第 2 章主要探讨了 8 项运动技能：单脚跳、马步跳、滑步、跑步、垫步跳、垂直双脚跳、水平双脚跳和跨步跳。尽管大多数运动技能对参与运动来说是必不可少的一部分，但学生们在计划完成一整套体育动作练习时，却总是忽视这些运动技能。第 2 章详细介绍了每项运动技能，其中包括对运动技能的评估。

第 3 ～ 10 章着重介绍操控性技能。第 3 章只介绍了下手滚球这一项操控性技能，后面几章介绍了多项相似的技能。比如，第 4 章介绍了下手投掷、上手投掷和双手过头投掷这 3 项投掷技能；第 5 章着重介绍了腰部以上接球和腰部以下接球；第 6 章介绍了反弹传球和胸前传球；第 7 章介绍了下手击球、侧面击球和双手侧面击球；第 8 章介绍了前臂截击（传球）和头上截击（传球）；第 9 章着重介绍了踢球和踢悬空球；第 10 章介绍了用手运球和用脚运球，运球的独特之处在于它结合了运动技能和操控性技能。

我们的课程重点集中在体育教育工作者应关注的技能掌握和健身方面。具体的运动技能和操控性技能有很多种，我们挑选了能为其他技能的习得打下基础的技能。比如，熟练的网球发球技术需要掌握很多和上手投掷类似的技能，以及排球中下手发球需要掌握类似下手投掷的技能。这些技能虽然形式不同，但理念是相同的：当学生掌握了各种基本的操控性技能，他们就可以将这些知识应用到需要类似动作的其他技能中。

技能相关各章的结构

第 2 章介绍运动技能，第 3 ～ 10 章介绍操控性技能。本书按以下顺序介绍每项技能。

1. 技能概述。
2. 与《美国 K–12 体育教育的国家标准和年级水平学习成果》（SHAPE America，2014）一致的共通技能，在本书用叙述和表格的形式重点突出。
3. 解释每项技能的关键要领，并配有详解图；将每项技能分解成关键要领，这些关键要领对动作的正确完成非常重要。
4. 给出提示词，帮助学生记住每项技能的关键要领，提示词贯穿全章。

5. 每项技能的问题解决表都突出了典型的问题并给出了解决问题的建议。

6. 制订了每项技能的同伴技能考核表，帮助学生掌握每项技能的关键要领。该考核表分为两类：一类供有阅读能力的儿童使用，另一类供无阅读能力的儿童使用。

7. 为了强化学生学习每项技能的要领，本书涵盖了各种活动。众多的个人活动、合作活动和团体活动可帮助学生强化整体技能，而不只是孤立地掌握技能要领。《儿童基本运动技能教学指导》的第 4 版为各项运动技能增加了更多的拓展活动，以尽量满足所有学生的需求。

8. 关于操控性技能的各章（第 3 ～ 10 章）的大部分技能介绍中还包含一个课程计划示例，可供教师在介绍这些技能时使用。

这一版图书的特点

《儿童基本运动技能教学指导》的第 3 版保留了第 1 版和第 2 版的所有特色，第 4 版中则增加了一些让人眼前一亮的内容。

每章都新增了 3 个栏目。"促进社交与情感健康"栏目介绍了在课程中融入社交和情感教育的技巧。"教授残障学生"栏目提供了改编课程以满足残障学生需求的建议。虽然这些建议并不全面，也不能替代改编的体育图书、个性化教育计划或 504 计划（根据美国《康复法案》第 504 条制定，旨在帮助公立学校有身心障碍学生的家长和教育工作者一起设计个性化的教育计划），但它们确实提供了确保所有学生都能参与课程的一些方法。"居家练习"栏目列出了有助于促进远程课程参与的居家设备改造和活动建议。

我们相信本书所讲授的内容涵盖了为儿童构建一个成功的体育教育课程的基础。本书结合了我们从多年教学经验中总结出的教学策略和思想。本书中的活动经过儿童测试，并且已在小学里得以成功实施。我们希望我们的理念能被你采纳，同时你也可以提出一些自己的想法，最重要的是享受你所做的一切。

致 谢

编写本书第 4 版是一大挑战，但由于众多人的努力，它变得容易多了。

谢谢帕梅拉·J. 沃克（Pamela J. Walker）。尽管她正在享受退休生活，但她的精力是无限的，她在本书前 3 个版本中所做的工作令人惊叹。

敬业的教师们提供了许多我们能够吸收的关于新奇活动的想法。他们的创造力令人难以置信。感谢美国亚拉巴马大学伯明翰分校的克莱尔·莫林（Claire Mowling），她扩展了我们对技术的思考。她拓展了我们的思路，帮助我们不断前进。感谢来自杰斐逊县的罗宾·理查森（Robin Richardson），他向我们介绍了社交媒体上的资源并热情地分享了他的想法。来自美国弗吉尼亚州阿尔伯马尔县立学校的优秀教师也分享了许多想法并热切地奉献了他们的时间；感谢杰克·卡罗尔（Jack Carroll）、韦恩·弗林特（Wayne Flint）、金·金特里（Kim Gentry）、布里塔尼·哈姆（Brittany Ham）、托马斯·兰西德尔（Thomas Landseadel）、伊桑·麦金尼（Ethan McKinney）和巴布·罗森（Barb Rosen）。感谢弗吉尼亚州汉诺威县冷港小学的克里斯蒂娜·伦策尔（Christina Luntzer），她提出了许多与残障儿童教育相关的好主意。他们都太棒了！

感谢瑞安·斯托弗（Ryan Stouffer）博士、实习生杰米拉·克罗马蒂（Jamila Cromartie），以及出色的摄像师兼广播工作室执行编辑克林特·赖特（Clint Wright），他们的努力将本书提高到了一个新的水平。他们的才华、热情和奉献精神为本书锦上添花。谢谢他们。

感谢艾－梅卡·安德森－詹金斯（I-Mecka Anderson-Jenkins）及其女儿阿贾尼·詹金斯（Ajani Jenkins）、朱利安·戴维斯（Julian Davis）、亚历山大·弗利肯格尔（Alexander Flickenger）、布里安娜·赫夫（Brianna Huff）、凯特琳·赫夫（Kaitlyn Huff）、凯莉·诺福德（Kayley Norford）、贾伦·塔珀（Jalen Taper）和泰勒·伍德林（Taylor Woodring）对本书所做的贡献。

非常感谢南希·斯克鲁格斯（Nancy Scruggs）帮助我们完成了许多非常重要的"小事"。

非常感激我们在小学和大学课堂里的学生和老师。他们是我们的动力和热情所在，谢谢大家。

资源访问说明

本书的免费资源分为两大类：一类是在线资源，是指可以在指定平台上浏览的视频资源；另一类是下载资源，是指可以在指定平台上下载使用的资源。

一、在线资源

本书的在线资源是 8 项运动技能和 17 项操控性技能的演示视频，您可以按照以下步骤，免费观看本书在线视频。

步骤 1：点击微信聊天界面右上角的"+"，弹出功能菜单（图 1）。点击"扫一扫"，扫描右侧二维码。

步骤 2：添加"阿育"为好友（图 2），然后进入聊天界面。

· 首次添加企业微信，即可在线观看 8 项运动技能和 17 项操控性技能的演示视频。

· 非首次添加企业微信，请先回复"62865"，而后根据操作提醒在线观看 8 项运动技能和 17 项操控性技能的演示视频。

图 1

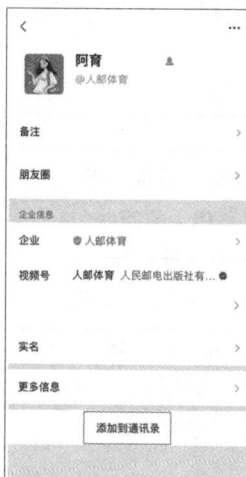

图 2

二、下载资源

本书的下载资源是上述 25 项技能的可复用教学资源，每项技能都包含 4 个 PDF 格式的文件，下载后可根据需要直接使用。4 个文件分别是动作技能要素、同伴技能考核

表1、同伴技能考核表2和动作问题解决表。您可以通过以下方式获取上述资源。

步骤1：打开微信"扫一扫"，扫描下方的二维码，关注"人邮体育"公众号。

步骤2：关注后，用微信"扫一扫"，扫描下方的二维码，在图3的登录界面内输入手机号、图片验证码和验证码，然后点击"登录"。

图3

步骤3：登录后，请根据提示回答一个与图书相关的问题，将答案输入图4的方框位置，并点击"确定"。

步骤4：回答完毕且答案正确，页面跳转到下载地址页，请点击图5中的"复制"键复制地址。

步骤5：将复制后的地址粘贴到浏览器（推荐使用电脑端浏览器），即可进入资源下载页面。请根据页面提示进行资源下载。

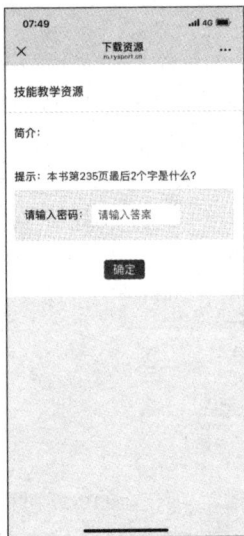

图4

图5

目 录

前言　　v

致谢　　viii

资源访问说明　　ix

| 第 0 章 | 如何使用本书 | 1 |

| 第 1 章 | 构建成功的技能 | 9 |

第 2 章	运动技能	17
	单脚跳	22
	马步跳	27
	滑步	30
	跑步	33
	垫步跳	36
	垂直双脚跳	39
	水平双脚跳	43
	跨步跳	47
	其他运动练习	50

| 第 3 章 | 下手滚球 | 55 |

第 4 章	投掷	75
	下手投掷	75
	上手投掷	92
	双手过头投掷	108

| 第 5 章 | 接球 | 123 |
| | 腰部以上接球 | 125 |

　　腰部以下接球　　　　　　　　　125

第 6 章　　传球　　　143

　　反弹传球　　　　　　　　　143
　　胸前传球　　　　　　　　　153

第 7 章　　击球　　　169

　　下手击球　　　　　　　　　169
　　侧面击球　　　　　　　　　183
　　双手侧面击球　　　　　　　197

第 8 章　　截击　　　209

　　前臂截击（传球）　　　　　209
　　头上截击（传球）　　　　　224

第 9 章　　踢球与踢悬空球　　　239

　　踢球　　　　　　　　　　　239
　　踢悬空球　　　　　　　　　254

第 10 章　　运球　　　269

　　用手运球　　　　　　　　　270
　　用脚运球　　　　　　　　　287

参考文献　　301
作者简介　　302
译者简介　　304

如何使用本书

儿童对引人入胜的体育教育环境会感到兴奋。本书提供了各种激发儿童兴趣的方法，推广了成功的学习经验，促使儿童展示在运动技能和运动模式上的能力。当儿童具备了学习动机，他们就会坚持练习，因为他们喜欢做这件事，并且在合理的、循序渐进的指导下，成功和成就会接踵而至。

尽管动机和成功是教学与学习过程的重要组成部分，但是无论儿童的技术水平如何，高质量的指导仍然需要以制订和实施详细的课程计划为前提，以满足所有儿童的需求。本书提供了这些资源。

掌握运动动作和基本的操作技能是成为一个技能熟练的运动者的基础。本书介绍了单脚跳、马步跳、滑步、跑步、垫步跳、垂直双脚跳、水平双脚跳和跨步跳等几项运动技能。儿童后续参与运动必须掌握的操控性技能包括：下手滚球、投掷（下手投掷、上手投掷及双手过头投掷）、接球（腰部以上接球、腰部以下接球）、传球（反弹传球、胸前传球）、击球（下手击球、侧面击球、双手侧面击球）、截击［前臂截击（传球）、头上截击（传球）］、踢球与踢悬空球、运球（用手运球、用脚运球）。

本书的主要目标符合《美国 K-12 体育教育的国家标准和年级水平学习成果》（SHAPE America, 2014）的规定。如表 1 所示，本书介绍的 8 项运动技能都包括在内，并与新的各年级水平学习成果保持一致。

表 1　本书与运动技能的各年级水平学习成果的一致性

本书详细介绍的运动技能	本书和各年级水平学习成果详细介绍的运动技能
单脚跳（S1.E1）	
马步跳（S1.E1）	
滑步（S1.E1）	
垫步跳（S1.E1）	
跨步跳（S1.E1）	
	跑步（S1.E2）
	水平双脚跳（S1.E3）
	垂直双脚跳（S1.E4）

源自：SHAPE America - Society of Health and Physical Educators, *National Standards & Grade-Level Outcomes for K-12 Physical Education*（Champaign, IL: Human Kinetics, 2014）.

　　操控性技能（指控制物体的技能）不容易与各年级水平学习成果相匹配。基本操控性技能的学习进程对运动技能来说有特别的意义。各年级水平学习成果与本书包含的 17 项操控性技能不能做到完全一致，但还是要尽可能努力匹配（如表 2 所示）。

表 2　本书与操控性技能的各年级水平学习成果的一致性

本书独有的操控性技能	本书和各年级水平学习成果详细介绍的操控性技能	本书和各年级水平学习成果详细介绍的操控性技能（存在细微的差别）
下手滚球		
	下手投掷（S1.E13）	
	上手投掷（S1.E14）	
双手过头投掷		
	腰部以上接球（S1.E16）	
	腰部以下接球（S1.E16）	
反弹传球		提到了用手传球（S1.E15），但不限于反弹传球
胸前传球		提到了用手传球（S1.E15），但不限于胸前传球
	下手击球（S1.E22）	
侧面击球		用短柄工具击球（S1.E24），但非常类似于侧面击球
双手侧面击球		用长柄工具击球（S1.E25），但非常类似于侧面双手击球
前臂截击（传球）		
	头上截击（传球）（S1.E23）	

续表

本书独有的操控性技能	本书和各年级水平学习成果详细介绍的操控性技能	本书和各年级水平学习成果详细介绍的操控性技能（存在细微的差别）
	踢球（S1.E21）	
踢悬空球		四年级和五年级的学习成果里提到了踢球（S1.E21）
	用手运球（S1.E17）	
	用脚运球（S1.E18）	

源自: SHAPE America‐Society of Health and Physical Educators, *National Standards & Grade‐Level Outcomes for K‐12 Physical Education*（Champaign, IL: Human Kinetics, 2014）。

　　在你阅读有关各年级水平学习成果的信息时，你会注意到圆括号里的字母和数字，其中字母 S 代表着所解释的国家标准。在本书中，我们主要阐述了标准 1（S1），标准 1 与各项运动技能和运动模式的展示能力有关；我们也简要介绍了标准 2（S2），标准 2 涉及与运动及表现水平相关的概念、原则、策略和战术。

　　在 S1 和 S2 后面，你会看到一个字母。由于本书是为小学教师设计的，所以我们只采用了与小学各年级相关的水平学习成果。E 代表小学生对应的特定水平学习成果，涉及的年级水平是从幼儿园[*]至小学五年级。E 右边的数字代表成果的数字序号。当具体的年级水平包含在内时，即为该信息的注释。比如，S1.E13 指标准 1 和成果 13，下手投掷。每个成果里描述了年级 – 水平信息。比如二年级，下手投掷的信息是"用一个成熟的方式投球"（S1.E13.2）。这一信息结合了年级水平与具体成果。

结构

　　我们尝试提供各种材料来教授本书中的 8 项运动技能和 17 项操控性技能。我们的目标是让读者能够轻松查找，并且实施各种活动，加强指导，帮助学生学习。许多活动可能会根据不同的技能而有所调整，它们包含在所有相关各章中；因此，相同的活动可能会出现在多章中。我们希望每一章都是完整且独立的，而无论主题是什么。对于大部分操控性技能，按以下体例进行讲解。

　　1. **介绍**：技能的一般性介绍，可能包括教学建议、安全预防措施和器材改造，还可能包括建议练习年龄或者应掌握的技能部分，并且只要有可能，这些信息都会与《美国 K–12 体育教育的国家标准和年级水平学习成果》（SHAPE America, 2014）相关联。为了让信息更方便使用，本部分给出了所有关于成果和技能的叙述与图表。

　　2. **关键要领**：在该部分我们确定了正确完成技能所必需的 3 ～ 6 个关键要领。关键要领尽可能与《美国 K–12 体育教育的国家标准和年级水平学习成果》（SHAPE

---

[*]本书中的幼儿园是指美国义务教育的第一年（5 ～ 6 岁）。

America, 2014）一致。

3. 提示词：为帮助学生记住每个关键要领，指令中强调并穿插着提示词。提示词包括提示开始阶段（预备姿势）、动作阶段（可能有两三个部分）以及结束阶段（停）。提示词的选择取决于你强调的领域，以及你所教学生的运动水平。给低龄学生的提示词要简短，简单描述他们要做的动作；对年龄稍大一些的学生可以使用一些较长的、更具体的提示词。你应确保你使用的提示词仅由几个单词组成，而不是长句。第一次介绍一项技能时，你应强调该技能的一个或两个关键部分。

有必要为残障儿童改编提示词。比如，当教一个坐在轮椅上的儿童下手滚球时，你应该省略"迈步"这个提示词，但保留其他提示词（预备、手臂后摆、滚球、保持手部连带动作等）。

4. 同伴技能考核：为帮助学生掌握每项技能的关键要领，本书中 25 项技能中的每项都包含同伴技能考核。同伴技能考核使同伴之间可以相互评估彼此学习指定技能的进展。同伴技能考核能够增强积极表现、发掘潜力和提供高质量的反馈，是促进社交和情感发展的极好方法。你还可以将同伴技能考核作为形成性或终结性评估。

此外，这些评估结果可以提供给家长们，以记录学生的进步情况。我们设计了两个版本的同伴技能考核表，这样所有的学生都能够从中受益。第一个版本包含了与关键要领相关的图片，这个版本适合没有阅读能力的学生。第二个版本包含关键要领的文字描述和图片，以及用于填写的方框，这个版本适合有阅读能力的、年龄大一些的学生。

5. 成功构建者活动：如果同伴技能考核的结果显示学生在学习一个或多个关键要领方面存在困难，这部分将给出一些具体的活动，帮助学生解决问题。

在每一个成功构建者学习站点，不管教什么技能，我们都建议配备一面不易碎的镜子和呈现每个关键要领的海报。镜子特别有用，因为它可以让学生看到自己正在做的动作。你可以扫描并打印本书上的同伴技能考核表，制成海报。给海报塑封可以延长其使用时间。

6. 强化整体技能的高级活动建议：为了加强整体技能，我们为个人、同伴和团体提供了许多活动。每个活动包含拓展内容，以增加课程的多样性，调整活动的难度（使活动更容易或更难）。只要有可能，我们就将其他学科领域（如语言艺术、数学）与练习活动中的运动技能表现相结合。例如，"颜色目标"活动建议使用颜色、形状、数字或单词，具体的选择取决于学生的年龄和能力。在"拼单词"活动中，学生使用字母来拼写单词。

7. 问题解决表：我们列出了描述典型问题的问题解决表，并给出了解决问题的建议。同伴技能考核和成功构建者活动考查学生如何运用这些技能，问题解决表则描述了学生整体表现中存在的问题（例如发生了什么问题，结果是什么）。

每张问题解决表都包括问题和解决方法两项内容。例如，练习滑步时，你可能会看到学生的身体转动时无法带动滑动。在这种情况下，一个可行的解决办法是让学生背对墙站着，慢慢地沿着墙壁滑动。一旦他理解了这个动作，掌握这项技能的速度就能加快，他就可以离开墙面练习了。

8. 课程计划：对于大部分操控性技能，我们设置了 30 分钟的课程计划样本。该计划侧重于某项技能的一个方面，可能是教学中最具挑战性、对学生学习而言难度最大的一个方面。为了指导你完成整个教学步骤，我们特意为每个课程都制订了详细的规划和描述。每个课程计划里都包含随堂即时活动和对整个课程的详细指导，以及关于观察学生练习要特别注意的指令。

改变是好事

由于每次动作都不可能完全相同，我们鼓励你尽快将技能与其他活动相结合。该方法在第 2 章中进行介绍，我们运用各种运动概念（如路径、水平）指导每项运动技能的习得。我们还在第 3 ～ 10 章中发起了挑战，鼓励学生将每项操控性技能与其他运动相结合。这些挑战包括对空间、力量、水平、速度、方向和路径的使用。使用运动概念将增加活动的挑战性，还将使练习课程更具吸引力。

评估

评估是教学过程的重要组成部分。通过评估获得的信息能帮助教师调整教学策略并明确学生的强项或弱项。恰当的评估也能成为一种激励工具。

评估可以由学生、教师单独完成或二者共同完成。评估可以是非正式的，例如当教师观察学生时，确定学生是否需要面对更大的挑战，是否需要完成容易一些的任务，是否需要继续练习。评估也可以是较正式的，可以使用具体的评估工具（如同伴技能考核表），可以将评估结果作为评分流程的一部分。你如何选择评估方式取决于许多因素，包括时间、资源、个人理念和期望。无论你采用非正式评估还是正式评估，评估学生技能的进步都很重要。评估将帮助你专注于学生的需求，制订课程计划，更好地应对学生给你带来的教学挑战。

本书提供了几个能帮助你和学生进行评估的活动。每项技能的具体关键要领、技能考核评估、成功构建者活动和问题解决表都包括在内。你可以按照自己的需要或根据具体情况使用或调整每个活动。

我们强烈建议让学生互相检查彼此的技能学习。学生可以观察同伴，确定他是否已经掌握了该技能的一个或多个关键要领。学生进行同伴技能考核可以促进学习。在任何练习中，学生都可以告诉同伴他正确完成了哪些技能部分，哪些动作需要改进。这种具体的反馈将加深学生对技能的理解和认识。这也是一个促进学生进行社交与情感互动的绝佳机会。

你还可以以同伴技能考核来突出学生个体的优点或向学生发起挑战，或者将其作为一种与家长分享的评估学生的方法。如果将同伴技能考核用于前测和后测，那么评估可以清楚地显示学生的进步及其技能习得的具体领域。

本书的信息将帮助你计划后续的课程。同伴技能考核和问题解决表将帮助你确定学生潜在的问题区域，并给出纠正建议。一旦你清楚地知道要强调什么、要纠正什么，就可以通过设计课程计划来满足学生的具体需求。这样的计划可以促进技能的掌握。

组织建议

想成为一名成功的教师，需要接受全面的教学实践培训。虽然本书是为教师设计的，但它不能替代其他专业的准备工作。在教授学生之前，教师应该了解他们的过敏症和能力。学校护士在这方面可以为你提供帮助。在使用本书时，建议你尽可能增加练习或活动的时间，减少课堂组织的时间。以下两个策略清单可用于减少课堂组织时间并增加活动时间。

管理事项

- 让学生帮助你给体育馆的使用制定恰当的规则，并坚持执行这些规则。
- 学生进入体育馆时要为即将开展的活动做好准备。你可以把要做的活动的信息张贴在门或墙上，或者投影在屏幕上。
- 明确规定如何获取器材、选择同伴、排队，以及在教师发言时如何使用设备等。
- 有确定的开始和暂停信号。
- 最大限度地提高学生的参与度，避免开展某个学生无法参与的活动。淘汰性的活动是过去的产物，不适用于 21 世纪的体育教育。当今的体育教育鼓励参与，培育积极的社交和情感幸福。
- 尽可能为每个学生提供器材，尽量减少学生的等待时间。如果器材有限，可发挥你的想象力和创造力来寻找替代品（"居家练习"栏目提供了一些方法）。
- 至少要安排一半的课程时间，让学生完成适度的或高强度的体育运动。如果是矫正性课程，这类体育运动的时间越长，效果会越好。

教学事项

- 确保提前计划好一天的课程，并按计划执行。
- 尽可能减少你在课程环节过渡期间说话或发指令的时间。如果你是新手，要达到这个效果可能需要几小时的准备时间，但充分准备将确保课程顺利进行。
- 准备好上课要使用的器材。
- 用遥控器控制音乐，这样会使课程进行得更顺利。
- 使用影像来介绍关键要领，比如图片或视频（可以显示在平板电脑或投影屏幕上），或者将关键要领列在白板上。拍摄学生正确展示技能的照片，张贴这些照片或用这些照片制作动作示范海报。

- 在课堂上运用多媒体技术，比如播放动作视频，使用平板电脑录制、查看动作并进行评估。

应对虚拟体育教学

虚拟体育教学是指学生通过屏幕跟着教师学习。

体育教学者通过社交媒体相互联系，并互相帮助。他们自发并热情地在社交媒体上相互分享有关体育教学的 PowerPoint、视频和教程。这些教师的创造力令人惊叹，而科技让这些内容得以快速传播。

在线资源永远是不断变化的，在此我无法与你分享具体细节，但我鼓励你多多探索。网上的资料良莠不齐，你应仔细鉴别。在你寻找合适的课程时，请注意以下几点。

- 课程应符合国家标准。
- 课程节奏应类似于面对面授课：热身、复习以前学过的内容、学习新内容、强化练习、复习，然后是介绍下一课的内容。
- 这些课程应附有可供学生学习的演示视频。
- 这些课程应适应学生在家中学习的空间限制。
- 对于所有课程（不管是线上的，还是线下的），差异化教学至关重要。为了完成虚拟课堂活动，你在会话的每个阶段都要提供选择。这样在必要时，学生可以在更具挑战性的任务和更容易的任务之间来回切换。例如，热身部分的选择可以是原地慢走或原地跑步。
- 课程应强调每项技能的关键要领。
- 课程应将器械要求降至最低限度。例如，在接球课程中可以使用袜子球，在踢球课程中可以使用塑料袋代替球，毛巾可以用作踢中的目标。
- 在活动中使用音乐和倒计时时钟来保持学生的积极性和注意力。

有关其他想法，请参阅"居家练习"栏目，其中列出了有助于促进远程教学的居家器械改造和活动建议。

如果你后续仍需进行线上体育教学，可将社交媒体作为获取资源的渠道。体育教学者的创造永无止境。

我们希望本书对你来说是一个有价值的工具，能帮助你为学生构建有价值的、成功的运动模式。祝你和学生享受每一节课。

第 1 章

构建成功的技能

　　小学阶段的儿童很容易对体育产生兴趣。对于儿童来说，一切与体育有关的东西都很有趣。移动、奔跑、踢球、投掷和接球都会令儿童感到兴奋。而且，儿童在成功完成投篮、击倒保龄球瓶、跳绳之后都会产生极大的成就感。

　　遗憾的是，儿童常常对自己能完成的动作感兴趣，但他们却不知道如何正确地完成这些动作。例如，一个上幼儿园的儿童即使步伐是错误的，他也可以滚动一个球并击中一个目标。如果这种不好的运动模式没有在早期得到纠正，以后将变成一种很难改掉的习惯。如果任务变得更加困难，这个儿童将不具备成功达成目标或完成任务所需要的技能。他将很难完成网球发球，甚至对这个儿童而言，从外场扔球到内场难度都很大。儿童在小学养成的运动习惯将极大地影响他成年期的运动能力。

成功在此起航

　　如果一名大学篮球运动员有两次罚球的机会，而他所在的队伍正落后对方队伍一分，那么此时这名运动员的压力就会相当大。如果他第一个罚球没投准，他立刻就会知道球没进篮。除了已经发生的结果，他真正需要知道的是如何准确投掷，从而让下一个罚球进篮。数年的练习以及所接受的指导使这名运动员具备一定的知识基础，可帮助他改进下一次的投篮动作。

　　不管怎样，必须为儿童提供这样的体验。遗憾的是，一旦儿童发现自己能击中目标、投中一球，或者踢进一球，我们就很难让他重新开始学习技能的关键要领。

　　小学体育教师首先应强调技术或方法，更重要的是在儿童进行练习时，将口令与技能的关键要领相结合。学习关键要领，比如伸展手臂、后退一步或保持连带动作，将提高儿童培养熟练的运动技能的可能性。

　　本章提供的活动强调的是如何展示特定技能。我们建议在运动和操控性技能的配合下，让儿童完成其中一些或所有活动。每个活动中给出的例子是通用的。唯一需要调整的是根据要教的技能改变口令和要领。如果教室里的教学技术设备允许，你可以改编这些活动，使之能在笔记本电脑或其他电子设备上使用，你也可以在互联网上探索类似的活动。

教授残障儿童

- 根据需要调整器材的大小。
- 尽可能多地使用可视教具，并根据需要放大。
- 让学生的搭档大声说话。
- 将比萨片、饼干罐卡片及其他器材放在积木上，以便于拾取。

强化关键要领的活动建议

木头人

目标

评估学生对特定技能的关键要领的理解。

设备

音乐播放器（可遥控的音乐播放器对活动会很有帮助）。

活动

1. 音乐响起时，学生在自己的空间范围内活动。

2. 音乐停止时，教师说出代表一项技能的特定关键要领的提示词。

3. 学生根据提示词完成相应的动作并保持。

4. 活动继续，每当教师说出一个提示词，学生就根据提示词做相应的动作并保持。比如，练习下手滚球时，教师说"预备、手臂后摆、迈步、滚球、保持手部连带动作"。

拓展活动

- 不放音乐，进行上面的活动。
- 教师创建自己的暂停信号，比如以固定的姿势拍手，并且让学生以同样的姿势拍手，或者吹口哨。

- 给每个关键要领分配一个数字。可以摇骰子选择要展示的关键要领，还可以使用扑克牌、编号卡或旋转号码牌来选择。
- 同伴可以选择要演示的关键要领。

我相信你知道，我们开始吧

目标

在创建合作型环境时，检查学生对技能关键要领的理解。

设备

无。

活动

1. 点一个学生的名，然后说："我相信你知道，我们开始吧。"
2. 问学生一些关于技能的问题。比如，在教下手投掷时，你可能会问："做下手投掷的手部连带动作时，我们的手应该放在哪里？"
3. 如果这个学生能回答，那太棒了。如果他不能回答，你可以重新表述你的问题。如果在你提供足够的思考时间后，这个学生还是无法回答，请你选择另一个知道答案的学生。
4. 知道答案的学生将答案告诉刚才那个不知道答案的学生。
5. 那个被你第一次点名的学生将答案告诉你。
6. 这样的活动可以在课堂上、在不同的学生之间重复 5 次甚至更多次。

拓展活动

- 把这个活动教给其他教职人员，它适用于所有学科领域。
- 你每周见学生的机会只有 1 次或 2 次，你可以通过这个活动来判断学生在你的课堂上记住了多少。你可以在课程开始时进行复习，或者当你在另一个地方看到学生时，利用这个活动让学生复习，比如在学生们排队进入学校餐厅时。

教老师

目标

评估学生对特定技能的掌握情况，你也可以将它作为课程结束活动。

设备

无。

活动

1. 找一个学生解释如何完成某项技能，比如接球。
2. 学生描述这项技能时，你正确地完成这项技能。
3. 其他学生判断你是否正确地完成了这项技能。
4. 如果你没有正确地完成这项技能，学生将提出解决方案，告诉你怎样才能做好。

拓展活动

- 请另一个学生教这项技能的每个要领。
- 课堂老师来带学生回教室（或者你把学生送回教室）时，让学生教那位课堂老师如何正确地完成这项技能。
- 要求学生将这项技能教授给家人。在下次上课时，问问他们教得怎么样。

每个人的"它"

目标

将心肺适能与习得指定的运动或操控性技能相结合。

设备

每个学生一根泡沫条。

活动

1. 告诉学生每个人都是"它"。
2. 让学生在游戏区域散开。学生按照指令，开始在游戏区域移动，尝试用泡沫条拍打对方。
3. 如果一个学生被拍中了，他就走到指定的练习区域。他需要在这个区域完成指定的动作，展示每一步的关键要领，并且大声说出提示词。在活动开始之前，你务必教授学生正确的拍打方式。

拓展活动

- 同伴评估技能的关键要领。当游戏开始时，你可以选择一个学生去练习区域作为第一个"观察员"。在第一个学生被拍中后，观察员观察该学生在展示技能的同时大声说出提示词。然后，第一个观察员返回游戏区域，被拍中的第一个学生留在练习区域，成为新的观察员。只要一直玩游戏，这种循环就会持续下去。
- 一旦学生学会这项技能，他们就会变得更独立。错误发生时，学生自己走到练习区域，且在重复提示词并参考关键要领时学会这项技能。
- 在练习区域添加适当的运动器材，如纱球、网球等。

轨道

目标

正确执行技能。

设备

无。

活动

1. 采用旋转（接力）队形。
2. 每个学生轮流跑到游戏区域的另一端，并且展示一项技能的一个关键要领。比如，要求学生展示下手滚球的预备姿势。

3. 学生返回小组并捉一个小组成员，然后由被捉到的这个学生跑到另一端并展示相同的要领。

4. 活动继续，直至你选择让学生展示另外一个关键要领。你可以中途暂停活动，让学生展示不同的技能要领，然后继续。通过中途暂停活动，学生得以改变目标，这样可以消除在接力时经常发生的竞争现象。

拓展活动

- 展示技能的每个关键要领。
- 用各项技能（如垫步跳、滑步或马步跳）代替跑步。
- 让学生在跑向游戏区域另一端之前，向小组里的其他学生展示技能的关键要领。
- 增加适当的器材。

匹配游戏

目标

匹配关键要领卡与提示词卡。

设备

为每个小组制作一套提示词卡和一套关键要领卡。提示词卡和关键要领卡要使用不同的颜色。

活动

1. 学生 4 ～ 5 人一组组成旋转队形。

2. 小组成员根据信号提示轮流走到游戏区域一端，一人拿一张提示词卡。

3. 一旦全部小组成员拿到提示词卡，学生必须按照恰当的顺序摆放提示词卡。

4. 小组成员轮流走到游戏区域另一端，一人拿起一张关键要领卡。

5. 小组成员正确匹配提示词卡和关键要领卡，目标完成，活动结束。

促进社交与情感健康

- 同伴反馈应从学生正确完成的具体技能信息（例如，手臂伸展良好、出色的随势动作等）开始。
- 小组成员应通过语言交流以及击掌、碰拳或其他方式来互相鼓励。
- 本书不使用接力队形，而是旋转队形，连续的运动能消除学生的输赢心理。运动一直持续到教师说停，而不是一组活动结束时。这样有利于提升整个班级的技能表现，发掘积极的小组互动方式和行为。

拓展活动

- 使用印有关键要领的图片。
- 让各小组检查彼此的结果。
- 让学生拿起一张提示词卡和与其匹配的关键要领卡跑回自己所在的组，然后按照正确的顺序摆放两张卡。
- 改变运动方式。

饼干罐

目标

演示特定技能的关键要领。

设备

饼干罐（大容器）和关键要领卡。准备几套卡，这样每个学生都有机会从饼干罐中挑选。

活动

1. 一个学生从饼干罐中抽出一张关键要领卡。
2. 全班学生向你展示那张关键要领卡上的动作。
3. 另外一个学生抽出下一张关键要领卡，如此重复。

拓展活动

- 学生向同伴展示关键要领。
- 给每组学生安排一个饼干罐。
- 使用不同的容器和纸张。模切机可以切出各种形状。例如，我们可以使用以下物品。
    - 火山形状的容器，印有恐龙图案的关键要领卡。
    - 9 月用校车图案。
    - 10 月用塑料南瓜和鬼怪图案。
    - 11 月用有火鸡图案的烤盘。
    - 12 月用带有姜饼人图案的姜饼屋。
    - 1 月用雪花图案。
    - 2 月用有爱心图案的心形罐头。
    - 3 月用风筝图案。
    - 4 月用雨伞图案。
    - 5 月用鲜花图案。

拼图游戏

目标

与同伴完成技能关键要领拼图。

设备

每两个学生完成一组拼图。按以下步骤制作一张技能关键要领拼图卡。

1. 在一张纸上写上或印上技能关键要领和说明。

2. 复印这些内容。你需要准备足够的复印件才能让学生成对活动。你还可以使用不同颜色的纸。

3. 将每张纸分成 10 个或更多个拼图块，任意两个不能完全相同。你还可以对拼图块进行塑封，这样可以使用很多年。

4. 将拼图块存放在小塑料袋中，这样标有不同技能要领的拼图块才不会混淆。

5. 你可以把同伴技能考核表中的图片制成拼图。

活动

1. 一组搭档配一袋技能关键要领拼图块。

2. 听到开始信号后，学生倒出拼图块，开始拼图。

3. 一旦学生完成拼图，他们就轮流展示技能的关键要领。

拓展活动

- 如果你有一块金属板或干擦板，请将磁片贴在每个拼图块的背面，让学生在板上完成拼图。

- 学生 3 人或 4 人一组完成拼图。

- 小组成员轮流跑（或使用任何其他运动技能）到一个指定区域，取回一个拼图块。拼图块拿回来的同时，小组成员开始拼图。学生们继续轮流取回一个拼图块，直到拿到所有拼图块并完成拼图。

- 许多电子活动都可以被改编来执行此活动。

比萨游戏

目标

让学生正确地展示一项特定的技能，比如上手投掷、下手滚球、接球或踢球，同时做一个分成 8 块的"比萨"。

设备

设备的类型（如泡沫球、网球或塑料球）取决于所练习的技能。每两个学生要有一个设备。

活动

1. 学生与搭档合作展示技能。两个学生轮流担任投掷员（或滚球员，或运球员）和观察员（或接球手）。

2. 每成功展示一次技能，投掷员都会获得一块"比萨"。投掷员展示技能的所有关键要领才算一次成功的尝试。

3. 观察员判断技能演示是否正确。如果技能演示正确，那么将奖励投掷员一块"比萨"。如果技能演示错误，那么观察员必须告诉投掷员哪些地方需要纠正。

拓展活动

- 让小组成员统计"比萨"的数量。然后，全班学生计算一共获得多少块"比萨"。
- 各小组统计他们的正确投掷数量，确定整个班的正确投掷的总数。在后续的课程中，给班上的学生提高挑战难度，要求他们增加正确投掷的总数。你可以选择写出这些数字来激励学生，并强化他们的技能。

居家练习

- 可以让学生自己制作拼图、比萨和其他材料。他们可以与家庭成员一起完成相应的活动。
- 让学生创建新的活动，帮助他们记住一项技能的关键要领。
- 网上有许多在线教育游戏、应用程序，可用于教授本章介绍的活动。

小结

　　学习如何执行一项技能是最终掌握这项技能的必要条件。它涉及思考如何执行技能。成功完成这一认知阶段是以后正确运用技能的第一步。当学生理解了技能的关键要领，并且能将提示词作为完成技能动作的心理检查表时，他们就能提高自己的表现水平。学生参加体育活动时，这种能力非常重要。

　　本章中介绍的 9 个活动只是一个开始。既然现在你已经尝试了其中的一些活动，那么你和你的学生可以设计出适合你们自己的活动。你可以使用我们提供的活动，也可以使用自己设计的活动，还可以根据不同的班级或年级调整活动。你只需要记住，思考是基础，在教授所有基本的运动和操控性技能时都要认真思考。

第 2 章

运动技能

孩子们从小就开始表现出运动技能。他们首先学会贴着地面缓慢爬行，接着学会抬起肚子用四肢爬行，最终学会行走。在本章中，我们主要研究 8 项运动方式：单脚跳、马步跳、滑步、跑步、垫步跳、垂直双脚跳、水平双脚跳及跨步跳。这些运动动作中的一些（如跑步、跳跃和滑步）与运动技能直接相关。其他的（如马步跳和垫步跳）则能帮助学生学习跳舞，帮助他们成为熟练展示动作的运动者。

《美国 K–12 体育教育的国家标准和年级水平学习成果》（SHAPE America, 2014）阐述了各年级学生应该具备的运动技能。幼儿园的小朋友应能在保持平衡的状态下展示单脚跳、马步跳、跑步、滑步和垫步跳（S1.E1.K）。学生进入单脚跳、马步跳、慢跑和滑步的成熟模式（S1.E1.1）应该在一年级。学生在二年级会显现垫步跳的成熟模式（S1.E1.2）。学生在三年级应能展示跨步跳的成熟模式（S1.E1.3）。到四年级和五年级，学生应能够配合其他目标一起使用运动技能（如表 2.1 所示）。

关于本章

本章主要讲解 8 项运动技能。每项技能的讲解都包含运动技能的简要描述、关键要领、提示词。每项运动技能有至少两套提示词。你可以单独使用其中一套提示词，或者根据需要混合和匹配提示词。学生在练习时大声说出提示词对他们掌握运动技能会大有帮助。此外，为了帮助学生掌握运动技能，我们在每个部分配备了同伴技能考核表和问题解决表。同伴技能考核表使搭档之间能够评估彼此在学习运动技能方面的进展。没有阅读能力的学生，请使用同伴技能考核表的图片版。

表 2.1   标准 1——6 项基本运动技能的各年级水平学习成果（S1.E1）

	幼儿园	一年级	二年级	三年级	四年级	五年级
S1.E1 单脚跳、马步跳、跑步、滑步、垫步跳和跨步跳	在保持平衡的状态下展示运动技能（单脚跳、马步跳、跑步、滑步和垫步跳）（S1.E1.K）	用一种成熟的模式展示单脚跳、马步跳、慢跑和滑步（S1.E1.1）	用一种成熟的模式展示垫步跳（S1.E1.2）	用一种成熟的模式展示跨步跳（S1.E1.3）	将各项运动技能运用于各种小型练习任务、舞蹈和体操教学练习中（S1.E1.4）	在各种充满活力的小型练习任务、舞蹈和体操练习中，展示运动技能的成熟模式（S1.E1.5a）； 在游戏环境的小型练习任务中结合运动和操控性技能（S1.E1.5b）； 为达成一个目标，结合操控性技能运动（如在足球、曲棍球和篮球比赛中进球得分）（S1.E1.5c）

源自：SHAPE America - Society of Health and Physical Educators, *National Standards & Grade-Level Outcomes for K-12 Physical Education*（Champaign, IL: Human Kinetics, 2014）.

按以下方法使用同伴技能考核表。

1. 搭档观察同伴做的动作是否正确，比如眼睛看的位置以及身体姿势。

2. 如果同伴的眼法和身体姿势都是正确的，那么搭档在第一个方框里填 "Y"；如果同伴的眼法和身体姿势都不正确，那么搭档在第一个方框里填 "N"。如果同伴的眼法和身体姿势都是正确的，不识字的人就放一个笑脸到第一个方框里；如果同伴的眼法和身体姿势都不正确，不识字的人就放一个哭脸到第一个方框里。

3. 这项评估持续到每一个关键要领都被评估 5 次。

4. 每一个学生都要有同伴技能考核表。

你可能会选择用同伴技能考核表来评估每个学生的技能学习情况。此外，你可以选择将同伴技能考核表的内容以报告卡片的形式发送到学生家里，或者在每个学生掌握特定的技能后，让家长知道学生的学习情况。

同时我们强烈建议使用运动概念方式（Graham, Holt- Hale & Parker, 2013）来教授运动技能，我们附上了一些具体的概念，用于强化学习选定的运动技能。

本章的最后部分介绍了用于强化运动技能的活动。这些可作为结束活动或热身活动。

如何教授运动技能

我们强烈建议在学年开始时教一些或复习一些基本的运动概念（如空间、路径、水平、速度和方向）。学生掌握这些概念将增加技能表现的多样性，以及提高技能性动作的水平。在一学年里，你应该针对每个运动概念以及相应的复习计划投入一节课的时间。这些运动概念是未来学习运动技能的基础。标准 2 中年级水平学习成果强调的是空间（S2.E1）（如表 2.2 所示），路径、形状和水平（S2.E2）（如表 2.3 所示），速度、方向和力度（S2.E3）（如表 2.4 所示）。

根据各年级水平学习成果，空间指个人空间和公共空间（S2.E1.Ka）。学生需要在三年级认识开放空间（S2.E1.3），在四年级（S2.E1.4）的游戏情形下认识封闭空间。

在年级水平学习成果中，幼儿园阶段提到了路径（S2.E2.K），一年级提到了（S2.E2.1a）水平（低、中和高）和关系（上、下、周围、通过）（S2.E2.1b），学生应能在二年级时将路径、形状、水平组合成各种各样的动作序列（S2.E2.2）。

幼儿园儿童应该掌握如何运用不同的速度运动（S2.E3.K），一年级学生应能区分速度的快慢（S2.E3.1a）以及力度的大小（S2.E3.1b），二年级学生应能够随着速度的逐渐增加和减小而改变时间和力度（S2.E3.2），三年级学生应能够将运动概念（如方向、水平、力度和时间）与老师指导的技能相结合（S2.E3.3）。

表 2.5 是一个简要清单，主要描述基本的运动概念，以及向学生介绍技能的一些方法。

一旦学生建立了基本运动概念，你就可以通过在课程中整合这些概念来强化学生的具体运动技能。比如，你可以让学生试着挑战在跑道上跳远、跑步和跨步跳。

表 2.2　标准 2——空间移动的各年级水平学习成果（S2.E1）

	幼儿园	一年级	二年级	三年级	四年级	五年级
S2.E1 空间	区分个人空间和公共空间（S2.E1.Ka）；在个人空间里跟随节奏移动（S2.E1.Kb）	根据指定的节拍或节奏在个人空间和公共空间内移动（S2.E1.1）	将公共空间内的运动技能与节奏相结合（S2.E1.2）	在运动环境中认识开放空间的概念（S2.E1.3）	将开放空间的概念应用到有关运球前行的综合技能中（S2.E1.4a）；在小型练习任务中应用封闭空间的概念（S2.E1.4b）；随着方向和速度的改变，在开放空间内运球（S2.E1.4c）	在体操、舞蹈和游戏环境中，在小组的运动和非运动动作中结合空间概念（S2.E1.5）

源自：SHAPE America - Society of Health and Physical Educators, *National Standards & Grade-Level Outcomes for K-12 Physical Education*（Champaign, IL: Human Kinetics, 2014）.

表 2.3　标准 2——路径、形状和水平的各年级水平学习成果（S2.E2）

	幼儿园	一年级	二年级	三年级	四年级	五年级
S2.E2 路径、形状和水平	在 3 种路径上移动（S2.E2.K）	在移动中展示低、中、高 3 种水平（S2.E2.1a）；在移动中展示与物体的各种关系（如上、下、周围、通过）（S2.E2.1b）	将路径、形状和水平组合成简单的移动、舞蹈和体操动作序列（S2.E2.2）	认识各种体育活动对应的体育技能（S2.E2.3）	在小型练习任务、体操和舞蹈环境中，结合运动概念和技能（S2.E2.4）	在游戏环境的小型练习任务、体操和舞蹈中，结合运动概念和技能（S2.E2.5）

源自：SHAPE America‐Society of Health and Physical Educators, *National Standards & Grade‐Level Outcomes for K‐12 Physical Education*（Champaign, IL: Human Kinetics, 2014）.

表 2.4　标准 2——速度、方向和力度的各年级水平学习成果（S2.E3）

	幼儿园	一年级	二年级	三年级	四年级	五年级
S2.E3 速度、方向和力度	在公共空间内用不同的速度运动（S2.E3.K）	区分快速和慢速（S2.E3.1a）；区分力度的大小（S2.E3.1b）	随着速度的变化增减时间和力度（S2.E3.2）	将运动概念（如方向、水平、力度和时间）与老师指导的技能相结合（S2.E3.3）	在跑步时运用速度、耐力和节奏这些运动概念（S2.E3.4a）；用一个短柄工具击打一个物体时，运用方向和力度的概念（S2.E3.4b）	在运动策略中运用运动概念（S2.E3.5a）；用一个长柄工具击打一个物体时，运用方向和力度的概念（S2.E3.5b）；在运动环境、舞蹈和体操的小型练习任务中分析运动情形，运用运动概念（如力度、方向、速度、路径和拓展）（S2.E3.5c）

源自：SHAPE America‐Society of Health and Physical Educators, *National Standards & Grade‐Level Outcomes for K‐12 Physical Education*（Champaign, IL: Human Kinetics, 2014）.

表 2.5 基本的运动概念与建议的介绍技能的一些方法

空间	方向
·个人空间——你能够移动并且不碰到任何人的一块区域 ·公共空间——整个活动区域	·原地——站在你所在的地方 ·向前——朝你脚趾指向的方向走 ·向后——朝你脚跟指向的方向走 ·向旁边（左和右）——面向前方，向你身体的左侧和右侧移动 ·顺时针——顺着时针的转动方向移动 ·逆时针——逆着时针的转动方向移动
路径	**关系**
·直线——直线移动 ·曲线——曲线移动 ·之字形——移动路线有很多明显的拐点，拐点尖锐、不圆滑	和人的关系如下： ·带领——在搭档前面 ·跟从——在搭档后面 ·模仿——面对你的搭档，假装你在看一面镜子。他举起右手时，你举起左手；他移动右腿时，你移动左腿 ·匹配——和搭档一起移动。他举起一只手臂时，你举起一只手臂，当他踮起脚尖时，你也踮起脚尖。你们一起移动。以较慢的速度练习，效果更好 ·搭档合作——2 个人合作 ·小组合作——3 个人或更多人合作 和物体的关系如下： ·上——在物体的上面 ·下——在物体的下面 ·上方——在某物的正上方 ·离开——离开某个位置 ·近——距离某物近 ·远——距离某物远 ·前——在某物的前面 ·后——在某物的后面 ·旁边——在某物的旁边 ·围绕——绕着某物移动
力度	
·小——像老鼠一样移动 ·大——像大象一样移动	
水平高度	
·低——在离地面非常近的区域移动，像蛇或乌龟一样移动 ·中——以正常行走高度移动 ·高——假装你是一只长颈鹿，并且移动的时候要尽可能高	
速度	
·慢——像乌龟一样移动 ·快——像风一样移动	

将路径的概念与其他概念（如力度）相结合，这样可以为更复杂的概念结合做准备。比如，你可以让学生尝试挑战沿着一条弯曲的道路用较小的力度跑步，或者沿着一条直路用较大的力度跑步。进一步加入第三个运动概念可以增强运动的复杂性和多样性。比如，你可以将关系加入这些运动概念组合之中，让学生挑战沿着一条弯曲的道路用较小的力度跑步，同时带领（或跟从）一个搭档。表 2.6 说明了这些运动概念的组成（Holt–Hale & Parker, 2013）。

学生一旦了解了基本的运动概念和具体的运动技能，你就可以从表 2.6 的第一、二、三列中各选取一个运动概念来为他们提供挑战任务。这种变化组合将为强化每项运动技能提供机会。

你甚至可以制作一个布告板或一张海报来展示运动概念，运用视觉帮助你尝试以下做法。

1. 让学生选择所学习的运动技能中要使用的运动概念。
2. 把学生分为几个小组，让他们想办法把目标运动技能与 2 ～ 3 个运动概念相结合。小组可将这些运动技能展示给班上的其他学生。
3. 把运动概念（如力度小、低水平高度）的说明放在一个容器里，让学生随机抽取 1 个、2 个甚至 3 个。学生根据抽到的运动概念展示相应的运动技能。

幼儿园至二年级的学生能成功展示 1 个或 2 个运动概念，年龄大些的学生能够将 3 个或更多的运动概念与运动技能相结合。你可以让那些十分优秀的学生来完成这项活动。

提前规划运动概念组合，难度可能非常高，甚至不可能完成。例如，如果一个学生选择在一个低水平高度，用较大的力度完成跨步跳。为了使跨步跳成为一个可完成的任务，你可能决定改变挑战难度，让这个学生在高水平高度上用较小的力度进行跨步跳。

表 2.6　基本运动概念的组成

地点	路径	力度	水平高度	速度	方向	和人的关系	和物体的关系
个人空间和公共空间	直线、曲线和之字形	小和大	低、中和高	慢和快	原地，向前、向后，向旁边（左和右），顺时针和逆时针	带领、跟从，模仿、匹配，搭档合作和小组合作	上、下，上方、离开，近、远、前、后，旁边和围绕

单脚跳

正确的单脚跳动作包括单脚起跳、短暂滞空、同一只脚落地。单脚跳不仅是很多儿童游戏（如跳房子）里经常出现的动作，而且对诸如篮球运动中的上篮等技能也是至关重要的。

遗憾的是，单脚跳这个词语经常被用于描述双脚跳。因此当你第一次向学生介绍单脚跳技能时，一些学生可能会混淆单脚跳与双脚跳。教师需要注意使用恰当准确的术语。毕竟，那个非常流行的幼儿园歌舞应该叫作"兔子双脚跳"。

学习单脚跳是一个循序渐进的过程。在学生学习单脚跳之前，他必须能够做到靠一只脚保持身体的平衡。一旦学生能够保持单脚站立的平衡，他们就可以通过依靠一个支撑物来完成单脚跳。接着学生慢慢在没有支撑物的情况下完成单脚跳。根据《美国K-12 体育教育的国家标准和年级水平学习成果》（SHAPE America，2014），幼儿园儿童应能在单脚跳时保持平衡（S1.E1.K），一年级学生应该表现出成熟的单脚跳模式（S1.E1.1）。有关单脚跳的幼儿园和一年级水平学习成果如表 2.7 所示。

除了运用运动概念来强化正确的单脚跳技能，我们还发现了以下方法。

- 在单脚跳的教学中，制作 10 个或更多个学习站点（如图 2.1 所示）是非常有用的办法。这些学习站点由很多非平行线组成，长至少 6 英尺（1 英尺约等于 30.48 厘米，后不再标注），距离最近的点有 1 英寸（1 英寸等于 2.54 厘米，后不再标注）远，距离最远的点有 2 英尺远。这些线可以用胶带固定在地板上，或用跳绳组成。
- 学生挑战跨越这些想象的小河（即地上的线）。加大挑战难度，让学生单脚跳过"河流"较宽的部分，但脚不能弄湿。在更宽的"河流"中放置小小的踏步石（用胶带固定在线或地板上），帮助学生单脚跳过。

表 2.7　单脚跳的幼儿园和一年级水平学习成果（S1.E1）

	幼儿园	一年级
S1.E1 单脚跳、马步跳、跑步、滑步、垫步跳和跨步跳	掌握运动技能（单脚跳、马步跳、跑步、滑步和垫步跳）的同时保持平衡（S1.E1.K）	用一种成熟的模式完成单脚跳、马步跳、慢跑和滑步（S1.E1.1）

源自：SHAPE America - Society of Health and Physical Educators, *National Standards & Grade-Level Outcomes for K-12 Physical Education*（Champaign, IL: Human Kinetics, 2014）.

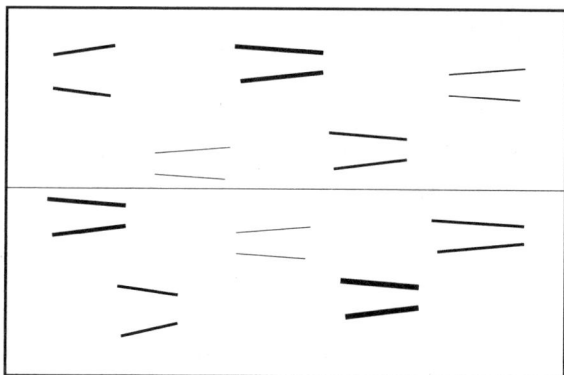

学习单脚跳布局图

- 鼓励学生玩"跳房子"游戏。很多游戏活动书上都可以找到各种各样的"跳房子"游戏，有的是传统的"跳房子"游戏（跳直线），有的是跳螺旋形或圆形（跳曲线），或者你可以自己设计一个"跳房子"游戏（跳之字形）。你需要相连的方格，方格的空间要足够大，能容纳下学生的一只脚。游戏的类型取决于你的想象力，你的想象力可以让这个游戏有无限可能。

拓展活动

- 给小组学生提供一些粉笔做记号。向学生展示传统的"跳房子"游戏后，让他们自己设计一个"跳房子"游戏。学生可以交换场地，在其他小组设计的"房子"上练习单脚跳。
- 复制这些"跳房子"图，在课间休息时用粉笔给这些"跳房子"图做标记。如果这些"跳房子"图做得更小，并且包含数字，"跳房子"游戏就变成了数学课。学生可挑战只在偶数方格上单脚跳，或者单脚跳到"2+1"的答案上。

关键要领

眼睛和身体	**脚和跳跃腿**	**摆动膝盖**	**手臂**	**滑动**
沿着运动方向目视前方，身体直立移动。	用同一只脚起跳和落地，落地时膝盖弯曲。	摆动腿的膝盖弯曲，向前摆动。	手肘弯曲，摆动腿对侧的手臂前摆。	身体流畅地、有节奏地运动。

源自：Albemarle County Physical Education Curriculum Revision Committee（2008）.

 ## 促进社交与情感健康

- 当学生与搭档合作时，彼此的反馈应该从正面的陈述开始（例如，你的手臂摆动有助于你运动，你的眼睛向前看），然后再提出改正的建议。
- 询问学生如何帮助其搭档做得更好。
- 让每个学生轮番挑战。
- 表扬学生积极的评论、行为举止和合作方式。

提示词

弹跳——用同一只脚起跳和落地，落地时膝盖弯曲。

摆动——摆动腿的膝盖弯曲，向前摆动。

上——沿着运动方向目视前方，身体直立，摆动腿的膝盖弯曲并向前摆动，用同一只脚起跳和落地。

下——落地时膝盖弯曲，准备立刻再次起跳。

迈步和摆动——跳跃脚向前跳一步，摆动腿的膝盖弯曲，并向上、向前摆动膝盖，动作过程中有一个短暂的滞空时间，此时身体没有支撑，然后身体再次流畅、有节奏地移动。

> 提示词组 1：弹跳、摆动
>
> 提示词组 2：上、下
>
> 提示词组 3：迈步和摆动、迈步和摆动

单脚跳问题解决表

问题	解决方法
1. 跳跃脚不离地，或者落地腿的膝盖不弯曲	• 使用地板圆点（户外可使用方毯），让学生单脚跳上圆点（方毯）。为了产生更大的力，学生需要弯曲跳跃腿的膝盖 • 录下学生展示这个动作的过程。给学生看录像，用遥控器控制录像何时开始和暂停
2. 双脚触地	• 将墙或搭档作为支撑 • 让学生用围巾、跳绳或其他东西拉住非跳跃脚，使其离开地面。学生一边拉着脚，一边尝试单脚跳。学生可以控制何时将非跳跃脚放下
3. 摆动腿的膝盖不动	让学生身体挺直，站在墙边，侧身对着墙壁。远离墙壁的跳跃脚抬起，靠近墙壁的手扶墙，保持身体的平衡。起跳时跳跃腿的膝盖摆动，同时对侧的手臂随之摆动
4. 单脚跳时手臂不摆动	一旦学生能够扶墙完成单脚跳，就可以让他练习在不扶墙的情况下进行单脚跳，摆动跳跃腿对侧的手臂
5. 单脚跳的动作不流畅	• 复习动作的关键要领。要想流畅地完成动作，学生需要熟练掌握该动作的关键要领 • 选择合适的音乐或者使用打击乐器，让学生跟着音乐的节拍进行单脚跳

同伴技能考核表
技能：单脚跳

单脚跳者姓名：_____

观察者姓名：_____

❶ 单脚

1　　2　　3　　4　　5

❷ 抬高膝盖

1　　2　　3　　4　　5

❸ 手臂

1　　2

❹ 滞空

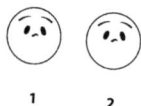

1　　2

同伴技能考核表
技能：单脚跳

单脚跳者姓名：_____

观察者姓名：_____

观察你的搭档，然后给每个关键要领打分。让你的搭档将每个动作做5次。如果搭档该次做的动作正确，就在对应次数的方框里填"Y"；如果搭档该次做的动作不正确，就在对应次数的方框里填"N"。

开始	测试

眼睛和身体
沿着运动方向目视前方，身体直立移动。

☐ ☐ ☐ ☐ ☐
1　2　3　4　5

脚和跳跃腿
摆动腿的膝盖弯曲，向前摆动。

用同一只脚起跳和落地，落地时膝盖弯曲。

☐ ☐ ☐ ☐ ☐
1　2　3　4　5

手臂
手肘弯曲，摆动腿对侧的手臂前摆。

☐ ☐ ☐ ☐ ☐
1　2　3　4　5

滑动
身体流畅地、有节奏地运动。

☐ ☐ ☐ ☐ ☐
1　2　3　4　5

马步跳

马步跳是一项相当复杂的运动技能，其动作节奏没有规律可循，是走路和跨步跳的结合。与滑步不同的是，马步跳让儿童向前（动作熟练的人可以向后）移动，而不是向一侧移动。在马步跳中，前腿向前推动，同时前后脚要迅速并拢。连续进行马步跳时，用同一只脚在前主导。

马步跳常出现在舞蹈动作中，但它与传统的运动技能没有明显的联系。遗憾的是，很少见到儿童在运动中做这种动作。由于在进入小学前，很少有儿童知道如何进行马步跳，因此你应该准备提供所有关于马步跳的指导。《美国 K-12 体育教育的国家标准和年级水平学习成果》（SHAPE America, 2014）指出，幼儿园儿童应能在保持平衡的同时进行马步跳（S1.E1.K），一年级学生应表现出成熟的马步跳模式（S1.E1.1）。有关马步跳的幼儿园和一年级水平学习成果如表 2.8 所示。

表 2.8　马步跳的幼儿园和一年级水平学习成果（S1.E1）

	幼儿园	一年级
S1.E1 单脚跳、马步跳、跑步、滑步、垫步跳和跨步跳	掌握运动技能（单脚跳、马步跳、跑步、滑步和垫步跳）的同时保持平衡（S1.E1.K）	用一种成熟的模式完成单脚跳、马步跳、慢跑和滑步（S1.E1.1）

源自：SHAPE America - Society of Health and Physical Educators, *National Standards & Grade-Level Outcomes for K-12 Physical Education* （Champaign, IL: Human Kinetics, 2014）.

关键要领

眼睛和身体
目视前方，身体直立移动，略微前倾。

滞空
前脚向前迈步，后脚迅速与前脚并拢，双脚暂时离地滞空。

手臂
手臂弯曲，随身体动作前后摆动。

滑动
身体流畅地、有节奏地运动。

提示词

身体姿势——目视前方，提高重心，身体直立移动，略微前倾。手臂弯曲，放在身前，手中宛如握着一副缰绳。前脚向前移动。

迈步——前脚向前移动。

向上——双脚暂时离开地面，后脚迅速与前脚并拢。

> 提示词组 1：身体姿势、向上
> 提示词组 2：迈步、向上

马步跳问题解决表

问题	解决方法
1. 身体没有前倾	• 用一面镜子或闪光灯（反射或阴影）让学生看见自己的身体姿势。学生侧对着镜子或墙 • 录下学生展示这个动作的过程，给学生看录像，用遥控器控制录像何时开始和暂停
2. 在滞空阶段或后脚与前脚并拢时，脚没有离地	• 使用地板圆点，让学生用马步跳跳上圆点。这样需要学生在马步跳时向前跨出一大步 • 把圆点或"落地垫"放在地板上。学生必须前脚落在圆点上，带动后脚接近圆点的边缘，但不能触碰圆点。圆点与学生的间距要足够远，这样学生在马步跳时才必须向前跨出一大步
3. 手臂伸直或没有随着运动摆动	• 让学生背对墙站立，离墙大概 1 英寸远。学生弯曲手肘，稍稍用力向后朝墙摆臂，使手肘触墙，手臂的活动受限 • 学生和一个搭档合作。搭档站在这个学生的面前，双手举到腰部高度，手掌打开、面对学生。学生摆动手臂，用手去触碰搭档的手掌
4. 马步跳的动作不流畅	• 复习动作的关键要领。要想流畅地完成动作，学生需要熟练掌握该动作的关键要领 • 选择合适的音乐或者使用打击乐器。有马奔腾的音乐效果会很好，可以让学生跟着音乐的节拍进行马步跳

同伴技能考核表
技能：马步跳

马步跳者姓名：＿＿＿＿＿＿＿＿＿
观察者姓名：＿＿＿＿＿＿＿＿＿

❶ 身体前倾

1　2　3　4　5

❷ 滞空

1　2　3　4　5

❸ 手臂

1　2　3　4　5

❹ 滑动

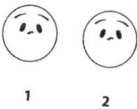

1　2

同伴技能考核表
技能：马步跳

马步跳者姓名：＿＿＿＿＿＿
观察者姓名：＿＿＿＿＿＿

观察你的搭档，然后给每个关键要领打分。让你的搭档将每个动作做5次。如果搭档该次做的动作正确，就在对应次数的方框里填"Y"；如果搭档该次做的动作不正确，就在对应次数的方框里填"N"。

开始　　　测试

眼睛和身体
目视前方，身体直立移动，略微前倾。

1　2　3　4　5

滞空
前脚向前迈步，后脚与前脚并拢，双脚暂时离地滞空。

1　2　3　4　5

手臂
手臂弯曲，随身体动作前后摆动。

1　2　3　4　5

滑动
身体流畅地、有节奏地运动。

1　2　3　4　5

滑步

滑步是简单的侧身移动方式。向右滑时，右脚在前，当左脚紧随其后时，就会有一段短暂的滞空时间。儿童通常对学习滑步很有兴趣，因为滑步这项侧身运动很特别，而且它与其他运动有很明显的联系。儿童会发现篮球运动员一对一防守时会用到滑步，还有很多运动员（如棒球、垒球的游击手，重新发球的网球运动员）会用滑步到达恰当的位置。

一旦儿童掌握了马步跳的技能，他们就可以开始学习滑步了。滑步的节奏不规律，需要儿童横向移动，这都可能导致儿童在刚开始学习滑步时遇到一些困难。降低滑步速度，针对关键要领的正确指导，应该能减少可能出现的问题。《美国 K–12 体育教育的国家标准和年级水平学习成果》（SHAPE America, 2014）指出，幼儿园儿童应能在保持平衡的情况下进行滑步（S1.E1.K），一年级学生应该表现出成熟的滑步模式（S1.E1.1）。有关滑步的幼儿园和一年级水平学习成果如表 2.9 所示。

表 2.9　滑步的幼儿园和一年级水平学习成果（S1.E1）

	幼儿园	一年级
S1.E1 单脚跳、马步跳、跑步、滑步、垫步跳和跨步跳	掌握运动技能（单脚跳、马步跳、跑步、滑步和垫步跳）的同时保持平衡（S1.E1.K）	用一种成熟的模式完成单脚跳、马步跳、慢跑和滑步（S1.E1.1）

源自：SHAPE America - Society of Health and Physical Educators, *National Standards & Grade-Level Outcomes for K-12 Physical Education* （Champaign, IL: Human Kinetics, 2014）.

关键要领

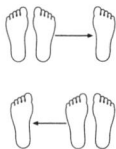

下巴、眼睛和身体
下巴在前肩上方，目视滑步方向，身体保持直立。

双脚
整个动作过程中，双脚分开，保持平行，身体左右移动。

滞空
双脚暂时离开地面。

滑动
身体流畅地、有节奏地运动。

提示词

下巴在前肩上方——下巴在前肩的上方，目视滑步方向，身体保持直立。

双脚平行——整个动作过程中，即使在滞空阶段，双脚也要保持平行。

向一侧移动——身体流畅地、有节奏地向右或向左移动。

一起迈步——前脚向一侧移动，后脚紧随前脚并在滞空阶段与前脚会合。这种连贯的动作创建了一种流畅、有节奏的左右运动。

> 提示词组 1：下巴在前肩上方、双脚平行、向一侧移动
> 提示词组 2：下巴、一起迈步、一起迈步

滑步问题解决表

问题	解决方法
1. 下巴没有在前肩的上方，或者双脚没有平行	• 用一面镜子或闪光灯（反射或阴影）让学生看见自己的身体姿势。学生侧对着镜子或墙 • 录下学生展示这个动作的过程，给学生看录像，用遥控器控制录像何时开始和暂停
2. 在滞空阶段双脚没有离开地面	• 学生背对墙站立，沿墙慢速滑步。一旦掌握了滑步的方法，可以加速 • 使用地板圆点，让学生滑步跳过圆点，但不能触碰圆点
3. 身体转动，身体一侧没有朝着滑步方向	• 学生背对墙站立，沿墙慢速滑步。一旦掌握了滑步的方法，可以加速 • 把一根绳子穿过 2 英尺长的塑料管，将绳子和塑料管挂在两根游戏立柱之间。学生双手握管，沿着绳子滑步。让学生重复这个动作
4. 滑步时双脚交叉	• 学生背对墙站立，保持双肘触墙，沿墙慢速滑步 • 一旦掌握了滑步的方法，可以加速
5. 滑步的动作不流畅	• 复习动作的关键要领。想要流畅地完成动作，学生需要熟练掌握该动作的关键要领 • 选择合适的音乐或者使用打击乐器，让学生跟着音乐的节拍进行滑步

同伴技能考核表

技能：滑步

滑步者姓名：＿＿＿＿＿＿＿＿＿＿＿＿＿＿
　　　　　　　　　　　　观察者姓名：＿＿＿＿＿＿＿＿＿＿＿

❶ 下巴、眼睛 和身体　　1　　2　　3　　4　　5

❷ 双脚　　1　　2　　3　　4　　5

❸ 滞空　　1　　2

❹ 滑动　　1　　2

同伴技能考核表

技能：滑步

滑步者姓名：＿＿＿＿＿＿＿＿
　　　　　　　　　观察者姓名：＿＿＿＿＿＿＿＿
观察你的搭档，然后给每个关键要领打分。让你的搭档将每个动作做5次。如果搭档这次做的动作正确，就在对应次数的方框里填 "Y"；如果搭档该次做的动作不正确，就在对应次数的方框里填 "N"。

开始 ｜ **测试**

下巴、眼睛和身体
下巴在前肩的上方，目视滑步方向，身体保持直立。

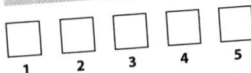

1　2　3　4　5

双脚
双脚分开，保持平行，身体左右移动。

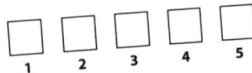

1　2　3　4　5

滞空
双脚暂时离开地面。

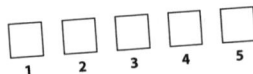

1　2　3　4　5

滑动
身体流畅地、有节奏地运动。

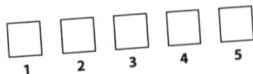

1　2　3　4　5

跑步

儿童学会走路后，就想移动得更快，自然而然就开始跑步。年幼的儿童本能地在保持平衡的同时移动，但是仍然能以一种让自己更快的方式移动。为了不让自己跌倒，年幼的儿童跑步时会将双臂向外伸展，因此与成人相比，儿童的跑步姿势更宽。这种跑步姿势是儿童试图保持平衡而做出的一种自然的调整。可惜的是，除非有专业的指导，这种姿势往往会使儿童形成固定的运动模式。

正确的指导能使儿童从小形成正确的技能表现方式。《美国 K-12 体育教育的国家标准和年级水平学习成果》（SHAPE America, 2014）指出，二年级学生才能掌握跑步的所有关键要领（S1.E2.2）。幼儿园儿童应能在保持平衡的同时跑步（S1.E1.K）。在各年级水平学习成果中，跑步分为 3 种速度：慢跑、跑步和冲刺。二年级学生应能够区分慢跑和冲刺（S1.E2.2b），三年级学生应能够区分冲刺和跑步（S1.E2.3）。有关慢跑和跑步的各年级水平学习成果如表 2.10 所示。

表 2.10　慢跑和跑步的各年级水平学习成果（S1.E2）

	幼儿园	一年级	二年级	三年级	四年级	五年级
S1.E2 慢跑、跑步	适度发展和萌芽阶段的成果出现在二年级		以一种成熟的模式跑步（S1.E2.2a）；能用动作展示慢跑和冲刺的区别（S1.E2.2b）	能用动作展示冲刺和跑步的区别（S1.E2.3）	以一种成熟的模式跑一段距离（S1.E2.4）	对于不同的跑步距离，采用相应的节奏（S1.E2.5）

源自：SHAPE America - Society of Health and Physical Educators, *National Standards & Grade-Level Outcomes for K-12 Physical Education*（Champaign, IL: Human Kinetics, 2014）.

关键要领

眼睛和身体
目视运动方向，身体直立移动并略微前倾，脚趾指向前方。

滞空
双脚短暂离地，呈大幅跨步姿势，落地时脚跟先着地。

手臂
双臂弯曲约 90 度，前后摆动，且不在身体中线处交叉。

膝盖
一侧膝盖弯曲，将脚跟向身体后方抬起，使小腿几乎与地面平行。

提示词

目视前方——直视运动方向。

双臂摆动并弯曲——双臂弯曲约 90 度，前后摆动，且不在身体中线处交叉。

大跨步——双腿交替向远处伸展，间距超过走路时的步幅，双脚有一个短暂的滞空阶段。

双脚伸直——整个跑步过程中双脚保持平行。

> 提示词组 1：目视前方、双臂摆动、大跨步
> 提示词组 2：双臂弯曲、双脚伸直

跑步问题解决表

问题	解决方法
1. 身体没有前倾	·用一面镜子或闪光灯（反射或阴影）让学生看见自己的身体姿势。学生侧对着镜子或墙 ·录下学生展示这个动作的过程，给学生看录像，用遥控器控制录像何时开始和暂停
2. 没有滞空阶段	·鼓励学生加快跑步速度 ·沿着一条约 40 英尺的直线路径放置脚印图案或贴胶带。脚印图案或胶带的间距要足够远，为学生创建一种舒适的跨步距离。学生加大跨步距离和跑步速度时，就会经历滞空阶段
3. 手臂超过身体中线或者跑步时手臂不摆动	·让学生和一个搭档合作。搭档站在距离学生约 30 英尺的地方。学生快速走向搭档，展示手臂摆动动作。搭档告诉学生他的摆臂动作是否正确，让学生了解自己的手臂是否超过了身体中线 ·录下学生展示这个动作的过程，给学生看录像
4. 脚跟没有抬到身后	·让学生跑到位，脚跟向上踢至靠近臀部 ·让学生和一个搭档合作。搭档观察这个学生跑 30 英尺，记录这个学生的脚没有抬高靠近臀部的次数。目标是次数为 0

同伴技能考核表

技能：跑步

跑步者姓名：＿＿＿＿＿＿＿

观察者姓名：＿＿＿＿＿＿＿

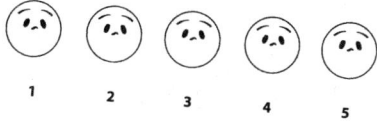

① 眼睛和身体   1   2   3   4   5

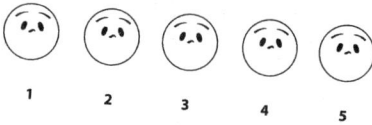

② 滞空   1   2   3   4   5

③ 手臂   1   2

④ 膝盖   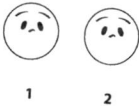   1   2

同伴技能考核表

技能：跑步

跑步者姓名：＿＿＿＿＿＿＿ 观察者姓名：＿＿＿＿＿＿＿

观察你的搭档，然后给每个关键要领打分。让你的搭档将每个动作做 5 次。如果搭档该次做的动作正确，就在对应次数的方框里填 "Y"；如果搭档该次做的动作不正确，就在对应次数的方框里填 "N"。

开始	测试

眼睛和身体
目视运动方向，身体直立移动并略微前倾，脚趾指向前方。

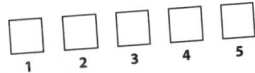
1   2   3   4   5

滞空
双脚短暂离地，呈大幅跨步姿势。落地时脚跟先着地。

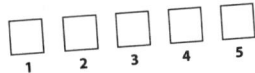
1   2   3   4   5

手臂
双臂弯曲约 90 度，前后摆动，且不在身体中线处交叉。

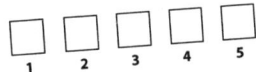
1   2   3   4   5

膝盖
一侧膝盖弯曲，将脚跟向身体后方抬起，使小腿几乎与地面平行。

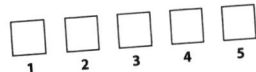
1   2   3   4   5

垫步跳

垫步跳是一种有节奏的运动，结合了两项运动技能：走路和单脚跳。一旦儿童能成功完成单脚跳，就可以开始学习垫步跳了。

尽管垫步跳与其他运动技能没有明显的联系，但许多儿童在发现其他儿童在操场上展示这项动作技能时，就会有兴趣学习这项运动技能。

根据《美国 K–12 体育教育的国家标准和年级水平学习成果》（SHAPE America, 2014），幼儿园儿童应能在保持平衡的同时完成垫步跳（S1.E1.K），学生到二年级才能展现出成熟的垫步跳模式（S1.E1.2）。有关垫步跳的各年级水平学习成果如表 2.11 所示。

表 2.11　垫步跳的各年级水平学习成果

	幼儿园	一年级	二年级
S1.E1 单脚跳、马步跳、跑步、滑步、垫步跳和跨步跳	掌握运动技能（单脚跳、马步跳、跑步、滑步和垫步跳）的同时保持平衡（S1.E1.K）	未提及	用一种成熟的模式展示垫步跳（S1.E1.2）

源自：SHAPE America – Society of Health and Physical Educators, *National Standards & Grade–Level Outcomes for K–12 Physical Education*（Champaign, IL: Human Kinetics, 2014）.

关键要领

眼睛和身体
目视运动方向，身体保持直立。

迈步和单脚起跳
用同一只脚迈步并单脚起跳。

手臂
双臂摆动，方向相反。

滞空
双脚短暂离地。跳跃腿离地时，非支撑腿弯曲。

滑动
身体流畅地、有节奏地运动。

提示词

弯曲手臂——手臂弯曲 90 度，手臂摆动的方向与该侧腿的运动方向相反。

迈步–单脚起跳——一只脚向前迈步，立刻单脚起跳，然后另一只脚向前迈步并立刻单脚起跳。不断交替重复这个动作，使动作流畅、有节奏。

提示词组 1：弯曲手臂、迈步 – 单脚起跳、迈步 – 单脚起跳
提示词组 2：一、二，一、二

教授残障学生

- 使用大尺寸图片和视频，尽可能多地进行视觉演示。
- 根据需要调整器材的大小。
- 将各个步骤分解为最简单的形式。
- 确保学习环境光线充足。
- 让学生的搭档大声说出提示词。
- 减慢完成技能的速度。
- 让学生靠近教师。
- 省去对残障儿童不适用的提示语（例如，立定跳远仅限于手臂运动）。如果适用，可用手臂运动代替腿部运动。
- 使容易分心的儿童位于小组两侧，而不是中心位置。

垫步跳问题解决表

问题	解决方法
1. 没有迈步和单脚起跳，或者使用了单脚跳的动作模式	• 使用彩色地板胶带来标记运动过程中脚的正确位置。两只脚的位置用不同的颜色来标记，相同颜色胶带间距约为 5 英寸，不同颜色的胶带标记间距约为 12 英寸。学生必须在第一种颜色上迈步 – 单脚起跳，然后在另一种颜色再次迈步 – 单脚起跳 • 录下学生展示这个动作的过程，给学生看录像，用遥控器控制录像何时开始和暂停
2. 手臂超过身体中线或垫步跳时没有摆动手臂	• 让学生和一个搭档合作。搭档观察这个学生垫步跳 30 英尺，记录其手臂超过身体中线或者没有摆动的次数。目标次数是 0 • 让学生展示迈步 – 单脚起跳，并摆好姿势。学生迈步 – 单脚起跳后，原地不动，手臂摆动的方向与该侧腿运动的方向相反
3. 脚没有离地	• 使用几个橡胶（防滑）虫，让学生单脚跳上去并且踩扁虫。学生一只脚垫步跳，单脚起跳踩扁一只虫，然后用另一只脚垫步跳，单脚起跳踩扁另一只虫 • 在地板上放 10～12 根绳子，平行摆放，间距大概为 1 英尺。学生的站立位置与这些绳子垂直。学生必须迈步 – 单脚起跳过每一根绳子。让学生重复几次来练习垫步跳
4. 垫步跳的动作不流畅	• 复习垫步跳的关键要领。想要流畅地完成动作，学生需要熟练掌握该动作的关键要领 • 选择合适的音乐或者使用打击乐器，让学生跟着音乐的节拍进行垫步跳

同伴技能考核表

技能：垫步跳

垫步跳者姓名：＿＿＿＿＿＿＿＿＿＿

观察者姓名：＿＿＿＿＿＿＿＿＿＿

❶ 眼睛和身体　　1　　2　　3　　4　　5

❷ 迈步　　1　　2　　3　　4　　5

❸ 起跳　　1　　2　　3　　4　　5

❹ 滞空　　1　　2

❺ 滑动　　1　　2

同伴技能考核表

技能：垫步跳

垫步跳者姓名：＿＿＿＿＿＿＿＿＿＿

观察者姓名：＿＿＿＿＿＿＿＿＿＿

观察你的搭档，然后给每个关键要领打分。让你的搭档将每个动作做5次。如果搭档该次做的动作正确，就在对应次数的方框里填"Y"；如果搭档该次做的动作不正确，就在对应次数的方框里填"N"。

开始	测试
眼睛和身体 目视运动方向，身体保持直立。	1　2　3　4　5
迈步和单脚起跳 用同一只脚迈步并单脚起跳。	1　2　3　4　5
手臂 双臂摆动，方向相反。	1　2　3　4　5
滞空 双脚短暂离地。跳跃腾离地时，非支撑腿弯曲。	1　2　3　4　5
滑动 身体流畅地、有节奏地运动。	1　2　3　4　5

双脚跳是一项相当复杂的运动技能。双脚跳在技术上可能涉及单脚或双脚起跳，双脚落地；还可能是双脚起跳，单脚落地。准确地说，垫步跳和单脚跳都是由双脚跳变化而来的，但我们发现这些释义会令学生感到非常困惑，因此在教授双脚跳的关键要领时，我们将采取更通俗易懂的方式来定义双脚跳，即双脚起跳，双脚落地。

《美国 K-12 体育教育的国家标准和年级水平学习成果》（SHAPE America, 2014）详细介绍了垂直双脚跳和水平双脚跳。

垂直双脚跳

篮球中的篮板球动作和排球中的扣球动作是垂直双脚跳的两个典型例子。学生喜欢学习垂直双脚跳是因为垂直双脚跳是可评估的，他们就可以看到自己的运动结果。比如，对很多小学生来说，能够触到篮筐（即使只有 8 英尺高）的边缘就是一个很大的成就。

学生普遍喜欢垂直双脚跳，由此教师必须重视几个安全问题。通过垂直双脚跳去触碰墙上的一个点，这个动作如果做得不正确就会使学生受伤。助跑可能会产生过大的动力，学生可能会撞到墙上。当目标悬挂在头部上方的高架结构上时，学生通过垂直双脚跳够到目标可能更安全。但是要教学生去触碰这个目标，而不是拉。把头部上方的目标拉下来也可能会使学生受伤。

此外，对于助跑后双脚起跳，你应该清楚地标记出起跑点。学生通常会认为如果助跑 10 英尺比较好，那么助跑 100 英尺就更好。如果一个学生后退得太远，那么跑步对他来说就比垂直双脚跳更重要。后退得太远会导致学生不能掌控自己的起跳，进而影响其掌握动作技能。清楚地标记每次练习的起跑点，可以解决这个问题。让你的学生去挑战触碰悬挂在头部上方高架结构上不同高度的物体，或与搭档合作完成一个正确的击掌垂直双脚跳。这些活动除了会用到运动概念，还有助于强化学生的垂直双脚跳技能。

垂直双脚跳的教学可以从幼儿园开始。《美国 K-12 体育教育的国家标准和年级水平学习成果》（SHAPE America, 2014）指出，幼儿园儿童应在保持平衡的同时完成垂直双脚跳和落地动作（S1.E4.K），一年级学生应能够展现出垂直双脚跳和落地的 5 个关键要领中的 2 个（S1.E4.1），二年级学生应能展示出 5 个关键要领中的 4 个（S1.E4.2），三年级学生应能够展现出成熟的垂直双脚跳模式（S1.E4.3），四年级学生和五年级学生应能够在舞蹈、体操和小型游戏中运用垂直双脚跳（S1.E4.4 和 S1.E4.5）。有关垂直双脚跳的各年级水平学习成果如表 2.12 所示。

表 2.12　垂直双脚跳的各年级水平学习成果（S1.E4）

	幼儿园	一年级	二年级	三年级	四年级	五年级
S1.E4 垂直双脚跳和落地	在保持平衡的同时完成垂直双脚跳和落地动作（S1.E4.K）	展示垂直双脚跳和落地的 5 个关键要领中的 2 个（S1.E4.1）	展示垂直双脚跳和落地的 5 个关键要领中的 4 个（S1.E4.2）	用一种成熟的模式完成垂直双脚跳和落地（S1.E4.3）	采用专门用于体操的弹跳－迈步，起跳和落地（S1.E4.4）	将垂直双脚跳和落地模式，与舞蹈、体操和游戏环境的小型练习任务中的运动技能和操控性技能相结合（S1.E4.5）

源自：SHAPE America‐Society of Health and Physical Educators, *National Standards & Grade‐Level Outcomes for K‐12 Physical Education*（Champaign, IL: Human Kinetics, 2014）.

关键要领

双膝和双臂
双膝弯曲，双臂后摆，准备起跳。

双脚
双脚分开至与肩同宽。

双臂
双臂向前向上摆动。

双腿
双腿用力蹬地，向上推动身体。

落地
双膝弯曲，并分开至与肩同宽。

源自：Albemarle County Physical Education Curriculum Revision Committee（2008）.

提示词

摆臂——双膝弯曲，双臂后摆，准备起跳。双脚分开至与肩同宽，双臂向前向上摆动。

爆发力——身体用力向上。落地时弯曲膝盖，双脚分开至与肩同宽。

摆高——双膝弯曲，双臂后摆，准备起跳。双脚分开至与肩同宽。

触天——双臂向前向上摆动，双腿用力蹬地，向上推动身体，双脚落地时弯曲膝盖，双脚分开至与肩同宽。

> 提示词组 1：摆臂、爆发力
> 提示词组 2：摆高、触天

垂直双脚跳问题解决表

问题	解决方法
1. 身体姿势不对，比如： • 双膝不弯曲 • 双臂不向后摆 • 双脚没有分开至与肩同宽 • 身体直立	• 用一面镜子或闪光灯（反射或阴影）让学生看见自己的身体姿势。学生侧对着镜子或墙 • 录下学生展示这个动作的过程，给学生看录像，用遥控器控制录像何时开始和暂停
2. 双臂不摆动	• 让学生练习摆动双臂，带动身体向上，将重心转移到脚趾 • 在两根游戏立柱之间系一根绳子，挂上物体（如铝质餐盘或风铃），物体的高度为学生踮起脚尖时手能碰到。学生必须向上摆动手臂试着触碰物体，同时将重心转移到脚趾上
3. 在滞空阶段没有用力向上伸展身体	• 在墙上贴一张纸。让学生侧身站在墙边，用离墙近的手拿一支记号笔。学生必须双脚跳起，在纸上画一个标记 • 在两根游戏立柱之间系一根绳子，挂上物体（如铝质餐盘或风铃），物体的高度为学生站立时不会触碰到这些物体。学生必须向上摆动双臂，然后双脚跳起、试着碰到物体
4. 落地姿势不对，比如： • 双腿伸直 • 双脚并拢 • 双臂在身后	• 让学生保持双脚分开至与肩同宽，同时完成脚趾支撑半蹲 • 使用一面镜子或闪光灯（反射或阴影）让学生看到自己的身体姿势。学生侧对着镜子或墙 • 录下学生展示这个动作的过程，给学生看录像，用遥控器控制录像何时开始和暂停

同伴技能考核表

技能：垂直双脚跳

垂直双脚跳者姓名：＿＿＿＿＿＿＿＿＿　观察者姓名：＿＿＿＿＿＿＿＿

❶ 双膝和双脚

❷ 双臂

❸ 双腿

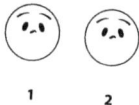

❹ 落地

同伴技能考核表

技能：垂直双脚跳

垂直双脚跳者姓名：＿＿＿＿＿＿＿＿　观察者姓名：＿＿＿＿＿＿＿＿

观察你的搭档，然后给每个关键要领打分。让你的搭档将每个动作做5次。如果搭档该次做的动作正确，就在对应次数的方框里填"Y"；如果搭档该次做的动作不正确，就在对应次数的方框里填"N"。

开始	测试

双膝和双臂
双膝弯曲，双臂后摆，准备起跳。

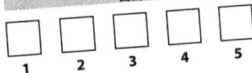

双脚
双脚分开至与肩同宽。

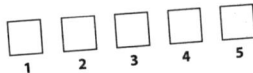

双臂
双臂向前向上摆动。

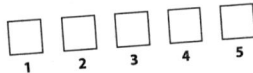

双腿
双腿用力蹬地，向上推动身体。

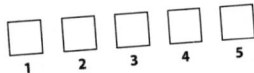

落地
双膝弯曲，双脚分开至与肩同宽。

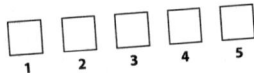

水平双脚跳

立定跳远是典型的水平双脚跳的例子。和垂直双脚跳一样，学生也喜欢学习水平双脚跳，因为他们可以看到运动结果。

学生普遍喜欢水平双脚跳，但是也必须重视几个安全问题。对于学生而言，落地时弯曲膝盖是非常重要的安全因素。当学生从高处跳下来时，落地的力度会显著增加。因此，教师应该向学生明确说明水平双脚跳的任务，确保落地位置的表面适合学生。我们建议所有学生在一个水平面上完成水平双脚跳，直到他们掌握了弯曲膝盖这一动作。让学生从一定高度（如一堆垫子上）向下跳时，提供一个合适的落地表面（如体操缓冲垫）十分必要。

水平双脚跳的教学应该从幼儿园开始。《美国 K–12 体育教育的国家标准和年级水平学习成果》（SHAPE America, 2014）指出，幼儿园儿童应能够在保持平衡的同时完成水平双脚跳和落地动作（S1.E3.K），一年级学生应能够在水平面上用双脚起跳和落地，并展现水平双脚起跳和落地的 5 个关键要领中的 2 个（S1.E3.1），二年级学生应能展示水平双脚跳的 5 个关键要领中的 4 个（S1.E3.2），三年级学生应能够展现出成熟的水平双脚跳模式（S1.E3.3），四年级学生和五年级学生应能够在舞蹈、体操和小型游戏中运用水平双脚跳（S1.E3.4 和 S1.E3.5）。有关水平双脚跳的各年级水平学习成果如表 2.13 所示。

表 2.13　水平双脚跳的各年级水平学习成果（S1.E3）

	幼儿园	一年级	二年级	三年级	四年级	五年级
S1.E3 水平双脚跳和落地	在保持平衡的同时，完成双脚跳和落地动作（S1.E3.K）	在水平双脚跳时用双脚起跳和落地，并且展现出 5 个关键要领中的 2 个（S1.E3.1）	运用单脚和双脚起跳和落地，并且展现出 5 个关键要领中的 4 个（S1.E3.2）	用一种成熟的模式完成水平双脚跳和落地（S1.E3.3）	采用专门针对体操的弹跳–迈步、起跳和落地动作（S1.E3.4）	将水平双脚跳和落地模式，与舞蹈、体操以及游戏环境中的小型练习任务中的运动技能和操控性技能相结合（S1.E3.5）

源自：SHAPE America‐Society of Health and Physical Educators, *National Standards & Grade‐Level Outcomes for K–12 Physical Education*（Champaign, IL: Human Kinetics, 2014）。

除了运用运动概念来强化学生的水平双脚跳技能，我们还发现以下方法对学生进行水平双脚跳有所助益。

- 记录学生跳的距离。
- 使用彩色翻滚垫，让学生挑战跳到红色区域或者第二条蓝色线。
- 设置10个或更多的学习站点。这些学习站点由非平行线组成，这些线至少6英尺长，间距最近为6英寸，最远为5英尺。让学生想象挑战跳过"河流"。如需加大挑战难度，可以让学生双脚跳过"河流"最宽的部分，脚不能弄湿。

关键要领

双膝和双臂	双臂	双脚和身体	双腿	落地
双膝弯曲，双臂后摆，准备起跳。	双臂沿运动方向向前向上摆动。	双脚分开至与肩同宽，身体略微前倾。	双腿用力伸展，推动身体向前。	双膝弯曲，双脚分开至比肩略宽，双臂置于身体前方，保持身体平衡。

源自：Albemarle County Physical Education Curriculum Revision Committee（2008）.

提示词

摆臂——双膝弯曲，双臂后摆，准备起跳。双脚分开至与肩同宽。

爆发力——双臂向前向上摆动，用力带动身体向上向前。落地时双膝弯曲，双脚分开至与肩同宽。

向上——双臂用力向前摆动，带动身体向上向前。

出去——落地时双臂在身体前方，双脚分开至与肩同宽。

> 提示词组1：摆臂、爆发力
> 提示词组2：摆臂、向上、出去

水平双脚跳问题解决表

问题	解决方法
1. 身体姿势不对，比如： · 双膝不弯曲 · 双臂不向后摆 · 双脚没有分开至与肩同宽 · 身体直立	· 用一面镜子或闪光灯（反射或阴影）让学生看见自己的身体姿势。学生侧对着镜子或墙 · 录下学生展示这个动作的过程，给学生看录像，用遥控器控制录像何时开始和暂停
2. 双臂没有摆动	· 让学生练习摆动双臂，带动身体向前，将重心转移到脚趾上 · 学生和搭档合作。让搭档站在学生前方约 18 ~ 24 英寸的地方。搭档高举一个物体（如呼啦圈、图片或围巾），学生摆臂触碰。学生必须在双脚不动的情况下向前摆动双臂
3. 在滞空阶段没有用力蹬腿和伸展身体	· 让学生练习跳过一个呼啦圈 · 学生和搭档合作。让搭档站在学生前方 3 ~ 4 英尺的地方（距离足够远，相互之间无法触碰）。搭档高举一个物体（如呼啦圈、图片或围巾），学生跳起并伸展身体触碰。学生必须向前摆动双臂，在跳起时尝试触碰物体，而不是抓物体
4. 落地姿势不对，比如： · 双腿伸直 · 双脚并拢 · 双臂在身后	· 让学生半蹲，双脚分开至与肩同宽，双臂在身体前方伸展 · 让学生臀部碰到椅子边缘，然后恢复站姿。重复几次这个动作

居家练习

· 在适当情况下，学生可以在户外练习运动技能。学生可以将技能教授给家庭成员，然后一起练习。

· 为了加强单脚跳练习，学生可以使用较少的方格，用胶带或纸创建自己的"跳房子"游戏。如果有人行道，手头有粉笔，学生可以用它们在户外创建自己的游戏。

· 让学生创建新的活动，以帮助他们记住一项技能的关键要领。要求学生在下一次虚拟课堂上教授其创建的活动（或分享视频）。

同伴技能考核表

技能：水平双脚跳

水平双脚跳者姓名：_____　　观察者姓名：_____

❶ 双膝和双脚　　1　　2　　3　　4　　5

❷ 身体前倾　　1　　2　　3　　4　　5

❸ 双腿前推　　1　　2　　3　　4　　5

❹ 落地　　1　　2

同伴技能考核表

技能：水平双脚跳

水平双脚跳者姓名：_____　　观察者姓名：_____

观察你的搭档，然后给每个关键要领打分。让你的搭档将每个动作做5次。如果搭档该次做的动作正确，就在对应次数的方框里填"Y"；如果搭档该次做的动作不正确，就在对应次数的方框里填"N"。

开始	测试
双膝和双臂 双膝弯曲，双臂后摆，准备起跳。	1　2　3　4　5
双臂 双臂沿运动方向向前向上摆动。	1　2　3　4　5
双脚和身体 双脚分开至与肩同宽，身体略微前倾。	1　2　3　4　5
双腿 双腿用力伸展，推动身体向前。	1　2　3　4　5
落地 双膝弯曲，双脚分开至比肩略宽，双臂置于身体前方，保持身体平衡。	1　2　3　4　5

跨步跳

跨步跳常被描述为一种夸张的跑步，单脚起跳，另一只脚落地，和跑步类似。但跨步跳的滞空阶段更明显、持续时间更长。单独教授跨步跳的难度较大，学生必须以跑步的方式来学习跨步跳。

和垂直双脚跳相同，清楚地确定起跳位置有助于学生学习跨步跳。如前所述，学生如果认为助跑 20 英尺的距离合适，那么会认为助跑 100 英尺更好。清楚地标记出起跳点将解决这个问题。

除了运用运动概念来强化学生对跨步跳的学习，我们还发现以下办法对学生进行跨步跳有所助益。设置 10 个或更多的学习站点。这些学习站点由非平行线组成，这些线至少 6 英尺长，间距最近为 6 英寸，最远为 5 英尺。学生进行助跑，再想象有一条河流，大步跨跳。如需加大挑战难度，可以要求他们在间距最宽的地方，大步跨跳过"河"，但脚不能弄湿。

根据《美国 K-12 体育教育的国家标准和年级水平学习成果》（SHAPE America，2014），三年级学生应能用一种成熟的模式完成跨步跳（S1.E1.3），如表 2.14 所示；二年级学生应已经掌握成熟的跑步模式（S1.E2.2），这是学习跨步跳的必要条件。

表 2.14　跨步跳的各年级水平学习成果（S1.E1）

	幼儿园	一年级	二年级	三年级
S1.E1 单脚跳、马步跳、跑步、滑步、垫步跳和跨步跳	三年级前不涉及跨步跳			使用成熟的模式完成跨步跳（S1.E1.3）

源自：SHAPE America - Society of Health and Physical Educators, *National Standards & Grade-Level Outcomes for K-12 Physical Education* （Champaign, IL: Human Kinetics, 2014）.

关键要领

助跑
在开始跨步跳前，先跑几步。

起跳
单脚离地。

滞空
双脚以跨步姿势短暂离地，手臂摆动的方向与脚摆动的方向相反。

落地
起跳脚的对侧脚落地，膝盖弯曲。

缓冲
落地后跑几步。

提示词

开始——在开始跨步跳前先助跑几步。

推地——单脚推离地面。

助跑并且单脚离地——在开始跨步跳前先助跑几步，单脚推离地面。

滞空——双脚以跨步姿势短暂离地，手臂摆动的方向与脚摆动的方向相反。

对侧脚落地——起跳脚的对侧脚落地，膝盖弯曲，吸收冲击力。

缓冲——落地后跑几步。

> 提示词组 1：单脚离地、滞空、对侧脚落地
> 提示词组 2：助跑、滞空、缓冲
> 提示词组 3：开始、推地、滞空、落地

跨步跳问题解决表

问题	解决方法
1. 双腿大跨步的姿势不标准	·让学生练习大步走 ·用一面镜子或闪光灯（反射或阴影）让学生看见自己的身体姿势。学生侧对着镜子或墙 ·在活动区域内放两根平行的绳子，让学生跨过绳子。确保两根绳子的间距略大于学生的最大跨步距离。这将给学生提供机会用跨步跳跳过绳子
2. 使用双脚带动跨步跳或者跨步跳的高度不足	·录下学生展示这个动作的过程，给学生看录像，用遥控器控制录像何时开始和暂停 ·给学生做一个可以用跨步跳跨越的跨栏架。学生必须用一只脚蹬地来完成跨栏动作
3. 双臂没有参与动作	·找出一张运动员跨栏的照片，向学生们展示这张照片，让学生模仿照片里运动员的动作。你可以使用前面提到的跨栏架 ·让学生大步走，迈步腿向前向上摆动。迈步腿对侧手臂也应向前摆动，对侧手臂和迈步腿平行
4. 双脚落地	·让学生助跑几步，然后向前迈一大步，同时对侧手臂前摆，然后开始跑。鼓励学生在迈大步时用力蹬地 ·放置两根互相平行的绳子，间距约为 2 英尺。在较远的绳子边放置一个落地点，让学生进行跨步跳并使落地脚触点

同伴技能考核表

技能: 跨步跳

跨步跳者姓名: _____
观察者姓名: _____

① 助跑　　1　2　3　4　5

② 起跳　　1　2　3　4　5

③ 滞空　　1　2　3　4　5

④ 落地　　1　2

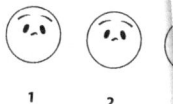

⑤ 缓冲　　1　2

同伴技能考核表

技能: 跨步跳

跨步跳者姓名: _____
观察者姓名: _____

观察你的搭档, 然后给每个关键要领打分。让你的搭档将每个动作做 5 次。如果搭档该做次做的动作正确, 就在对应次数的方框里填 "Y"; 如果搭档该做次做的动作不正确, 就在对应次数的方框里填 "N"。

开始	测试

助跑
在开始跨步前, 先跑几步。

☐ 1　☐ 2　☐ 3　☐ 4　☐ 5

起跳
单脚离地。

☐ 1　☐ 2　☐ 3　☐ 4　☐ 5

滞空
双脚以跨步姿势短暂离地, 手臂摆动的方向与脚摆动的方向相反。

☐ 1　☐ 2　☐ 3　☐ 4　☐ 5

落地
起跳脚的对侧脚落地, 膝盖弯曲。

☐ 1　☐ 2　☐ 3　☐ 4　☐ 5

缓冲
落地后跑几步。

☐ 1　☐ 2　☐ 3　☐ 4　☐ 5

其他运动练习

运动标签（捉人）

目标

在游戏场景内练习各项运动技能。

设备

用于划定游戏区域的标志筒或线条以及标签。

活动

1. 指定每轮活动中使用的运动技能。

2. 选择 2 个或 3 个学生做贴标签的人。

3. 贴标签的人试图在指定时间内给尽可能多的组员贴标签。

4. 一旦某名组员被贴上标签，这名组员就必须去指定的区域展示你选定的一项运动技能。你可以要求组员展示运动技能的不同路径、力度和水平高度等。

5. 一旦组员正确展示了运动技能，他就可以回到游戏中。

6. 大多数运动技能都可以运用于这个游戏。

拓展活动

- 当一个贴标签的人碰到一名组员，这名组员就成为贴标签的人，之前贴标签的人就成为一名组员。

- 如果一名组员在被贴标签之前能说出所用运动技能的一个提示词，那么这名组员就是安全的。

路标

目标

练习各项运动技能。

设备

交通标志筒以及易读标识。

活动

1. 在厚纸上写上要用的不同运动技能的名称（或印上运动技能的图片），做成标志。这些标志的大小要合适，既要便于阅读，又要便于贴在交通标志筒上。

2. 在游戏区域内分散放置这些标志（和交通标志筒）。

3. 学生在游戏区域内移动，展示恰当的运动动作。学生经过一个标志，就要读出标志上的运动，并运用这项运动技能，直到经过一个新的标志。

4. 为确保能练习每个动作，你可能需要在地板上贴地板胶带或美术胶带。学生沿着这些胶带移动，经过每个交通标志筒。

拓展活动

- 在运动卡片上写上运动概念（如慢跑、之字形路径马步跳）。
- 使用不同颜色的胶带来设置各种路径。指定每个学生要走哪种颜色的路。学生沿着路线移动到指定的颜色，直到他们找到一个交叉点。

转圈降落伞

目标

在使用降落伞的同时做出各种动作。

设备

降落伞。

活动

1. 学生单手举起降落伞，高度位于腰部。
2. 所有学生转向降落伞，朝向同一个方向（滑步除外，当他们准备进行滑步动作时，双手握住降落伞）。
3. 你选择一个动作，让学生在手持降落伞转圈的同时做出这个动作。
4. 当你说转，学生开始转，完成动作后改变转动方向。

拓展活动

- 将学生分为几个小组。选定某个小组，让这个小组的学生到达升起的降落伞下面，并且使用特定的运动技能移动到对面。
- 将学生分为几个小组。选定某个小组，让这个小组的学生运用特定的运动技能到达升起的降落伞下面，并且大声说出提示词，然后回到起始位置。

移动中

目标

练习各项运动技能。

设备

一个打击乐器。

活动

1. 学生站在自己的个人空间内。
2. 让学生开始走路。在学生走路时，你告诉学生接下来将要练习的运动技能。一旦你击打乐器，学生就开始展示要练习的运动技能。然后你再告诉学生下一个运动技能。
3. 你可以选用一个固定的组合模式（比如，敲 1 下代表走路，敲 2 下代表跑步，敲 3 下代表马步跳）。

拓展活动

- 一旦学生掌握了各项运动技能，你就可以让他们自己选择要展示的运动技能，每次你击打乐器后，他们便开始展示。

- 每个学生可以创建自己的运动程序。常规程序应包括如下内容。

（1）开始——静止不动。

（2）动作——3 种不同的运动动作。

（3）暂停——静止不动。

学生练习自己的运动程序后，可以向其他学生或全班学生展示他的运动程序。常规程序可以以 2 个人或 4 个人为一组实施。你可以选人建组，或者让学生自己建组。

运动者资格证书

目标

证明展示运动技能的能力。

设备

每个学生的运动者资格证书。

活动

1. 学生通过正确展示之前活动中的任何一项技能或几项技能，来赢取运动者资格证书。

2. 你可以给学生颁发运动者资格证书，以证明该学生在一些特定技能上具备展示能力。

拓展活动

- 学生保管该证书。
- 证书可以由班级归类后张贴在布告栏上。

提前准备

制作运动者资格证书，你可以选择制作简单版或复杂版证书。

- 简单版证书制作：在计算机上设计运动者资格证书（见后文图）并复制。学生可以在证书上写上自己的名字；或者许多学校的行政助理能使用学校的数据库，你请他们将学生的名字打印在标签上，并将这些标签制成卡片，让证书看起来更正式。
- 复杂版证书制作：每年学生拍摄个人照时，摄影师会将底片和多余的照片交给学校。学校行政助理会告诉你是否有你能用的多余的照片。

这些照片可以贴到证书上。照片和学生的姓名（标签）结合起来，就是一份真正的证书。在时间和条件允许的情况下，可以将这些证书塑封，使这些证书更加正式，成为有意义的纪念品。

运动者资格证书

兹证明

_____

已完成 _____

现达到标准，成为一名合格的运动者。

_____　　　　　_____

日期　　　　　　　　　　　指导教师

运动者资格证书样本

如果条件允许，尽可能让你制作的证书既有创意又符合实际。身高、体重和签名等方面都要注意。我们发现证书是一个很完美的公共关系工具。当学生理解了获得证书的标准，获得证书就成为一种评估形式。证书可以给很多家长留下深刻的印象，家长们往往也会同意帮助制作证书。

小结

有些运动技能（如走路或跑步）每天都可以用到，其他一些技能（如滑步或跨步跳）则通常运用于更具体的情况。教师在教授运动技能时所面临的挑战，就是如何用有趣的方式呈现这些运动技能，从而让学生保持兴趣并积极参与课程。遗憾的是，很多教师不确定如何实现这一点。我们相信通过运用运动概念（Graham, Holt-Hale & Parker, 2013）和本章列出的几项具体活动，你的课堂会变得更加有趣。这些是帮助学生成为优秀运动者的第一步。

第 3 章

下手滚球

本书余下的各章将介绍操控性技能，操控性技能涉及用一个物体完成一项任务。让幼儿园儿童和一年级学生十分感兴趣的一种操控性技能就是下手滚球。下手滚球和保龄球有明显的关联，这使下手滚球成为儿童喜欢练习的一种有趣的技能。

下手滚球的一个要领是迈步。对于应掌握的所有操控性技能而言，对侧脚迈步是一个关键动作，要将这个概念介绍给年幼的儿童，教他们练习下手滚球可能是一种合理的方式。《美国 K–12 体育教育的国家标准和年级水平学习成果》（SHAPE America，2014）指出，幼儿园儿童应能在下手抛球的同时完成对侧脚迈步（S1.E13.K），因此下手抛球可以轻易转化为下手滚球。

儿童不必用保龄球练习下手滚球。如果球（如网球、纱球或垒球）的大小和重量适合幼儿园儿童，那么他们便可以成功完成下手滚球。对于年龄大一些的儿童来说，可以做一个简易的保龄球场，只需要有保龄球、滑道及塑料球即可。

促进社交与情感健康

- 请记住，在初始技能练习期间，不强求学生击中目标。开始时使用墙壁作为挡弹墙，然后使用较大的目标，再慢慢地过渡到使用标志筒、2 升的空塑料瓶和其他目标物。
- 搭档的反馈应该从积极的、与技能相关的评价开始，但应避免说"不错""好""做得漂亮"之类的话，这些话不会提高对方的技能表现。
- 询问学生如何帮助其搭档做得更好。
- 提醒学生需要做大量的练习才能取得成功。

关键要领

预备姿势
膝盖微屈，面对目标，双脚分开至与肩同宽，惯用手持球（掌心朝上）置于身前。

手臂后摆
滚球臂向后摆至腰部高度。

迈步滚球
滚球臂前摆，对侧脚向前迈步，同时弯曲膝盖和腰，放手让球在地上（低水平高度）滚动。身体朝向目标。

手部连带动作
滚球手继续在身前向目标运动，到达腰部以上即停止，掌心朝上。

提示词

　　你为某项技能的每个阶段所选择的提示词，取决于学生的年龄以及你所强调的要领。年幼的学生（幼儿园至二年级学生）在少量简洁明确的提示词的指导下会学得更快，因为他们不能处理或记忆大量的信息。在一些可用的提示词中，有的可用于教授下手滚球。你可以单独使用每个提示词，或者根据需要搭配使用提示词。我们发现，让学生在练习技能时大声说出提示词有助于学生习得技能。

　　预备——膝盖微屈，面对目标，双脚分开至与肩同宽，惯用手持球（掌心朝上）置于身前。

　　手臂后摆——滚球臂向后摆，到达腰部高度。

　　迈步滚球——滚球臂前摆，对侧脚向前迈步，同时弯曲膝盖和腰，放手让球在地上（低水平高度）滚动，身体朝向目标。

　　使用你的迈步脚——对侧脚向前迈步。

　　靠近目标——滚球臂前摆，放手让球在地上（低水平高度）滚动，球不会反弹。

　　保持手部连带动作或停止不动——滚球手继续在身前向目标运动，到达腰部以上后停止，掌心朝上。

　　保持肩部稳定——滚球手继续在身前向目标运动，直到超过腰部，此时掌心朝上。继续手部连带动作，直到滚球手的手指碰到滚球手的肩膀。

提示词组 1：预备、手臂后摆、迈步滚球、保持手部连带动作

提示词组 2：预备、手臂后摆、迈步、停止不动

提示词组 3：预备、手臂后摆、迈步滚球、保持肩部稳定

提示词组 4：预备、迈步、靠近目标

强化和评估关键要领的活动建议

在学习过程中，学生需要了解技能的练习方式及其关键要领，以及如何正确地理解每项动作的关键要领。本书在前文提供了有关下手滚球的图片和内容描述，并将其划分为若干关键要领，还提供了一些可能用到的提示词。第 1 章中 9 个通用的活动可用于强化学生对下手滚球的理解，以及对所有运动和操控性技能的理解。下面还列出了一些具体的活动，特别适用于强化学生对下手滚球关键要领的理解。

同伴技能考核

目标

让搭档评估彼此在学习技能方面的进展。

设备

为每对搭档配备同伴技能考核表和一个球。如果学生不识字，同伴技能考核表的图片版可能会派上用场。

活动

1. 搭档观察对方的预备姿势是否正确。

2. 如果预备姿势正确，搭档就在对应的方框内填"Y"；如果预备姿势不正确，搭档则在对应的方框内填"N"。对于不会写字的学生，如果预备姿势正确，可在相应方框内放一张笑脸图片；如果预备姿势不正确，则在对应的方框内放一张哭脸图片。

3. 每个关键要领需连续评估 5 次。

4. 每个学生都要进行同伴技能考核。

拓展活动

- 你可以用同伴技能考核的结果来评估每个学生的进步程度。

- 你可以把同伴技能考核表和成绩单一起寄给学生家长。

同伴技能考核表

技能：下手滚球

下手滚球者姓名：_____　　观察者姓名：_____

❶ 预备姿势　😐1　😐2　😐3　🙁4　🙁5

❷ 手臂后摆　😐1　😐2　🙁3　🙁4　🙁5

❸ 迈步滚球　😐1　😐2　🙁3

❹ 手部连带动作　🙁1　🙁2

同伴技能考核表

技能：**下手滚球**

下手滚球者姓名：_____　　观察者姓名：_____

观察你的搭档，然后给每个关键要领打分。让你的搭档将每个动作做 5 次。如果搭档该次做的动作正确，就在对应次数的方框里填 "Y"；如果搭档该次做的动作不正确，就在对应次数的方框里填 "N"。

开始	测试

预备姿势
1. 注视目标。
2. 双膝微屈。
3. 双脚分开至与肩同宽。
4. 将球置于身前。

□1　□2　□3　□4　□5

动作

手臂后摆
1. 身体正对目标。
2. 滚球臂向后摆至腰部高度。

□1　□2　□3　□4　□5

迈步滚球
3. 对侧脚向前迈步。
4. 滚球臂前摆，放手让球在地上（低水平高度）滚动，此时身体朝向目标。

□1　□2　□3　□4　□5

结束

手部连带动作
滚球手继续在身前向目标运动，到达腰部以上后停止。

□1　□2　□3　□4　□5

成功构建者活动

这项活动可以帮助老师解决每个学生自身的问题。如果学生需要额外的帮助，下面的活动会让他们表现得更好。

目标

根据同伴技能考核的结果，让学生改善不足之处。

设备

参见以下学习站点。建议在每个学习站点放置一面镜子以及张贴一张印有每个站点下手滚球关键要领的海报。镜子在这项活动中非常有用，因为学生可以通过镜子看到自己的动作。最简单的制作海报的方法就是放大打印本书的插图。给海报塑封能延长海报的使用时间。

活动

1. 在教学区域给每个关键要领设置一个学习站点。在相应的学习站点贴上附有具体关键要领说明文字的海报。

2. 每个学习站点的详细信息如下。

预备姿势

膝盖微屈，面对目标，双脚分开至与肩同宽，眼睛瞄准目标，惯用手持球放在身体前方（掌心朝上）。

设备

展示预备姿势的海报、镜子（如果有的话），以及同伴技能考核表。

活动

学生做好预备姿势，搭档检查其动作是否与海报所示的一致。学生可用镜子来观察自己的动作做得是否到位。然后学生四处走动，根据搭档的指令再次做好预备姿势。如果学生成功完成几次预备姿势，那么搭档二人互换角色，随后练习整套动作。

手臂后摆

将滚球臂后摆，至少达到腰部高度。

设备

展示手臂后摆的海报、镜子（如果有的话）、画在墙上的一条与腰部同等高度的线，以及同伴技能考核表。

活动

学生演示手臂后摆动作（保持手臂贴近身体），在摆臂期间，手部至少达到腰部高度。搭档检查其动作是否与海报所示的一致。为帮助搭档看到手臂摆动的高度，学生应靠近墙边完成这个动作。学生可用镜子来观察自己的动作做得是否到位。一旦学生能正确完成手臂后摆，那么搭档二人互换角色，随后练习整套动作。

迈步滚球

滚球臂对侧的脚向前迈步，滚球臂向前移动，将球放在地上（低水平高度）并保证球向前滚动，同时弯曲膝盖和腰部。身体应面向目标。

设备

展示迈步滚球的海报、镜子（如果有的话）、小扫帚、跳绳、两把椅子，以及同伴技能考核表。

活动

学生滚球手对侧的脚向前迈步，用滚球手拿小扫帚扫地。搭档检查其动作是否与海报所示的一致。学生可以通过用小扫帚扫地来强化滚球动作。学生扫地时，膝盖要弯曲，身体应面向扫地的方向。学生可用镜子来观察自己的动作做得是否到位。一旦学生能向他的搭档演示正确的扫地动作，那么搭档二人互换角色，随后练习整套动作。

将一根绳子绑在两把椅子中间，让学生试着让球从绳子下方滚过。绳子不宜绑得过高，这样学生要想让球顺利通过绳子下方就必须让球沿地面滚过。这种方法可以帮助那些找不准放球点的学生更好地练习。

手部连带动作

滚球手继续在身前向目标运动，到达腰部以上即停止，掌心朝上。

设备

展示手部连带动作的海报、镜子（如果有的话），以及同伴技能考核表。

活动

学生以前文提到的扫地动作开始，通过给搭档一个朝上的击掌结束（如图 3.1 所示）。搭档检查其动作是否与海报所示一致。为了触摸到搭档的手掌，学生的滚球手必须达到一定高度。学生可用镜子来观察自己的动作做得是否到位。一旦学生能给搭档一个朝上的击掌，那么搭档二人互换角色，随后练习整套动作。

图 3.1　手部连带动作

强化整体技能的高级活动建议

在强调技能的准确性之前,学生应能正确展示技能的关键要领。如果在技能变成一种习惯性动作之前,教师就开始强调准确性,那么学生会开始瞄准滚球的目标,技能的关键要领就会被弱化。你放置的目标应该足够大,这样学生才能掌握技能的关键要领,并成功击中目标。

个人活动

保龄球高尔夫

目标

提高下手滚球技能的准确性。

设备

沿体育馆墙边至少布置 9 个大小不同的目标。每个目标有 3 段距离(最远、中间、最近),都需要用地板(或彩色)胶带清晰地标记出来。每个学生都要配备一个垒球和一张评分表(见"保龄球高尔夫评分表")。

活动

1. 每个学生都站在离墙最远的那块胶带上,从一个球洞上开始练习滚球。

2. 如果一个学生第一次滚球就能够击中目标,那么他的成绩将记为 1 杆,然后他将移到下一个球洞。

3. 如果学生没有击中目标,那么他走到中间的线上,再试一次。如果击中了,那么他在这个球洞的成绩将记为 2 杆,然后他将移到下一个球洞。

4. 如果学生还是没能击中目标,那么学生走到最近的线,再次尝试击球。不管他是否成功,该球洞的成绩记为 3 杆,然后他将移到下一个球洞。

5. 学生在 9 个球洞都打过一遍后,教师收集评分表。在以后的课程中,给学生更多的机会,使其拿到更少的杆数。(在该项活动中,杆数越少则滚球准确性越高。)

保龄球高尔夫评分表

姓名

洞口编号	杆数(在每个洞的编号上圈出你的杆数)			合计 / 杆
1	1	2	3	
2	1	2	3	
3	1	2	3	
4	1	2	3	
5	1	2	3	
6	1	2	3	
7	1	2	3	
8	1	2	3	
9	1	2	3	
合计 / 杆				

拓展活动

- 你可以根据学生的年龄和能力水平来调整课程。比如，你可以设置放在一起的多个目标（如保龄球瓶），要求学生打倒几个目标才能得分。
- 你还可以增加一个隧道（折叠垫），要求球必须在隧道（折叠垫）下面滚动或者球必须绕着一个障碍物滚动（通过将球与垫子或者墙隔开）。你可以根据你的想象力及合适的器材做出任何调整。
- 对于年龄稍小的学生，你可以缩短滚球距离；对于年龄大一些的学生，你可以加长滚球距离。
- 你可以使用恰当的表格记录分数或者实施罚球制度。
- 在此活动中你可以融入一些数学任务。下面是一些例子。
  - ◆学生必须用加法来计算自己的分数。
  - ◆你可以帮助学生使用加法和除法来计算班级的平均分，或者计算具体某个球洞的平均分。
  - ◆班级平均分可以做成图表，这样学生能够看到自己的进步情况。
- 学生可分组活动。一个学生滚球，另一个学生则负责在评分表上记录分数。一旦目标被击中，两人就互换角色，继续练习。这样，每个学生都能在每一个球洞完成练习，并接受搭档的评估。

教授残障学生

- 将各项技能分解为最简单的形式。
- 提供一些额外的口头和视觉提示。使用较大的海报或播放画面较大的视频。
- 使用保龄球坡道。
- 在目标处制造声音（利用蜂鸣器、铃铛、铝盘等）。
- 使用泡沫球或带有纹理的球来帮助抓握。
- 根据学生的能力调整滚球距离，使目标更容易或更难被击中。
- 使用标记来确定个人安全空间。
- 将容易分散注意力的学生安排在教学区域的一侧。
- 让有视觉或听觉障碍的学生靠近老师。
- 忽略与残障学生无关的提示词。

数学保龄球

目标

继续融入数学任务练习下手滚球。

设备

每个学生一个垒球、一张数字记录卡。

活动

1. 在教学区用胶带给每个滚球站点贴上数字记录卡。你选择的数字取决于学生的年龄以及你打算问的数学问题。
2. 提出一个数学问题（比如"2 加 1 等于多少"）。
3. 学生试着滚球并且击中正确的答案。

拓展活动

- 学生之间可以合作，互相评估下手滚球的动作，检查答案。
- 如果有人得分，建议给正确展示技能的人 1 分。
- 你可以根据学生的技能水平延长或缩短滚球距离。
- 你也可以让学生用减法、乘法或除法来解决数学问题，具体取决于学生的年龄和能力。
- 这项活动可以结合其他内容。比如，数字记录卡可以是各种形状的，你可以让学生挑战击中三角形、正方形和其他形状的数字记录卡。数字记录卡上的内容也可以包括字母，学生可以挑战击中一个元音或辅音字母。你可以问："'滚球'这个单词以什么字母开头？""'快乐'这个单词以什么字母结尾？"
- 学生可以和一个搭档或以小组的形式做抽卡片游戏。学生通过抽一张卡片来提出问题，通过把球滚向正确的答案来回答问题。

颜色目标

目标

以击中具体的目标这类活动为学生提供增强滚球准确性的机会。

设备

在活动区域的地板上用胶带贴上不同颜色的美术纸（大约每种颜色设置 8 个或 12 个相同的目标）。每个学生有一个球（如垒球或网球）。制作一个彩盒，里面放置各种颜色的美术纸。你准备的美术纸的数量要比学生的数量多。

活动

1. 选一个学生从彩盒里抽一张美术纸。
2. 抽到的美术纸的颜色就是目标颜色，所有学生必须确认同色的目标，并试着用下手滚球的技术击中这个颜色的目标。
3. 学生一直向选中的颜色的目标滚球，直到你给出暂停指示。
4. 活动直到所有学生都从彩盒里抽过美术纸并完成下手滚球练习为止。

拓展活动

- 让学生在展示技能时大声说出提示词。
- 如果不使用颜色，学生可以从形状盒里选出不同的形状，从字母盒里选出不同的字母，从单词盒里选出不同的单词。
- 学生可以和搭档合作，由搭档选择用作目标的颜色、形状、字母或单词。学生必须尝试击中选中的目标。两人轮流选择目标，然后滚球。
- 更换所使用的球。可以抓握的泡沫球可能对某些学生有帮助，而较大或较小的球可能对其他学生有帮助。
- 如果任务太简单，可以让学生后退一大步；如果任务太具挑战性，可以让学生向前迈进一步。
- 一旦学生成功，他们可以同时滚球。

拼单词

目标

通过下手滚球击中字母来拼单词。

设备

每个学生一个球（垒球或网球）。将4套完整的字母表中的字母分散地贴在活动区域的地板上。你需要纸和铅笔或者白板和记号笔用来做词库。

活动

1. 你发出开始指令，学生开始通过下手滚球击中字母来拼写单词。
2. 一旦一个学生拼出一个单词，他就可以去词库（纸或白板）写下这个单词。多准备几个词库，这样学生就不必排队等待写他们拼出的单词。
3. 一个单词只能写一次。
4. 如果学生击中一个他用不到的字母，那么他必须再击中该字母一次才能删掉它。

拓展活动

- 学生可以与搭档合作。一个学生滚球击中字母，拼写出一个单词，同时搭档记录下这个单词并评估这次滚球。除非学生正确完成下手滚球，否则他不可以使用击中的字母。当学生拼出一个单词，两人角色互换。
- 将纸和铅笔分给组成一个小组的两个学生，用于记录他们击中的字母及他们拼写的单词。每个学生必须通过下手滚球击中一个元音字母和两个辅音字母，直到这两个学生拥有6个字母来拼写单词。小组的两人尝试使用他们击中的一个或更多字母来拼写出6个单词。一旦某个单词被拼写出来，这个单词就可以从词库中删除。如果学生击中的字母无法使用，那么他必须再次击中这个字母来删掉它。
- 如前所述，可以调整滚球距离和球的大小，以适应不同学生的水平。

合作活动

挑战赛

目标

在各种情形下练习下手滚球。

设备

两人一组，每组配备一个球（垒球、网球、泡沫球或塑料球），以及若干挑战卡。不同类型的挑战可能需要额外的设备。

活动

1. 每个学生选择一张挑战卡。

2. 学生根据挑战卡上的描述完成任务。

3. 挑战卡上可能包含以下任务。

- 用力（轻力）滚球。
- 在地板上沿着一条线滚球。
- 将球滚进杯子、标志筒、网或者其他物体内。
- 滚球并击中地板上一个指定区域的目标。

拓展活动

- 将各种颜色的目标放在活动区域的地板上。额外的目标需散开在活动区域里。这些目标可能包括标志筒、保龄球瓶、篮子或者容量为 2 升的空瓶。让搭档告诉滚球的人要击中哪个目标。

- 搭建游戏立柱或排球立柱，在柱子之间系一根绳子。在绳子（在地板上）上固定不同的物体，学生挑战用球击中这些物体。这些物体可以是篮筐、铝盘及容量为 2 升的空塑料瓶。

低桥

目标

使用下手滚球技能，让球在椅子下面滚动。

设备

两人一组，每组配备一个垒球（或网球）和一把椅子。

活动

1. 在两个学生之间放置一把椅子。学生间的距离为 10 英尺，椅子面向其中一个学生。

2. 学生轮流进行下手滚球，让球在椅子下面滚动。

3. 两个学生轮流滚球 5 次后，可以向后退一步（加大距离）继续进行游戏。

拓展活动

- 转动椅子，椅子两侧朝向小组成员。

- 只有当你给出指令时，小组成员才能后退。
- 如果滚球成功，滚球的人向后退一步。
- 如果小组中的两个人都完成了在椅子下面滚球，那么两个人都可以后退一步。如果后面有球没有滚到椅子下面，那么小组的两个人必须回到起点。

团体活动

疯狂的 Omnikin 球（一种形似瑜伽球的健身球）

目标

在活动区域内完成下手滚球动作，通过滚球移动目标球。

设备

目标球可以是 Omnikin 球，或者是任何比滚球大的球。当目标球是类似 Omnikin 球的物体时，滚球可以是垒球；当目标球较小时，滚球则可以是网球。

活动

1. 将全班学生分为 4 个组。每组的人都要沿正方形活动区域的一边站好，且必须站在线后。
2. 把目标球放置在活动区域的中心。
3. 每组用 2 个或更多的滚球开始活动。
4. 听到开始的指令，组员开始滚球，试着击中位于活动区域中心的目标球，并将目标球移到其他组所站的线外。注意强调正确的规则。
5. 组员继续滚球，直到目标球越过其他组所站的线。老师收回任何留在 4 个小组包围区域内的球。
6. 组员只能用滚球触碰目标球，不能用身体接触目标球。
7. 一旦目标球滚过指定的线，活动停止，老师将目标球放回活动区域的中心。
8. 当每组有相同数量的滚球时，活动重新开始。确保每名组员都有机会滚球。

拓展活动

- 创建 2 个组而不是 4 个组。
- 学生通过滚动各种各样的球来使目标球滚动，试图让目标球越过其他组所站的线。这可能会使学生开始讨论哪些球更适合完成这个任务（如比较塑料球和网球）。
- 在下一轮活动前或在活动期间，让各组根据指令改变位置。如果学生在活动中想要改变位置，确保他们在听到你发出的指令后才将滚球滚向目标球，并且他们改变位置时不可以带滚球。

突然袭击

目标

让所有组员站在运动场地的一边，用下手滚球的方式来触碰对方组员的脚。

设备

6～8英寸的球（泡沫球、轻橡胶球或沙包）。球的数量需根据学生的技能水平而变化。

活动

1. 将全班学生分为2个组，2个组的组员站在一个划分好的运动场地的两边。
2. 给每个组相同数量的球或沙包，开始活动。
3. 接到开始的指令，组员滚动球或滑动沙包，试着击中对方组员的脚。
4. 如果一名组员的脚被击中，那么他要移动到对面组，成为对面组的组员。当组员换组时，他不可以把球或沙包携带至对面组。
5. 当所有组员都在同一组时，活动重新开始。

拓展活动

在学生进行活动时，观察学生是否正确完成下手滚球的动作。如果有学生不能正确完成滚球动作，则让这些学生到练习区域与一个搭档合作练习，或者与一位指定的教师助理合作练习。

疯狂的标志筒

目标

使用下手滚球击中对方组的标志筒。

设备

标志筒、保龄球瓶或者容量为2升的空瓶和8个塑料球。

活动

1. 将全班学生分为2个组，2个组的组员分别站在一个划分好的运动场地的两边。给每个组4个塑料球。
2. 在运动场地两端的边线附近分别摆放标志筒或保龄球瓶作为目标（如图3.2所示）。

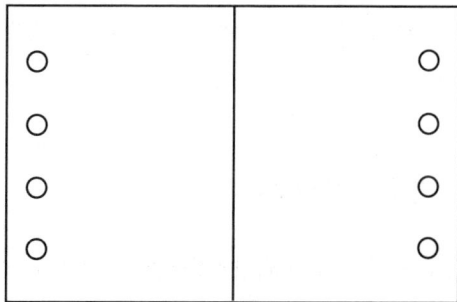

○ = 标志筒

图 3.2　"疯狂的标志筒"活动布局图

3. 组员不可以跨过运动场地的中线。

4. 组员通过滚球打倒另外一组的标志筒。防守组员不可以直接站在标志筒前。如果标志筒被意外打倒，这些标志筒不可以被重新立起。

5. 当一组所有的标志筒都被打倒后，活动重新开始。

6. 在活动进行时，观察学生的动作。如果学生的动作不标准，必须在其中一练习站点纠正问题。一面不易碎的镜子将有助于学生纠正问题。

拓展活动

- 4 个小组配 4 套标志筒。
- 使用各种球（排球、网球或垒球）进行练习。

创建自己的活动

目标

让学生创建他们自己的活动，提高下手滚球的技能水平。

设备

每组配备一张纸和一支铅笔，以及你预先确定的学生在活动中可以使用的器材（如保龄球瓶、标志筒、跳绳、垒球或网球）。

活动

1. 每 2 个或 5 个学生一组。你可以为学生分组，或者让学生自己建组。

2. 每组创建一个将下手滚球作为基本技能的活动。要求学生（包括所有组员）制定规则，促进正确展现技能，以及考虑安全问题。

3. 各组成员在纸上写上自己的名字、活动的规则、需要的器材，然后向你展示他们创建的活动。注意指导学生强调活动的正确规则。

4. 你认可这些活动后，各组成员取回必要的器材，开始活动。

5. 你必须批准学生对活动的合理更改。

拓展活动

- 各组成员可以将自己组的活动教给其他组。
- 各组成员可以将自己组的活动教给全班其他学生。
- 你可以将活动录制下来，并与其他班级或学生的家庭成员共享。

保龄球

目标

用下手滚球的方式击中另一个组的保龄球瓶。

设备

每组分配多个球和 3 个保龄球瓶（如图 3.3 中的 A 和 B 所示）。不同的组用不同的颜色来标记保龄球瓶（比如使用不同颜色的胶带来标记保龄球瓶）。

活动

1. 设置一个有中线的运动场地，2 条起滚线距离中线约 12 英尺。

2. 把班级学生分为 2 个组，2 个组的人数相同，组员面对面站在起滚线后面。

3. 沿着运动场地的中线放置 6 个保龄球瓶，注意按保龄球瓶的颜色交替放置（如图 3.3 所示）。

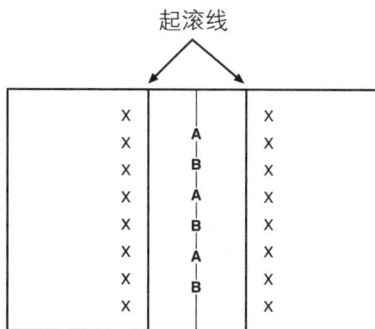

图 3.3　"保龄球"活动布局图

4. 学生接到开始的指令后开始滚球，试着击中对方组的保龄球瓶。学生不可以跨过起滚线。

5. 如果滚球时学生跨过了起滚线，则击倒的保龄球瓶无效。如果学生不小心击倒自己组的保龄球瓶，保龄球瓶视为被对方击倒。

6. 当一组所有的保龄球瓶都被击倒后，活动重新开始。

拓展活动

- 将容量为 2 升的空瓶、重量较轻的标志筒、空麦片盒或者其他物体作为目标。

- 在 2 根排球立柱之间挂 1 根绳子（绳子的高度约与保龄球同高）。在绳子上悬挂较轻的物体（如纸张、围巾、彩带或皱纹纸），学生用下手滚球的方式挑战击中这些物体。

- 统计好击倒所有保龄球瓶所需的时间。让学生继续挑战以缩短时间，不过必须确保遵守规则。你应该有 1 张课堂记录表，以记录下每组完成的时间。

源自：K. Thomas, A. Lee, and J. Thomas, *Physical Education for Children: Daily Lesson Plans for Elementary School, 2nd ed.* （Champaign, IL: Human Kinetics, 2000），546.

疯狂的圆点

目标

让滚球经过对方地板上的圆点，把练习下手滚球和增加滚球的准确性结合起来。

设备

直径大约为 12 英寸的 6 个红色圆点和 6 个蓝色圆点，每个学生有 1 个球（网球或垒球）。

活动

1. 将活动区域一分为二，在每个小组区域内随机放置 6 个圆点（同一活动区域内圆点颜色一致）（如图 3.4 所示）。

2. 将全班学生划分为 2 个组。

3. 每个学生从自己这边开始滚球，使球滚过对方组的其中一个圆点。

4. 组员可以通过使用身体的任何部分来阻止对方的球经过自己所在组的圆点。

5. 学生每使 1 个球滚过对方的圆点，他就可以在指定的纸或白板上做 1 个标记，为自己的组赢得 1 分。

6. 在活动进行了 5 分钟时，每个组统计自己的分数。

拓展活动

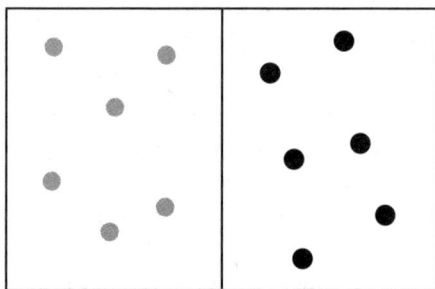

图 3.4　"疯狂的圆点"活动布局图

· 使用更多圆点。

· 球滚过某个圆点后，这个圆点就要被去除。当一组所有的圆点都被去除后，活动结束。

运动员的脚

目标

用下手滚球的动作在 1 根绳子下面滑动 1 个沙包，试着击中对方组员的脚。

设备

2 根排球立柱、1 根绳子、每个学生 1 个沙包，绳子两端挂在排球立柱上，绳子的高度距离地面大约 1 英尺。

活动

1. 将全班学生分为 2 个组，绳子 2 边各站 1 组。

2. 给每个学生 1 个沙包。

3. 组员们听到开始的指令后，开始在绳子下面滑动自己的沙包，试图用沙包击中对方组员的脚。

4. 如果某名组员被击中，那么他就要移到对面组，成为对面组的组员，但移动时不能携带沙包。

5. 当所有组员都在同一组时，活动重新开始。

拓展活动

· 观察学生是否正确施展技能。如果有些学生在完成下手滚球动作方面有困难，应让这些学生去练习区域，和 1 个搭档或者指定的教师助理合作练习。

· 让学生踩住滑动的沙包、拦住沙包，以锻炼眼、脚的协调性。

源自：Wessel（1974）.

下手滚球问题解决表

问题	解决方法
1. 眼睛没有瞄准目标	· 让学生将球滚向一个他所设计的目标 · 在地板上设置彩色目标，让球滚过它们 · 将餐盘作为目标，将它们靠在墙上 · 使用学生必须滚过的目标（如标志筒、椅子或马蹄环）
2. 手臂没有向后摆到一定高度	· 让学生向后摆动手臂并触碰附在墙上的目标（如铝盘）。目标位于学生腰部高度，与摆动手臂位于同一高度。然后让学生滚球 · 一个搭档站在滚球者的身后，滚球者向后摆动手臂，试着从搭档手中抓取一个物体 · 将一张厚纸贴在墙上。学生侧身站立，手里拿一支记号笔。学生向后摆动滚球手，在纸上画出一条曲线
3. 对侧脚没有向前迈步	· 在滚球手对侧的腿上系一条围巾 · 用地板上的点或脚印来标示脚落地的恰当位置 · 用胶带把气泡垫贴在地板上，让学生用对侧脚向前迈步，踩到气泡垫上并发出声音
4. 在收回手臂之前迈步	· 让学生在收回手臂时先触碰身后的墙，再迈步并滚球
5. 松手滚球时手没有靠近地板	· 在地板上放一辆玩具卡车，让学生保持手部连带动作并往前推这辆玩具卡车。你也可以把玩具卡车换成网球 · 让学生用一把小扫帚把球往前扫
6. 膝盖没有弯曲，让手不能接近地板，或者一侧膝盖触地	· 在地板上滑动沙包而不是滑动球 · 利用手电筒或探照灯，让学生在进行下手滚球时观察自己的影子 · 在学生不迈步的那条腿前面约 1 英尺处，放一个 6 英寸的标志，让学生在不带球的情况下用膝盖触碰标志筒
7. 松手滚球时，球弹跳起来	· 在学生松手滚球时，让搭档检查手的位置 · 在两把椅子之间拉一根绳子，绳子离地大约 1 英尺。让学生在绳子下面松手滚球，完成下手滚球动作
8. 没有向目标迈步	· 在地上画一条线，让学生站在线的后面，用迈步脚迈过这条线 · 用胶带把气泡垫贴在地板上，让学生向前迈步，踩到气泡垫上并发出声音 · 在学生面前分开放置两个物体，间距与鞋子同宽。物体可以是标志筒、拱形物或泡沫砖等。学生向前迈步时，脚必须落在两个物体之间
9. 在保持手部连带动作时身体姿势不端正	· 告诉学生在保持手部连带动作时，身体正对目标 · 在地上画一条线，让学生在线的上方松手滚球，同时滚球手向前移动，超过地上的线

居家练习

- 设备
  - ◆ 如果没有球，学生可以使用卷起的袜子、卷起并用胶带粘起来的报纸或侧面卷起的罐子。
  - ◆ 学生可以将毛绒玩具、贴在墙上的纸板、空垃圾桶或空牛奶盒作为目标。
- 活动
  - ◆ 让学生创建新的活动，以帮助他们记住一项技能的关键要领。要求学生在下一次虚拟课堂上教授其创建的活动（或分享视频）。

小结

　　只要器材大小合适，下手滚球是儿童从小就可以学习的技能。一旦你的学生已经掌握这项技能的关键要领，你就可以加大任务难度——增加目标距离或缩小目标。之后，你可以利用四步法将下手滚球过渡到保龄球运动，这将大大地激发学生的学习兴趣。

　　下手滚球到下手扔球再到上手扔球的技能发展，遵循了一种合理的逻辑顺序：这 3 项技能都要求学生以对侧脚迈步。正如所有体育技能一样，练习和指导可以极大地帮助学生掌握这些关键的基本技能。

下手滚球课程计划

（第 1 节课）

年龄组
小学低年级学生。

教学重点
对侧迈步。

教学次重点
在地上松手滚球。

教学目标
用 80% 的时间练习对侧脚迈步（提示词：*使用你的迈步脚*）与松手滚球，注意球可能会有 4～5 次反弹（提示词：*让球慢慢地接近目标并保持静止*）。

材料和设备
每个学生有 1 个球和 1 个目标（用胶带把美术纸贴在地板上作为目标）。

提前准备

设置学习站点将有助于每个学生进行练习。将几张美术纸用胶带靠墙贴在体育馆的地板上，美术纸大约相隔 4 英尺 。美术纸的数量取决于学生的人数。此外，用胶带在地板上设置与目标（美术纸）平行的线，使其与墙保持恰当的距离。这样每个学生都有自己的练习空间（如图 3.5 所示）。

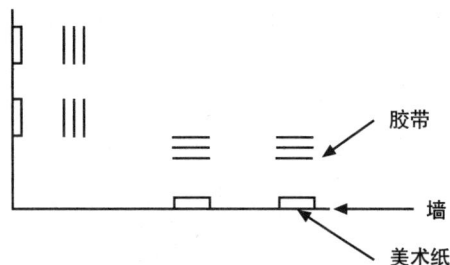

图 3.5　下手滚球活动的提前准备

组织和管理

学生在自己的空间里接受指导，做热身运动。之后，学生将在体育馆里找到自己的学习站点来完成练习。

热身活动

今天我将教你们练习手臂和腿的不同动作。假设你在人群中挥手，每个人都把手挥起来（演示）。看看你正在挥动的手，你滚球、扔球也将用这只手。今天我们将这只手称作滚球手。你们能记住这个叫法吗？它叫作**滚球手**。

介绍

今天我们将学习下手滚球。大家站起来，滚球手向后伸直。好极了！

现在把与你的滚球手对侧的脚向前迈一步，你能做到吗？前面的脚就是你的迈步脚。

我们再做一次。双脚并拢，滚球手向后摆动，对侧脚也向前迈步。我们把在前面的脚叫什么？（**迈步脚**）

一些儿童滚球或扔球的手（左手）与大多数儿童不同，但只要他的迈步脚在滚球手的对侧，这就没有关系。

让我们双脚并拢，身体站直。你能举起你的滚球手，然后用你的迈步脚**向前**迈步吗？现在双脚收回并拢，两只手臂自然地放在身体两侧。再次举起你的滚球手，使用你的迈步脚迈步。（重复几次这项活动）

观察学生的迈步脚。注意，有时候学生不用他惯用的那只手挥手。如果学生不确定到底用哪只手，你就直接在学生面前的地板上放一个物体，然后让学生捡起这个物体。通常学生会用他惯用的那只来捡东西。一旦确定了学生的用手习惯，就可以教学生确定迈步脚了。

我将播放音乐。现在你们用学到的任何运动技能在公共空间内活动。谁能给我一个所学运动技能的例子？（学生提出建议）

好极了！你们先四处活动，然后当音乐停止时，你们就定住不动，我数到三，你们就向后摆动滚球手，向前迈出迈步脚。你们清楚我说的了吗？（音乐开始）

重复几次这项活动。观察学生的动作，确保学生是用对侧脚迈步。

现在，当你定住的时候，向后摆动你的滚球手，向前迈出你的迈步脚。你们看看自己旁边的人，看看他们迈步的脚是不是对的。再说一次，如果他们的滚球手和你的不一样，这不要紧，重要的是他迈步的脚和滚球的手不在同一侧。（音乐开始）

重复练习几分钟，观察学生的动作，确保学生是用对侧脚迈步。

队形

请大家站住不动（学生站成一个半圆形接受指导）。

现在我们将练习使用迈步脚来帮助滚球：向后摆动滚球手，同时迈出迈步脚，滚一个假想球。每个人找到自己的空间，面对我，朝后面摆动你的滚球手。你能用你的迈步脚迈步并将滚球手放下直到触地吗？要做到这些你可能需要弯曲身体的某个部位。

看着我。我身体哪个部位弯曲才能触地？（**膝盖和腰**）让我们再做一次，确保你们的滚球手可以触地。预备，滚球手向后摆，迈步滚球。注意松手滚球的位置以及对侧脚迈步。

此刻我们需要考虑手部连带动作，即松手滚球后手臂抬高。让我们再次练习滚球。记住：预备姿势、滚球手向后摆、迈步滚球、保持手部连带动作。

注意提示松手滚球的位置，对侧脚迈步，以及保持手部连带动作。

请大家站住不动。今天我们将有自己的保龄球道。

体育馆靠墙的位置有几张美术纸和球。请你们每个人在这些地方找一个自己的保龄球道。你能找出自己的保龄球道并且坐在离墙最近的胶带那儿吗？开始行动。捡起一个球，站在对着美术纸的一条胶带上。面朝目标，做好预备姿势，滚球手向后摆，迈步滚球，并且保持手部连带动作。拿到你的球，然后返回胶带那里。（重复几次）

让学生和你一起反复说提示词。当你觉得学生能够自己说出提示词时，就让他们独立练习。

注意提示松手滚球的位置以及对侧脚迈步。

请大家站住不动。这次我们将有一个秘密任务。我们需要让球悄悄靠近目标。我们不想让目标听到球在向它靠近。我们怎样才能做到呢？

在地上松开球。

捡起一个球，站在面向目标的一条胶带上。记住，我们要尽量不发出声音。面向目标，做好预备姿势，滚球手向后摆，轻轻地迈步滚球，并且保持手部连带动作。拿到你的球，然后返回胶带那里。坚持继续练习。

请大家站住不动。这个时候我希望你和你旁边的人成为搭档。一个人滚球，另一个人监督。你认为你将发现什么呢？（**在靠近地面的地方松开球，同时向前迈步**）每次滚球后，告诉你的搭档他完成得如何。（滚球5～10次后，两人互换位置）

请大家站住不动。时间到。请把你的球放回墙边的固定位置，然后排队。

结束

我们如何悄悄地使球接近我们的保龄球瓶呢？我们怎么知道该迈哪一只脚呢？下次我们将练习从更远的地方滚球，并且我们将使用真正的保龄球瓶。

学生排队离开。

第 4 章

投掷

本章将探讨以下操控性技能：下手投掷、上手投掷和双手过头投掷。这些技能，尤其是上手投掷，在许多日常健身运动中都能用到，人们可以从小就开始学习这些技能要领。《美国 K-12 体育教育的国家标准和年级水平学习成果》（SHAPE America, 2014）提到了下手投掷（S1.E13）和上手投掷（S1.E14）的技能。

下手投掷

尽管许多人相信练习下手投掷的目的就是扔一个马蹄铁或者玩沙包游戏，但事实上，下手投掷是许多运动技能中不可缺少的一部分。下手投掷对于垒球投球非常重要，下手抛球可以帮助垒球或棒球运动中的外野手近距离造成进攻球员出局。此外，下手投掷要领与排球下手发球的要领非常相似。加上球拍，下手投掷对羽毛球运动也非常重要。

通常，下手投掷的关键在于描述如何正确地将球投出。对高度有要求的活动（如垒球慢速投球和掷马蹄铁）往往都要求运动者保持夸张的手部连带动作。如果离目标的距离近，或者目标是速度快，那么做手部连带动作的时间就会缩短（如垒球快速投球）。本章强调的是那些与年龄较小的儿童有关的技能——有弧度的投掷。

影响下手投掷初始学习的一个重要因素就是目标的水平位置。如果目标的水平位置较低，那么学生应选择滚球而不是掷球。如果目标的水平位置过高，那么学生更可能养成不正确的投掷习惯。当学生在学习投掷技能时，高度适中的目标是最好的。一旦学生理解了如何完成技能，那么我们鼓励他们使用处于各种高度的大目标物。

　　《美国 K–12 体育教育的国家标准和年级水平学习成果》（SHAPE America, 2014）
指出：幼儿园儿童应能够完成下手投掷，同时用投球手对侧的脚向前迈步（S1.E13.K）；
一年级学生应能够完成下手投掷，并展示 5 个关键要领中的 2 个（S1.E13.1）；二年级
学生应能够用一种成熟的模式（S1.E13.2）完成下手投掷；三年级学生应能够向搭档或
向目标完成下手投掷，并保持一定的准确性（S1.E13.3）；四年级学生和五年级学生将
开始更频繁地运用该技能。下手投掷的各年级水平学习成果如表 4.1 所示。

表 4.1　下手投掷的各年级水平学习成果（S1.E13）

	幼儿园	一年级	二年级	三年级	四年级	五年级
S1.E13 下手投掷	下手投掷，用投球手对侧的脚向前迈步（S1.E13.K）	下手投掷，并展示 5 个关键要领中的 2 个（S1.E13.1）	用一种成熟的模式完成下手投掷（S1.E13.2）	向搭档或目标完成下手投掷，并保持一定的准确性（S1.E13.3）	技能运用（S1.E13.4）	用不同大小和类型的物体，在非动态环境下（封闭性技能）运用成熟的模式进行下手投掷（S1.E13.5a）；准确地向一个大目标物进行下手投掷（S1.E13.5b）

源自：SHAPE America - Society of Health and Physical Educators, *National Standards & Grade-Level Outcomes for K–12 Physical Education*（Champaign, IL: Human Kinetics, 2014）.

促进社交与情感健康

- 请记住，在初始技能练习期间，不强求学生击中目标。开始时使用墙壁作为挡弹墙，然后使用较大的目标，再慢慢地过渡到使用标志筒、2 升的空塑料瓶和其他目标。
- 搭档的反馈应该从积极的、与技能相关的评价开始。学生应避免说"试投不错""好""做得漂亮"之类的话，这些话不会提高练习者的技能表现。
- 询问学生如何帮助其搭档做得更好。
- 提醒学生需要做大量的练习才能取得成功。

关键要领

预备姿势	手臂后摆	迈步	掷球出手	手部连带动作
膝盖微屈，面向目标，双脚分开至与肩同宽，惯用手（掌心朝上）持球置于身前。	向后摆动投球臂，至少到达腰部高度。	投球手对侧的脚向前迈步，投球臂向前摆动。	在膝盖与腰部之间的高度掷球。做动作时手臂伸直。	投球手在身体前方继续朝着目标方向运动，掌心朝上。

提示词

你为某项技能的每个阶段所选择的提示词，将取决于学生的年龄以及你所强调的领域。年龄小的学生（幼儿园至二年级学生）在简洁的提示词的指导下会学得更快，因为他们不能处理或记忆大量信息。下面是一些可以用来教下手投掷的提示词。你可以单独使用每个提示词，或者根据需要搭配使用提示词。我们发现，让学生在练习技能时大声说出提示词，有助于学生掌握技能。

预备——膝盖微屈，面向目标，双脚分开至与肩同宽，惯用手（掌心朝上）持球置于身前。

手臂后摆——向后摆动投球臂，至少到腰部高度。

迈步与掷球出手——投球手对侧的脚向前迈步，投球臂向前摆动，在膝盖与腰部的高度之间掷球。做动作时手臂伸直。

用你的迈步脚——投球手对侧的脚向前迈步。

掷球出手——投球臂在膝盖与腰部之间的高度掷球。做动作时手臂伸直。投球手继续朝着目标方向运动，掌心朝上。

保持手部连带动作——投球手在身体前方继续向前朝着目标方向运动，掌心朝上。

> 提示词组 1：预备、手臂后摆、迈步、掷球出手、保持手部连带动作
>
> 提示词组 2：手臂后摆、迈步、掷球出手
>
> 提示词组 3：预备、手臂后摆、迈步、掷球出手
>
> 提示词组 4：预备、手臂后摆、用你的迈步脚、掷球出手

强化和评估关键要领的活动建议

　　学生在学习过程中了解技能的表现形式和关键要领，以及如何正确地展示每个关键要领都非常重要。上一节提供了下手投掷的图片和文字说明，将下手投掷划分为几个关键要领，并提供了一些可能用到的提示词。第1章提出的一些通用活动，可用于强化学生对下手投掷的理解，以及对所有运动和操控性技能的理解。除了第1章中的内容，下面列出了一些具体的活动，可用于强化学生对下手投掷关键要领的理解。

同伴技能考核

目标

　　搭档之间评估彼此学习下手投掷的进展。

设备

　　每组搭档都有同伴技能考核表以及一个球或沙包。如果学生不识字，同伴技能考核表的图片版可能会派上用场。

活动

1. 搭档一方观察另一方的预备姿势是否正确。
2. 如果预备姿势正确，搭档就在对应的方框里填"Y"；如果预备姿势不正确，搭档就在对应的方框里填"N"。对于不识字的学生，如果预备姿势正确，则在对应的方框里放一张笑脸图片；如果预备姿势不正确，就在对应的方框里放一张哭脸图片。
3. 每个关键要领需连续评估5次。
4. 每个学生都要进行同伴技能考核。

拓展活动

- 你可以使用同伴技能考核表来评估每个学生的技能学习情况。
- 你可以把同伴技能考核表和成绩单一起寄给学生家长。

成功构建者活动

　　成功构建者活动使老师得以满足每个学生的需求。如果学生在个别关键要领上需要额外的帮助，那么以下活动将帮助学生正确地完成技能动作。

目标

　　根据同伴技能考核的结果，让学生改善不足之处。

设备

　　参考以下学习站点。建议在每个学习站点放置一面镜子，以及张贴一张印有下手投掷的每个关键要领的海报。镜子在这项活动中非常有用，因为学生通过镜子可以看到自己的动作。制作海报最简单的方法就是放大打印本书的插图。给海报塑封能延长海报的使用时间。

活动

1. 在教学区域给每个关键要领设置一个学习站点。在相应的学习站点贴上附有具体

同伴技能考核表
技能：下手投掷

下手投掷者姓名：＿＿＿＿＿＿

观察者姓名：＿＿＿＿＿＿

❶ 预备姿势   1   2   3   4   5

❷ 手臂后摆   1   2   3   4   5

❸ 迈步   1   2   3   4   5

❹ 掷球出手   1   2

❺ 手部连带动作   1   2

同伴技能考核表
技能：下手投掷

下手投掷者姓名：＿＿＿＿＿＿

观察者姓名：＿＿＿＿＿＿

观察你的搭档，然后给每个关键要领打分。让你的搭档将每个动作做 5 次。如果搭档该次做的动作正确，就在对应次数的方框里填 "Y"；如果搭档该次做的动作不正确，就在对应次数的方框里填 "N"。

开始					测试		

预备姿势
1. 注视目标。
2. 膝盖微屈。
3. 双脚分开至与肩同宽。
4. 惯用手（掌心朝上）持球置于身前。

☐ 1   ☐ 2   ☐ 3   ☐ 4   ☐ 5

动作

手臂后摆
1. 身体正对目标。
2. 投球臂向后摆动，至少到达腰部高度。

☐ 1   ☐ 2   ☐ 3   ☐ 4   ☐ 5

迈步
3. 投球手对侧的脚向前迈步。

☐ 1   ☐ 2   ☐ 3   ☐ 4   ☐ 5

掷球出手
4. 投球臂向前摆动，在膝盖与腰部之间的高度掷球，手臂伸直。

☐ 1   ☐ 2   ☐ 3   ☐ 4   ☐ 5

停止

手部连带动作
手臂朝着目标方向运动。

☐ 1   ☐ 2   ☐ 3   ☐ 4   ☐ 5

关键要领说明文字的海报。

2.每个学习站点的详细信息如下。

预备姿势

膝盖微屈，面朝目标，双脚分开至与肩同宽，眼睛瞄准目标，手持球置于身体前方（掌心朝上）。

设备

展示预备姿势的海报、镜子（如果有的话），以及同伴技能考核表。

活动

学生做好预备姿势，搭档检查其预备姿势是否与海报所示一致。学生可用镜子来看自己的动作是否到位。然后学生四处走动，根据搭档的指令再次做出预备姿势。如果学生能向搭档成功地演示预备姿势，搭档二人互换角色，练习整套动作。

手臂后摆

将投球臂向身后摆动，至少到达腰部高度。

设备

镜子、展示手臂后摆的海报、画在墙上的一条与腰部等高的线，以及同伴技能考核表。

活动

学生演示手臂后摆动作（保持手臂靠近身体），在摆动期间，抬高自己的手至少达到腰部高度。搭档检查学生的姿势是否和海报所示一致。为了让搭档看到摆动的高度，学生应站在墙边完成这个动作。学生可以借助镜子来观察自己的动作是否标准。一旦学生能正确展示手臂后摆，则搭档二人互换角色，随后练习整套动作。

迈步

投球手对侧的脚向前迈步。

设备

镜子、展示迈步的海报、脚印轮廓线或胶带（地板或美术胶带）、跳绳、两把椅子，以及同伴技能考核表。

活动

将脚印轮廓线（地板或美术胶带）固定在地板上。在搭档的帮助下，学生从预备姿势开始，用正确的脚向前迈步。搭档观察学生的姿势是否和海报所示一致。学生可借助镜子观察自己的动作是否标准。

掷球出手

投球臂向前摆动，在膝盖和腰部之间的高度掷球。在整个运动期间手臂伸直。

设备

镜子、展示掷球出手的海报、跳绳、两把椅子，以及同伴技能考核表。

活动

为那些难以找到合适的投球出手位置的学生提供帮助。在两把椅子中间悬挂一根跳绳，学生练习在绳子下方掷球出手。一旦学生能够向搭档正确地展示该动作，则搭档二人互换角色，随后练习整套动作。

手部连带动作

投球手继续向目标方向运动，掌心朝上。

设备

镜子、展示手部连带动作的海报、篮筐、连着绳子的球，以及同伴技能考核表。

活动

篮筐上悬挂一个球，球与手部连带动作等高。学生练习迈步和掷球出手（不用球或沙包）。做手部连带动作时，投球手必须触碰到悬挂的球。搭档观察学生的姿势是否和海报所示一致。学生可借助镜子观察自己的动作是否标准。一旦学生能向搭档展示正确的手部连带动作，则搭档二人互换角色，随后练习整套动作。

强化整体技能的高级活动建议

在学生掌握技能的关键要领后才能开始强调准确性。根据《美国 K–12 体育教育的国家标准和年级水平学习成果》（SHAPE America, 2014）（如表 4.1 所示），三年级学生应能够保持一定的准确性，并向搭档或一个目标完成下手投掷（S1.E13.3）。四年级学生应能运用下手投掷技能（S1.E13.4）。到五年级时，学生应能用不同大小和类型的物体，在非动态环境下（封闭性技能）运用成熟的模式进行下手投掷（S1.E13.5a），并且准确地向一个大目标物进行下手投掷（S1.E13.5b）（如表 4.2 所示）。一旦开始强调准确性，学生就会瞄准目标，技能的关键要领常常被弱化。因此，学生投掷的目标必须足够大，这样既能使学生注重技能的关键要领，又能使学生成功击中目标。

表 4.2　学生在各年级水平学习成果中完成下手投掷的准确度（S1.E13）

	幼儿园至二年级	三年级	四年级	五年级
S1.E13 下手投掷	三年级前没有提到准确性	在保持一定的准确性的前提下，向搭档或一个目标进行下手投掷（S1.E13.3）	运用技能（S1.E13.4）	用不同大小和类型的物体，在非动态环境下（封闭性技能）进行下手投掷（S1.E13.5a）；准确地向一个大目标物进行下手投掷（S1.E13.5b）

源自：SHAPE America - Society of Health and Physical Educators, *National Standards & Grade-Level Outcomes for K-12 Physical Education* （Champaign, IL: Human Kinetics, 2014）.

个人活动

颜色目标

目标

提高下手投掷的准确性。

设备

将用不同颜色的美术纸制作的目标（用每种颜色制作 8 ~ 12 个尽可能大的目标）用胶带贴在活动区域的墙上，每个学生一个沙包或球（纱球或网球）。制作一个彩盒，里面放置各种颜色的美术纸。你准备的美术纸的数量要比学生的数量多。

活动

1. 选一个学生从彩盒里抽一张美术纸。

2. 所有学生找到与抽出美术纸颜色一样的目标，并试着用下手投掷技术击中这个颜色的目标。

3. 学生一直向抽中的颜色目标投球，直到你给出暂停指示。

4. 活动持续到所有学生都从彩盒里抽过美术纸并完成练习。

拓展活动

- 颜色目标的替代方案可以是从形状盒里抽出各种形状，从字母盒里抽出各种字母，从单词盒里抽出各个单词。

- 学生可以和搭档合作。由搭档抽出用作目标的颜色、形状、字母或单词。学生必须尝试击中抽中的目标。两人轮流抽出目标、投球。

- 学生与目标的距离可以酌情增加或减少，要确保学生能够投球成功。

拼单词

目标

通过下手投掷击中字母来拼单词。

设备

每个学生一个沙包或一个球（纱球或网球）。将 4 套完整的字母表中的字母（尽可能大）分散地贴在活动区域的地板上。你需要准备纸和铅笔或者白板和记号笔来建立词库。

活动

1. 你发出开始指令，学生开始通过下手投掷击中字母来拼写单词。

2. 一旦一个学生拼出一个单词，他就可以去词库写下这个单词。多准备几个词库，这样学生就不会排队等待写单词。

3. 一个单词只可以写一次。

4. 如果学生击中一个他用不到的字母，那么他必须再次击中该字母一次才能将其删掉。

拓展活动

- 学生和搭档合作。一个学生收集字母，拼写出一个单词，同时搭档记录下这个单词并评估这次下手投掷。学生只有正确完成下手投掷才可以使用击中的字母。当学生拼出一个单词，两人角色互换。
- 将纸和铅笔分给组成一组的两个学生，供他们记录击中的字母并写下拼出的单词。每个搭档必须通过下手投掷击中一个元音字母和两个辅音字母，直到这两个学生有 6 个字母来拼写单词。小组的两人尝试使用他们击中的一个或更多字母来拼出 6 个单词。一旦拼写出某个单词，这个单词就可以从词库中排除。如果学生击中的字母无法使用，那么他们就必须再次击中这个字母来将其删掉。

合作活动

挑战赛

目标

在各种情形下练习下手投掷。

设备

两人一组，配备一个球（纱球或泡沫球）或一个沙包，以及若干挑战卡。不同类型的挑战任务可能需要额外的设备。

活动

1. 每个学生选择一张挑战卡。

2. 学生完成挑战卡上的任务。

3. 挑战可能包括以下任务。

- 轻轻地掷球。
- 在一个高水平面或低水平面上进行下手掷球。
- 掷球，让球撞到墙上，接住反弹回来的球。

拓展活动

- 你可以在墙上设置各种颜色的投掷目标。额外的投掷目标可以是分散在活动区域的标志筒或水桶。搭档可以告诉投掷者目标在哪里。
- 搭建游戏立杆或者网球立杆，在杆子之间系一根绳子。在绳子上悬挂不同的物体，学生挑战击中这些物体。这些物体可以是篮筐、铝盘或者容量为 2 升的空塑料瓶。
- 为设置更多永久性目标，你可以在活动区域的墙上画出更多固定目标（如图 4.1 所示）。通常将翻滚垫靠在墙上，盖住并保护这些画好的目标。也就是将投掷目标画在翻滚垫遮住的墙上，不使用这些目标时，你可以用翻滚垫遮住它们。
- 小组成员记录自己小组正确投掷的次数，你记录全班正确投掷的总数。在接下来的课程中，你可以激励全班学生提高正确投掷的总数。

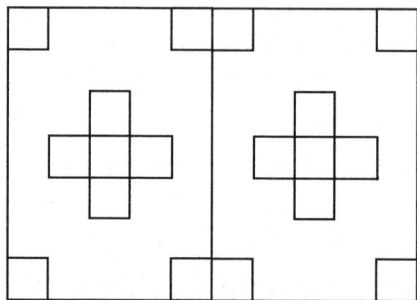

图 4.1　"挑战赛"活动布局图

接球

目标

向搭档进行下手投掷，搭档用一个塑料袋接球。

设备

每组搭档配备一个纱球或一个沙包，一个塑料袋。

活动

1. 学生站在离搭档不小于10英尺的地方。两人轮流做投掷者和接球手。

2. 投掷者向接球手进行下手投掷，接球手试图用塑料袋接球。

3. 如果投掷者正确展示了下手投掷的所有关键要领，并且接球手用塑料袋接到了球，那么这次接球就算数。

4. 每个学生有连续3次机会做投掷者，然后和搭档交换位置做接球手。

拓展活动

- 两人一起数他们在固定时间内接球的次数或者他们连续接球的次数。

- 每成功投掷一次，搭档就往后退一步。在一轮投掷中，每个搭档有3次投掷和3次接球的机会。

- 玩具商店出售带有网球的魔术贴，球可以粘在魔术贴表面，你可以用它取代塑料袋。用塑料铲做塑料袋的替代品也很合适。

团体活动

炖锅

目标

通过将一个沙包投进呼啦圈练习下手投掷动作。

设备

不同颜色的沙包和呼啦圈。

活动

1. 将学生分为 4 人一组。

2. 给每组学生 4 个沙包（一人一个）以及一个呼啦圈。

3. 炖菜的方法如下。

- 让学生以组为单位在锅（放在地上的一个呼啦圈）周围围成一个圈，学生站在离锅大约 10 英尺的地方。

- 每组所有要炖的材料（沙包）都要投入锅里。

- 组里每个人必须通过下手投掷将要炖的材料投入锅里。如果一组所有沙包都投入锅里，就说明炖菜做好了。如果有沙包没有投入锅里，那该组要将所有沙包取回，然后重新投掷。

- 每炖好一锅菜，学生就后退一步。

拓展活动

- 全班学生围成一个完整的大圈，这就好比是一口巨大的锅。要想做好这一锅炖菜，所有要炖的材料必须投到锅里。每炖好一锅，学生就后退一步。

- 由于沙包的颜色不同，所以我们可以将不同颜色的沙包分为不同的食物组（绿色代表蔬菜，红色代表肉，黄色代表意大利面等）。然后你大声喊出具体的食物名称。学生必须判断他们的沙包属于哪一个食物组，然后将沙包投进锅里。比如，当老师大声说出一种蔬菜，有绿色沙包的学生就要将他们的沙包投进锅里。

循环 / 再循环

目标

在两张排球网之间投掷一个纱球，以提高下手投掷的准确性。

设备

两根排球立柱、两张排球网以及每个学生一个纱球。一张网应挂在打排球的高度，另一张网挂在打网球的高度（在相同的两根柱子上）。

活动

1. 将学生分为 2 个小组。

2. 2 个小组各站在球网的一边。

3. 学生听到开始指令后在球网之间掷球。

4. 学生数出他们在球网之间掷球成功的数量。

拓展活动

- 让学生合计整个小组准确投掷的数量。可以记录这些结果，之后将结果做成图表，通过多次结果的比较来展示学生的进步。

- 在球网间完成投球的学生绕着排球立柱转到另一边，成为对方组的成员。

源自：J.A. Wessel, PhD, *Project I CAN*（Northbrook, IL: Hubbard, 1974）.

疯狂的 Omnikin 球

目标

在活动区域内，用投掷球移动一个物体，做下手投掷动作。

设备

这个物体可以是一个 Omnikin 球，或者是任何比投掷球大的球。如果目标球是 Omnikin 球，可以用塑料球或排球做投掷球（你需要考虑学生的手掌大小，他们必须能够用一只手握住投掷球）。当目标球是一个更小的球时，就可以将网球作为投掷球。

活动

1. 将学生分为4个组。每组的人站在一个正方形活动区域的一边，且必须站在线后。

2. 将目标球放在活动区域中间。

3. 每组用2个或3个投掷球进行这项活动。

4. 听到开始指令后，组员们开始投球并且试着击中目标球，努力将目标球移向其他组的边线。

5. 组员继续投球，直到目标球越过其他组所站的边线。老师收回任何留在4个组围着的那块活动区域内的球。

6. 组员只可以通过投掷球来接触目标球，不可以用身体接触目标球。

7. 一旦目标球跨过一个组的边线，活动停止，目标球放回活动区域的中心。

8. 当每组有同样数量的球要投时，活动重新开始，确保每名组员都有机会投球。

拓展活动

- 将学生分为2个组而不是4个组。

- 朝目标球投各种各样的球，努力让目标球越过另一组的边线。这可能导致学生讨论哪些球更适合达成这个目标。

- 让各组要么在一轮结束后换位置，要么在活动进行中听到指令后换位置。如果学生在活动中要换位置，确保他们在听到你发出的指令后才向大球投一个球，并且他们在换位置时不可以带着球。

扑通游戏

目标

用下手投掷的方法把一个球投进对面组的目标区域里。

设备

2个或更多的超级安全球，或者用软橡胶做成的直径为8英尺的球。球的数量取决于学生的技能水平和人数。你需要用胶带或者标志筒在距离活动区域中心15～20英尺的地方划分出一个大的目标区域。一块干擦板或者一张纸，用于记录分数。

活动

1. 将学生分为2个组，2个组分别站在活动区域的两边。

2. 给每组学生提供相同数量的球，开始这项活动。

3. 组员们收到开始指令后，用下手投掷将球投进对面组的目标区域里。

4. 如果一个组员将球投进对面组的目标区域里，这个组员所在的组加 1 分。

5. 对面组的组员可以接球，以阻止球投进己方目标区域。

6. 如果某组获得了 10 分，活动重新开始。

拓展活动

- 确保学生们在参加活动时，正确完成下手投掷动作。让那些下手投掷动作不准确的学生去练习区域，和一个搭档或者一位指定的教师助理合作练习。

- 指定一个特别的球。如果这个特别的球被投进对面组的目标区域里，投进这个球的组员所在的组将获得 2 分。

创建自己的活动

目标

让学生创建他们自己的活动，强化下手投掷技能。

设备

每组配备一张纸和一支铅笔，以及你预先选定可以让学生在活动中使用的器材（如保龄球瓶、标志筒、跳绳、网球或泡沫球）。

活动

1. 每 2 个或 5 个学生一组。你可以为学生分组，或者让学生自己建组。

2. 每组创建一项基本技能是下手投掷的活动。要求学生（包括所有组员）制定规则，促进正确展现技能，并考虑安全问题。

3. 各组成员在纸上写上自己的名字、活动的规则、需要的器材，然后向你展示他们创建的活动。

4. 你认可这些活动后，各组成员取回必要的器材，开始活动。

5. 你必须批准学生对活动的合理更改。

拓展活动

- 各组成员可以将自己组的活动教给其他组。

- 各组成员可以将自己组的活动教给全班其他学生。

保龄球

目标

用下手投掷的方式击中对方组的保龄球瓶。

设备

每组配备多个球和 3 个保龄球瓶（如图 4.2 中 A 和 B 所示）。每组用不同的颜色来标记保龄球瓶（比如使用不同颜色的胶带来标记保龄球瓶）。

活动

1. 搭建一个有中线的运动场地，两条起掷线离中线约 12 英尺。

2. 把班级学生分为 2 个组，每组人数相同，组员面对面站在起掷线后面。

3. 沿着运动场地的中线设置 6 个保龄球瓶，注意按保龄球瓶的颜色交替放置（如图 4.2 所示）。

4. 学生接到开始指令，开始掷球，试着击中对方组的保龄球瓶。学生不可以跨过起掷线。

5. 如果跨过起掷线掷球，则击倒的保龄球瓶无效。如果学生不小心击倒自己组的保龄球瓶，击倒有效。

6. 当一组所有的保龄球瓶都被击倒后，活动重新开始。

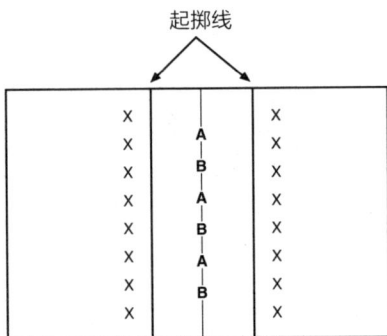

图 4.2　"保龄球"活动布局图

源自：K. Thomas, A. Lee, and J. Thomas, *Physical Education for Children: Daily Lesson Plans for Elementary School*, 2nd ed.（Champaign, IL: Human Kinetics, 2000），546.

小结

儿童应从小就开始投掷。儿童可以尝试将一些东西扔进垃圾箱，和祖父母一起掷马蹄铁，或者向一个玩伴掷球。不管儿童第一次尝试下手投掷的目的是什么，这项技能将成为很多运动的重要组成部分。因此，你进行指导时要强调技巧的正确性，尤其是对侧脚向前迈步和恰当地出手投掷物体。

掌握了下手投掷的关键要领，也就为将其正确运用于日常运动技能，比如打羽毛球、排球及垒球，打下了基础。儿童需要各种各样合理的练习和指导机会，这样能大大促进他们掌握这项关键的基础技能。

下手投掷问题解决表

问题	解决方法
1. 眼睛没有瞄准目标物	·让学生掷球击中一个他设计的目标 ·在墙上贴一个彩色目标，让学生击中它 ·将餐盘作为目标，将它们靠墙放置，注意高度适中 ·在户外，让学生朝一个浸在水中的目标掷湿海绵
2. 手臂没有向后摆到一定高度	·让学生向后摆动手臂，碰到一个贴墙的目标物（餐盘）。目标物的高度与学生的腰部齐平，与掷球臂位于同一高度。然后学生掷球 ·一个搭档站在掷球者的身后，掷球者向后摆动手臂，试着从搭档手中抓取一个物体 ·把纸贴在墙上。学生侧对着墙站立，掷球手握一支记号笔。学生向后摆动掷球手，在纸上画出一条曲线
3. 没有迈步	·在掷球手对侧的腿上系一条围巾 ·用地板上的点或者脚印来标示脚落点的恰当位置 ·用胶带把气泡垫贴在地板上，让学生以对侧脚向前迈步，踩到气泡垫上并发出声音
4. 在收回手臂之前迈步	·让学生在收回手臂时先触碰身后的墙，再迈步并掷球
5. 太早或太晚松手掷球	·在两根游戏立柱之间悬挂两根高度不等的绳子。学生必须在两根绳子之间掷球出手。随着学生水平的提高，可取掉其中一根绳子 ·搭档用手指示掷球出手的位置
6. 没有朝目标迈步	·在地上画一条线，让学生掷球出手时向前迈步并踩线 ·用胶带把气泡垫贴在地板上，让学生向前迈步，踩到气泡垫上并发出声音 ·在学生面前分开摆放两个物体，使其间距与鞋子同宽。物体可以是标志筒、拱形物体、泡沫砖等。学生向前迈步时，脚必须落在两个物体之间
7. 在保持手部连带动作时身体姿势不当	·告诉学生在保持手部连带动作时身体正对目标 ·在地板上画一条线，让学生挑战在线上掷球，同时掷球手向前移动超过地上的线
8. 手部连带动作结束时位置太高	·在两根游戏立柱之间悬挂两根高度不等的绳子。学生应在做出手部连带动作时碰到上面那根绳子 ·让搭档用手示意手部连带动作结束时手应位于哪个高度

下手投掷课程计划

（第2节或第3节课）

年龄组

小学三年级学生。

教学重点

下手投掷的掷球出手点。

教学次重点

准确性。

教学目标

课堂80%的时间用于练习在腰部以下出手掷球（**提示词：在腰部以下掷球出手**），对侧脚向前迈步（**提示词：用你的迈步脚**），由你来观察并衡量学生的动作是否标准。

材料和设备

在墙上每隔4英尺贴一个目标及沙包。

提前准备

一个学习站点将有助于每个学生进行练习。每个学习站点由3个放置在墙上的目标组成，每个目标的间隔距离是4英尺（如图4.3所示）。这些目标可以是用胶带制作的各种形状（正方形、圆形或三角形），也可以是呼啦圈（用胶带把呼啦圈贴在墙上）、塑封的图纸或者美术纸。这堂课的目标由5个相邻的正方形组成。最理想的情况是给每个学生准备一套目标。目标至少离地面2英尺。在每个学习站点放一个沙包，用胶带在地上贴出3条线。第一条线离墙5英尺，第二条线离墙6英尺，第三条线离墙7英尺。

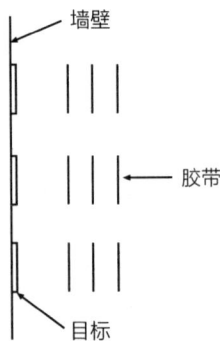

图4.3 有3个目标的学习站点

组织和管理

学生站在自己的位置，经过你的指导和热身活动后，在体育馆内找到自己的学习站点并开始练习。

热身活动

学生们进体育馆时，音乐已经响起。他们可以在公共空间内做你教的各种运动（如滑步、马步跳、慢跑、走路、垫步跳、单脚跳、双脚跳）。之后，你可以推荐学生完成一些运动。学生可以挑战以各种速度、各种水平、各种强度完成运动，或者在指定的路径上移动。例如，他们可以在一个高水平面上沿着一条曲线慢跑。

形式

学生找到自己的位置，然后面对你坐下来。

介绍

今天我们将再次学习下手投掷。大家要好好想一想关于准确性的问题。我们首先复习一下之前学过的动作。下手投掷的关键要领是什么？（**预备姿势、手臂后摆、迈步、掷球出手、手部连带动作**）

谁能向我展示一下我们该如何迈步？对，我们迈步的脚在掷球手的对侧。

每个人站在自己的位置上。假装我们的掷球手里有一个沙包。我们一起复习一遍下手投掷的关键要领：预备姿势、手臂后摆、迈步、掷球出手、手部连带动作。

注意对侧脚迈步。

好极了！我们再谈谈准确性的问题。我们掷球的时候要让这个球击中某个目标。真正决定球能否击中目标的一个因素，是我们掷球出手的位置。我会示范掷出一个虚拟的沙包，你们要注意观察我的动作。你们认为沙包掷出的位置是高了还是低了呢？（在很高的位置掷出虚拟的沙包）

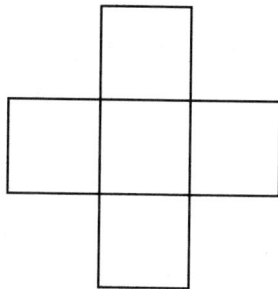

图 4.4　每个学习站点的 5 个正方形

现在你们认为沙包会飞到哪里呢？（在高度适中的地方松手掷出虚拟的沙包）因此，如果我们要想沙包飞得高，就需要在较高的位置将沙包掷出。如果我们要想沙包落在中间高度，我们就在中间高度将沙包掷出。大家看看给你们安排的学习站点。每个学习站点有 5 个正方形（如图 4.4 所示）。

在我展示你们将要做的动作时，你们要注意观察。我会让你们站在离目标最近的线后。你们在掷沙包时要大声说出提示词：预备、手臂后摆、迈步、掷球出手、保持手部连带动作。你们的第一个任务是用正确的方式展示所有的提示词。之后，我会要求你们对准不同的目标掷沙包。当我说开始，请你们找到一个学习站点。开始。

在学生们一边练习技能，一边大声说出提示词时，你要注意观察学生的动作是否正确。学生完成技能练习后，让学生参与以下挑战任务。

1. 站在第一条线后，并且完成以下挑战。

- 连续 5 次击中中间的目标。
- 击中较高处的目标。
- 击中左边的目标。
- 击中右边的目标。
- 击中较低处的目标。
- 在学生掷沙包前，你大声喊出学生要击中的目标。

2. 站在第二条线后，重复上面的练习。

3. 站在第三条线后，重复上面的练习。

反复提醒学生在膝盖和腰部之间掷出沙包和使用对侧脚迈步脚。

站住不动。每个人坐在你所在的位置上，听我的口令。当我说开始的时候，你们找一个搭档，一起坐在一个学习站点旁。开始。你们每个人要连续完成 5 次下手投掷。你可以自行选择距离，但你的搭档将告诉你要击中哪个目标。记住你成功击中的次数。5 分钟后我会问你们合作完成的情况。

对了，还有一个重点，必须正确完成动作。记住我们的提示词：预备、手臂后摆、迈步、掷球出手、保持手部连带动作。只有当你大声说出提示词，用正确的脚迈步，在你的膝盖和腰部之间掷出沙包，并且击中目标，你的投掷才算成功。你们理解这些提示词了吗？开始。

连续练习。找到合适的掷球出手点并强化用对侧脚迈步。

结束

在学生排队离开之前，老师可以做一些提醒。

1.*怎样正确地下手投掷一个沙包？（**预备、手臂后摆、迈步、掷球出手、保持手部连带动作**）*

你演示错误的下手投掷动作，让学生告诉你如何纠正错误的动作；然后正确完成这个动作，同时重复提示词。

2.*怎样才能改变沙包的落点？（**掷球出手的位置将影响沙包的落点**）*

3.*明天我们将一起练习如何提高下手投掷的准确性。请排队有序离开。*

上手投掷

大概没有哪一种操控性技能比上手投掷更重要。这不仅是因为几乎每个团体运动中都有上手投掷动作，比如棒球投球和排球上手发球，而且掌握上手投掷对提高羽毛球和网球的水平也十分重要。人们通常在掌握下手投掷后开始学习上手投掷，而且二年级以上的学生才能较好地掌握上手投掷。根据《美国 K-12 体育教育的国家标准和年级水平学习成果》（SHAPE America, 2014），二年级学生应能展现上手投掷成熟模式中 5 个关键要领的 2 个（S1.E14.2）；三年级学生应能在距离或力量不变的静态环境中进行上手投掷，展现上手投掷成熟模式中 5 个关键要领的 3 个（S1.E14.3）；四年级学生应能在静态环境下展现一种成熟的上手投掷模式（S1.E14.4a），并且能够在合理距离内准确地向一个搭档或者目标进行上手投掷（S1.E14.4b）；五年级学生不仅能展现一种成熟的上手投掷模式，而且能够使用各种大小的球进行上手投掷（S1.E14.5a），并强调动作的准确性（S1.E14.5b）。上手投掷的各年级水平学习成果如表 4.3 所示。

以上成果由上手投掷的 5 个关键要领组成，以一侧对准目标开始，其中包含一个预备姿势，应让学生学会侧面对准目标。

表 4.3　上手投掷的各年级水平学习成果（S1.E14）

	幼儿园	一年级	二年级	三年级	四年级	五年级
S1.E14 上手投掷	适度发展以及发展成果第一次出现在二年级		展现上手投掷成熟模式中 5 个关键要领的 2 个（S1.E14.2）	在距离或力量不变的静态环境下（封闭性技能）进行上手投掷，展现上手投掷成熟模式中 5 个关键要领的 3 个（S1.E14.3）	在静态环境下（封闭性技能）展现一种成熟的上手投掷模式（S1.E14.4a）；在合理距离内准确地向一个搭档或者目标进行上手投掷（S1.E14.4b）	在静态环境下（封闭性技能），能使用不同大小和类型的球，展现一种成熟的上手投掷模式（S1.E14.5a）；准确地向一个大的目标进行上手投掷（S1.E14.5b）

源自：SHAPE America - Society of Health and Physical Educators, *National Standards & Grade-Level Outcomes for K-12 Physical Education*（Champaign, IL: Human Kinetics, 2014）.

关键要领

预备姿势	侧身朝向目标	手臂后摆	迈步	转身投掷	手部连带动作
面朝目标，双脚分开至与肩同宽，双膝弯曲，目视目标，惯用手持球置于身前。	双脚原地旋转，身体随之转动，与掷球手相对的身体一侧朝着目标。	掷球臂以一种向下的弧线运动向后摆动，掷球臂沿着远离目标的方向向后伸展。肘部与肩部等高，或者略高于肩部（比图上看起来的要高），为手肘的引导动作做准备。非掷球手指向目标。	掷球手对侧的脚向前迈步。	髋部和肩部朝目标转动，身体面向目标，掷球臂经头部向前运动，掷球出手。	掷球手顺势划向身体另一侧。

提示词

技能的提示词取决于学生的年龄和你所强调的领域。下面有一些可以用来教上手投掷的提示词。你可以单独使用这些提示词，或者根据需要搭配使用这些提示词。学生一边练习技能一边大声说出提示词，有助于掌握技能。

预备——面朝目标，双脚分开至与肩同宽，双膝弯曲，目视目标，惯用手持球置于身前。

侧身朝向目标（转向）——双脚原地旋转，身体随之转动，与掷球手相对的身体一侧朝着目标。

手臂后摆——掷球臂以一种向下的弧线运动向后摆动，掷球手沿着远离目标的方向向后伸展。

向侧后方伸展——身体一侧对着目标，掷球臂向身体侧后方伸展。

指向和面向——掷球臂指向目标。

迈步——掷球手对侧的脚向前迈步。

转身——掷球臂对侧的脚迈步，髋部和肩部朝目标转动，掷球臂经头部向前运动。

投掷——迈步，掷球出手。

用力投掷——学生用力投掷时，髋部和肩部朝目标转动。

踩扁这只虫——不迈步的那只脚转动。当学生掷球出手时，不迈步的脚转动时会踩扁那只虫。

保持手部连带动作——掷球手顺势划向身体另一侧，仿佛在拥抱自己（或者在系安全带）。

> 提示词组 1: 预备、转向、指向、迈步、投掷、保持手部连带动作
>
> 提示词组 2: 转向、指向和面向、迈步和投掷、踩扁这只虫
>
> 提示词组 3: 转向、迈步和投掷、保持手部连带动作
>
> 提示词组 4: 向侧后方伸展、投掷
>
> 提示词组 5: 向侧后方伸展、迈步、用力投掷

强化和评估关键要领的活动建议

在学习过程中，学生了解一项技能的动作、关键要领，以及如何正确地实施每个关键要领，都是非常重要的。前文我们提供了上手投掷的图片和文字说明，将上手投掷划分为几个关键要领，并提供了一些可能用到的提示词。第 1 章的内容强调了有关所有运动和操控性技能的概念，而接下来将给出一些具体的活动，用于强化专门针对上手投掷的关键要领。

同伴技能考核

目标

搭档之间互相评估上手投掷技能的学习进展，学会评估其他人的技能表现。

设备

每组搭档配备一个球和同伴技能考核表。如果学生不识字，可以使用同伴技能考核表的图片版。

活动

1. 搭档一方观察另一方的预备姿势是否正确。

2. 如果预备姿势正确，搭档就在对应的方框内填 "Y"；如果预备姿势不正确，搭档就在对应的方框内填 "N"。对于不识字的学生，如果预备姿势正确，则在对应的方框内放一张笑脸图片；如果预备姿势不正确，则在对应的方框内放一张哭脸图片。

3. 评估一直持续到每个关键要领被测评 5 次。

4. 每个学生都要进行同伴技能考核。

同伴技能考核表
技能：上手投掷

上手投掷者姓名：＿＿＿＿＿＿

观察者姓名：＿＿＿＿＿＿

❶ 预备姿势　　1　　2　　3　　4　　5

❷ 侧身朝向目标　　1　　2　　3　　4　　5

❸ 手臂后摆　　1　　2　　3　　4　　5

❹ 迈步　　1　　2　　4　　5

❺ 转身投掷　　1　　2

❻ 手部连带动作　　1　　2

同伴技能考核表
技能：上手投掷

上手投掷者姓名：＿＿＿＿＿＿

观察者姓名：＿＿＿＿＿＿

观察你的搭档，然后给每个关键要领打分。让你的搭档将每个动作做 5 次。如果搭档该次做的动作正确，就在对应次数的方框里填 "Y"；如果搭档该次做的动作不正确，就在对应次数的方框里填 "N"。

开始		测试				
预备姿势 1. 目视目标。 2. 双膝弯曲。 3. 双脚分开与肩同宽。 4. 惯用手持球置于身前。		1	2	3	4	5

动作						
 侧身朝向目标和手臂后摆 1. 侧身朝向目标。 2. 投掷臂向后伸展。		1	2	3	4	5
 迈步、转身投掷 3. 掷球手对侧的脚向前迈步。 4. 髋部和肩部朝目标转动，掷球手指向投掷的方向。		1	2	3	4	5

停止						
手部连带动作 掷球手顺势划向身体另一侧。		1	2	3	4	5

拓展活动

- 你可以使用同伴技能考核表来评估每个学生的技能水平提升情况。
- 你可以将成绩报告卡、技能提升情况和同伴技能考核表一起寄给学生家长。

成功构建者活动

成功构建者活动可以帮助你满足每个学生的学习需求。如果学生在实施某个关键要领时需要额外的帮助，那么下面的活动将帮助学生强化实施关键要领的概念。

目标

根据同伴技能考核的结果，让学生发现并改进不足之处。

设备

参考以下学习站点。建议在每个学习站点放置一面镜子，以及张贴一张印有上手投掷关键要领的海报。镜子在这项活动中用处很大，因为学生可以通过镜子看到自己的动作。制作海报最简单的方法就是放大打印本书的插图。给海报塑封可以延长其使用时间。

活动

1. 在教学区给每个关键要领都设置一个学习站点。在相应的学习站点贴上附有具体关键要领说明文字的图片。
2. 下面是每个学习站点的具体信息。

预备姿势

面向目标，双脚分开至与肩同宽，双膝弯曲，目视目标，惯用手持球置于身前。

设备

展示预备姿势的海报、镜子（如果有的话），以及同伴技能考核表。

活动

学生做好预备姿势。搭档检查学生的姿势是否和海报所示一致。学生可以借助镜子来观察自己的动作。然后学生四处走动，听到搭档给出的口令后立刻再次做出预备姿势。如果该学生几次动作都正确，搭档二人互换角色，随后练习整套技能。

侧身朝向目标，手臂后摆

当双脚原地旋转时，身体也随之转动，同时与掷球手相对的身体一侧朝着目标。掷球手持球，手臂伸展。掷球臂向后伸展，掌心朝上。非掷球手指向目标。

设备

关键要领海报、镜子（如果有的话），以及同伴技能考核表。

活动

学生转身的同时，掷球臂向后伸展。搭档查看他的姿势是否和海报所示一致。学生可以借助镜子来观察自己的动作。然后学生面对一个既定目标做出预备姿势。根据搭档的指令，学生展示侧身朝向目标以及手臂后摆动作。如果这个学生成功示范了几次，搭档二人互换角色，随后练习整套技能。

迈步

设备

展示迈步的海报、镜子（如果有的话）、脚印贴纸或胶带（地板胶带或美术胶带），以及同伴技能考核表。

活动

在地板上贴脚印贴纸或胶带。学生在搭档的帮助下，从预备姿势开始，转身的同时，掷球臂向身体后方伸展，用正确的脚迈步。搭档检查他的姿势是否与海报所示一致。学生可以借助镜子来观察自己的动作。如果这个学生成功示范了几次，搭档二人互换角色，随后练习整套技能。

转身和投掷

设备

展示转身和投掷的海报、镜子（如果有的话）、同伴技能考核表、15～20英尺长的绳子、2根游戏立柱、直径为1英寸的塑料管（切成长度为4英寸的小段作为"火箭"）。如果可用器材有限，请参考第一个拓展活动。

活动

火箭发射器——2根游戏立柱分开竖立，间隔距离是10～12英尺。将绳子穿过塑料管，然后将其两端系在2根游戏立柱上，绳子的高度约和学生眼睛的高度持平。学生2人一组或者4人一组合作，分别站在2根游戏立柱旁。教师提醒学生在搭档投掷时，自己要远离绳子。搭档掷球手持"火箭"（塑料管），以转身姿势开始。投掷者迈步、转身、投掷，用力将"火箭"推到对面；站在对面的搭档拿到"火箭"，然后开始迈步、转身、投掷，将"火箭"掷回给搭档。

拓展活动

- 如果空间有限或者没有游戏立柱，可以将绳子系在2把椅子上。学生坐在椅子上，非掷球侧朝向搭档所在位置，然后投掷"火箭"。
- 在靠近游戏立柱的绳子两端系上一条毛巾、一块布或者其他东西，防止"火箭"撞上游戏立柱。

掷球出手点

设备

展示掷球出手点的海报、镜子（如果有的话）、数根跳绳、2根排球立柱，以及同伴技能考核表。

活动

投掷吧——将数根跳绳的两端系在 2 根排球立柱上，跳绳之间的距离大约为 12 英寸。最上面的那根跳绳大约和投掷者肩部等高。让学生练习在跳绳之间掷球出手。搭档一方检查投掷者的动作是否和海报所示一致。投掷者可以借助镜子来观察自己的动作。

手部连带动作

掷球手顺势划向身体另一侧。

设备

展示手部连带动作的海报、镜子（如果有的话），以及同伴技能考核表。

活动

让学生朝着一个设定的目标完成迈步和投掷动作。学生练习迈步和掷球出手（没有球或者沙包）。搭档一方检查投掷者的手部连带动作是否和海报所示一致。投掷者可以借助镜子来观察自己的动作。如果这个学生成功示范几次，搭档二人互换角色，随后练习整套技能。

强化整体技能的高级活动建议

学生应在掌握关键要领后开始强调投掷的准确性。根据《美国 K–12 体育教育的国家标准和年级水平学习成果》（SHAPE America, 2014），四年级学生应能在合理的距离范围内，准确地向搭档或者一个目标进行上手投掷（S1.E14.4b）；五年级学生应能够准确地向一个大的目标进行上手投掷（S1.E14.5b）。上手投掷的各年级准确性水平学习成果如表 4.4 所示。如果在学生掌握关键要领前就向其强调投掷的准确性，会导致学生致力于瞄准目标，而忽略技能的关键要领。投掷目标要足够大，从而使学生既能展示技能的关键要领，又能成功击中目标。

表 4.4　上手投掷的各年级准确性水平学习成果（S1.E14）

	幼儿园至三年级	四年级	五年级
S1.E14 上手投掷	四年级开始强调准确性	在静态环境下（封闭性技能）用一种成熟的模式进行上手投掷（S1.E14.4a）；在合理的距离范围内准确地向搭档或者一个目标进行上手投掷（S1.E14.4b）	在静态环境下（封闭性技能），能使用不同大小和类型的球，用一种成熟的模式进行上手投掷（S1.E14.5a）；准确地向一个大的目标进行上手投掷（S1.E14.5b）

源自：SHAPE America - Society of Health and Physical Educators, *National Standards & Grade-Level Outcomes for K-12 Physical Education*（Champaign, IL: Human Kinetics, 2014）.

个人活动

颜色目标

目标

通过击中一个指定的目标，提高上手投掷的准确性。

设备

将用不同颜色的美术纸制作的目标（用每种颜色做 8～12 个尽可能大的目标）贴在活动区域的墙上，每个学生配备一个沙包或者球（纱球或网球）。多用几张纸可使你制作的目标更大。制作一个彩盒，里面放入各种颜色的美术纸。美术纸的数量要比学生的人数多。

活动

1. 选一个学生从彩盒里抽一张美术纸。
2. 学生抽到的颜色就是目标的颜色，所有学生必须定位并试着通过上手投掷击中这个颜色的目标。
3. 学生继续朝选中的颜色的目标投掷，直到你发出停止口令。
4. 活动一直持续到所有学生都从彩盒里抽过美术纸。

拓展活动

- 使用美术胶带勾勒出较大的目标。
- 在较大的胶带轮廓内放置一张美术纸。
- 除了可以使用不同的颜色，还可以采用从形状盒里抽取不同的形状，从字母盒里抽取字母，或者从单词盒里抽取单词的方法。
- 学生可以和搭档合作。由搭档选择用作目标的颜色、形状、字母或单词，注意目标一定要大一点；然后投掷者必须试着击中搭档选定的目标。两人轮流选择目标，然后进行投掷。

拼单词

目标

通过上手投掷击中字母，从而拼出单词。

设备

每个学生配备 1 个沙包或球（网球或纱球）。将 4 套字母表中的字母（尽可能大），分散地贴在活动区域的墙上。如果有多余的元音字母和选定的辅音字母（如 N、R、S、T）更好。准备纸和铅笔或者白板和记号笔来建立词库。

活动

1. 听到你的开始口令后，学生们开始进行上手投掷，试图击中字母并拼写出单词。
2. 一旦某个学生拼出一个单词，他就可以在词库写下这个单词。最好多准备几个词库，这样学生就不用排队等待写单词了。

3. 一个单词只能写一次。

4. 如果学生击中的字母不能用来拼写单词，那么他必须再次击中这个字母，以将其删掉。

拓展活动

- 如果将沙包或球投掷在字母附近，则可认为字母被击中。美术胶带可以用来勾勒字母的轮廓。

- 两人一组，一个学生击中拼写单词的字母，另一个学生记录这个字母，并且评估搭档的上手投掷动作。投掷者必须正确完成上手投掷才可以使用击中的字母。当学生拼出一个单词后，两人角色互换。

- 将纸和铅笔分给组成一个小组的两个学生，用于记录他们击中的字母及他们拼写的单词。每个学生必须通过上手投掷击中一个元音字母和两个辅音字母。直到这两个学生拥有 6 个字母可以用来拼单词。小组的两人使用他们击中的一个或多个字母来尝试拼出 6 个单词。一旦某个单词被拼写出来，这个单词就要从词库中删除。如果学生击中的字母用不到，他就必须再次击中这个字母，以删掉它。

合作活动

挑战赛

目标

在各种不同的情况下练习上手投掷。

设备

两人一组，一个沙包或球（纱球、泡沫球）以及若干挑战卡。不同类型的挑战可能需要额外的器材。

活动

1. 每个学生选择一张挑战卡。

2. 学生根据挑战卡上的说明完成任务。

3. 可能的挑战包括以下活动。

- 用轻力或者大力掷球。

- 掷球，在高度适中处（或较高处）掷球出手。

- 掷球触墙，接住反弹回来的球。

拓展活动

- 在活动区域放置不同颜色的较大目标，如篮筐、标志筒或桶，并且让搭档向投掷者说明目标的位置。提醒：如果学生离目标太近，他们会"瞄准"投掷，而失去了投掷应有的机制；确保学生离目标足够远，以便他们保持投掷机制。

- 设置游戏立柱或者排球立柱，在柱子之间系一根绳子。在绳子上悬挂不同的物品，学生挑战击中这些物品。这些物品可能包括篮筐、铝盘、容量为 2 升的空瓶。
- 为创建更多永久性的目标，你可以把目标画在活动区域的墙上。不用这些目标时，你可以用翻滚垫盖住这些目标。
- 搭档二人记录自己正确投掷的次数，你计算全班学生正确投掷的总数。在后面的课程中，你可以让学生挑战增加正确投掷的总数。

墙壁传球

目标

和一个搭档合作，提高上手投掷和接球的水平。

设备

每两个学生一个球（塑料球或排球）。

活动

1. 学生站在离墙至少 15 英尺的地方。
2. 一个学生对着墙上手投掷一个球。球触墙的位置至少达到 10 英尺高。
3. 搭档必须在球触墙后、落地之前接住球。
4. 搭档接到球后，在接球的地方对着墙上手投掷。
5. 统计自己所在小组连续成功接球的次数。

拓展活动

- 在墙上设置一个目标，让学生击中这个目标。
- 计算击中目标的次数。
- 每次投掷时说出提示词。

团体活动

疯狂的 Omnikin 球

目标

在活动区域内，上手投掷一个球来移动一个物体。

设备

这个物体可能是一个 Omnikin 球，或者是任何一个比投掷球更大的球。投掷球应该足够小，以方便单手持球。如果目标球比 Omnikin 球小，那么可以将网球作为投掷球。

活动

1. 将学生分为 4 个组。每组分别站在正方形活动区域的一边。学生必须站在边线后。

2. 把目标球放在活动区域的中心。

3. 为每组配备 2 个或者 3 个投掷球。

4. 听到你发出的开始指令后，组员开始上手掷球，试着击中位于活动区域中心的目标球，使目标球朝其他组的边线移动。

5. 组员继续掷球，直到目标球越过其他组的边线。你收回停留在活动区域里的投掷球。

6. 组员只可以通过投掷球接触目标球，不可以用身体接触目标球。

7. 一旦目标球越过指定的边线，活动结束，目标球将被放回活动区域的中心。

8. 当每组有相同数量的掷球时，活动重新开始。确保每名组员都有掷球的机会。

拓展活动

- 把学生分为 2 个组而不是 4 个组。

- 试着朝目标球投掷各种各样的球，使目标球移动并越过另一组的边线。活动过程中，学生可能会讨论哪些球更适合完成这个任务（如对塑料球和网球进行比较）。

- 在进入下一轮活动之前，或者在活动进行时根据你的指令，2 个组互换位置。如果 2 个组在活动中要互换位置，确保学生必须在你发出开始指令后才可以开始朝目标球掷球。学生在交换场地时不可以带球。

扑通游戏

目标

通过上手投掷，把一个球投掷到对方组的目标区域里。

设备

2 个或者更多的超级安全球，或者用软橡胶制成的直径为 8 英寸的球。球的数量取决于学生的技能水平和人数。用胶带或者标志筒在离活动区域中心 15 ～ 20 英尺的地方划分出一个大的目标区域。用一块白板记录分数。

活动

1. 将学生分为 2 个组。2 个组分别在活动区域的一边面对面站立。

2. 为每组分配相同数量的球。

3. 听到你发出的开始指令后，组员开始进行上手投掷，把球掷到对方组的目标区域里。

4. 如果某个组员把球掷进了对方组的目标区域里，该组员所在小组就可以获得 1 分。

5. 组员可以接住对方组员投掷过来的球，阻止球进入自己所在组的目标区域。

6. 如果其中一个组得到 10 分，活动重新开始。

拓展活动

- 学生在进行活动时，要确保正确完成上手投掷。对于那些难以正确完成上手投掷的学生，让他们去练习区域和搭档或者一位指定的教师助理一起练习。

- 指定一个特殊的球。如果某组将这个特殊的球投进对方组的目标区域里，则该组可以获得 2 分。

创建自己的活动

目标

让学生自己创建能够强化上手投掷技能水平的活动。

设备

每组配备一张纸和一支铅笔，以及你预先确定的能让学生在自己创建的活动中用到的器材（如保龄球瓶、标志筒、跳绳、垒球或网球）。

活动

1. 每组 2～5 个学生。你可以为学生分组或者让学生自己建组。
2. 每组创建一个活动，将上手投掷作为基本技能。要求学生（包括所有组员）制定规则，促进正确展现技能，并考虑安全问题。
3. 各组成员在纸上写下各自的名字、活动的规则、所需要的器材，然后向你展示他们创建的活动。
4. 你批准这些活动后，各组成员就可以拿到必要的器材，开始活动。
5. 你必须批准学生对活动的合理更改。

拓展活动

- 各组之间可以互教互学其创建的活动。
- 各组可以把自己组的活动教给全班其他学生。
- 将活动录制下来并与同年级的其他班级分享。你也可以在班会时分享这些活动的视频。

保龄球

目标

用上手投掷的方式击中对方组的保龄球瓶。

设备

每组配备一些投掷用球以及 3 个保龄球瓶（如图 4.5 中 A 和 B 所示）。每组使用不同的颜色来标记保龄球瓶（例如，使用不同颜色胶带来标记保龄球瓶）。

活动

1. 设置一个有中线的活动区域，两条起掷线离中线大约 12 英尺。
2. 把学生分为 2 个人数相同的组，2 个组的组员分别站在起掷线的后面。
3. 沿着活动区域的中线放置 6 个保龄球瓶，注意按保龄球瓶的颜色交替放置（如图 4.5 所示）。
4. 听到你发出的开始指令后，组员开始掷球，

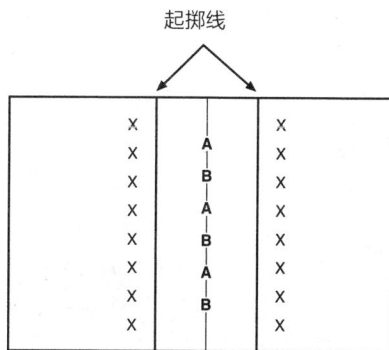

图 4.5 "保龄球"游戏布局图

试着击中对方小组的保龄球瓶。学生不可以越过起掷线。

5. 如果学生越过起掷线掷球，则击倒的保龄球瓶无效。如果学生不小心击中自己组的保龄球瓶，击倒有效。

6. 如果某个组的保龄球瓶全部被击倒，活动重新开始。

拓展活动

- 记录学生击倒所有保龄球瓶所需的时间。
- 将容量为 2 升的空瓶、重量较轻的标志筒、空的麦片盒或者其他物品作为目标。
- 在 2 根排球立柱之间悬挂 1 根绳子。在绳子上挂一些重量较轻的目标（如纸张、丝巾、彩带或绸带），学生挑战击中对方组的目标。

源自：K. Thomas, A. Lee, and J. Thomas, *Physical Education for Children: Daily Lesson Plans for Elementary School*, 2nd ed.（Champaign, IL: Human Kinetics, 2000），546.

循环 / 再循环

目标

通过越过排球网投掷纱球，提高上手投掷的准确性。

设备

2 根游戏立柱、1 张排球网，每个学生配备 1 个纱球。排球网挂在标准高度。

活动

1. 把全班学生分为 2 个组。

2. 2 个组的成员站在排球网两边。

3. 听到老师发出的开始指令后，每个人开始通过上手投掷把球投掷过网。

4. 统计全班学生成功掷球过网的次数。

拓展活动

- 让各组统计所有组员准确投掷的总数。你记录结果，之后做成图表，通过多次结果的比较来展示班级在技能学习上的进步。
- 学生每次准确掷球过网后，就绕到对面的半场，成为对方组的成员。班级会对技能进行评价。

源自：J.A. Wessel, PhD, *Project I CAN*（Northbrook, IL: Hubbard, 1974）.

小结

尽管儿童从小就开始投掷，但如果得不到恰当的指导，他们就不会形成一个成熟的投掷模式。对于日后运动技能的发展而言，上手投掷可能是最关键的操控性技能之一。如果棒球或者垒球运动员迈步的脚不正确，会难以完成外场投球，这很可能是因为他们从小练习投掷时就使用了错误的脚迈步，或者在小学二年级时没有学习向后伸展手臂。那些在低年级练习时形成的动作习惯，会随着学生年龄的增长，形成永久性的运动模式。

　　由于上手投掷的许多方面可以转化为重要的运动技能（如网球和排球的发球），因此教师在小学低年级就应该指导学生正确完成上手投掷。在这个阶段为学生提供恰当的指导，有助于他们成功掌握上手投掷，并且有希望在日后的生活中也能坚持运用上手投掷。年龄较大的儿童应尽可能增加练习量，练习朝墙进行上手投掷。学生一旦学会接球，就可以开始练习向同伴掷球。下一章将详述接球技能的教学方法。

上手投掷问题解决表

问题	解决方法
1. 没有目视目标	• 让学生朝自己设计的目标投掷 • 在墙上粘贴颜色目标，让学生击中它 • 把一个容量为 2 升的瓶子倒放在一个高标志筒的顶部，让学生试着通过掷球打掉这个瓶子 • 在户外，让学生朝一个浸在水里的目标投掷湿海绵 • 将铝盘作为投掷目标
2. 手臂伸展不足	• 鼓励学生用力投掷物体（学生在做所有活动前都要做热身运动，尤其是在参与这项挑战之前） • 让学生在伸展自己的手臂时先触到身后的墙壁，再把物体投掷出去 • 让一个搭档站在投掷者身后，投掷者向后摆臂，试着从搭档手中拿走一个物品
3. 投掷手投掷时没有经过耳朵	• 让学生在迈步、转身、投掷站点完成"火箭发射器"活动 • 在篮筐上挂一个纱球，让纱球刚好位于耳朵高度。让学生保持身体一侧朝着目标，用打开的手掌击打球
4. 没有用对侧脚迈步	• 在投掷臂的对侧脚上系一条围巾 • 使用地板上的点或者脚印来表明脚落地的正确位置 • 把气泡垫粘贴在地板上。让学生用投掷手对侧的脚迈步、踩在气泡垫上并发出声音
5. 髋部和肩部转动幅度不够	• 让学生在投掷后检查自己皮带扣的位置。皮带扣应该正对着投掷的目标 • 让一个搭档站在投掷者身后。投掷者在做转体动作时，搭档握着橡胶管或者弹力带增加阻力
6. 没有保持手部连带动作	• 把一个高的标志筒放在投掷者非投掷侧的前方。标志筒应放得足够远，这样学生在投掷时才能迈步和伸展手臂。学生掷球出去，然后在保持手部连带动作时触到标志筒的顶部 • 让学生在身体前倾时，做一个模拟系安全带的动作——手臂斜过身体

上手投掷课程计划

（第 2 节课）

年龄组

小学四年级或五年级的学生。

教学重点

上手投掷。

教学次重点

手臂伸展和发力。

教学目标

课堂 80% 的时间用于教学生伸展手臂，带动发力（**提示词：***手臂后摆，用力投掷*），以及用掷球手对侧的脚迈步（**提示词：***迈步*），由你进行评估，同伴观察。

材料和设备

每个学生配备 1 个纱球，音乐。

提前准备

这节课每个学生都有自己的学习站点。这些学习站点设置在体育馆四周，含贴在墙上的 3 个目标。这些目标距离地面至少 2 英尺，但 3 个目标所在高度各不相同。确保目标的高度适合练习上手投掷，而不是下手投掷或者下手滚球。目标可以是呼啦圈（用胶带把呼啦圈贴在墙上）、塑封的图纸或者美术纸，你也可以用胶带制作各种目标（如正方形、圆形或三角形）。在每个学习站点放置 1 个纱球，并用胶带贴出标记线，让学生练习时站在标记线后面。第一条线至少离墙 5 英尺，剩下的线应在第一条线的后面，并适当增加一定的距离（如图 4.6 所示）。

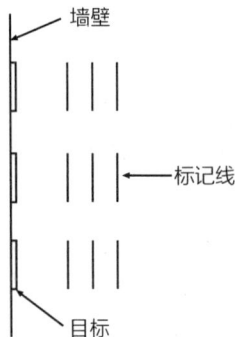

图 4.6　学习站点布局

组织和管理

学生经过你的指导和热身活动后，在体育馆内找到自己的学习站点，然后做练习。

热身活动

今天，我们将练习上手投掷。我开始放音乐，你们开始在公共区域展示任何一项运动技能。谁能说出一项运动技能的名称？（重复问这个问题，直到学生说出垫步跳、滑步、单脚跳、跑步和走路）

音乐停止，你们就站住不动，开始做手臂伸展运动。有哪位同学能向我展示手臂伸展运动呢？（点几个学生进行展示，然后开始放音乐。）

观察并确保学生正确地完成和运用各项运动技能。确保学生在活动中充分练习手臂伸展运动。

形式

学生找到自己的学习站点，然后面对你坐下来。

介绍

今天我们将继续学习上手投掷。很多游戏中都会用到上手投掷。我们可以运用上手投掷朝人或者目标投掷东西。今天我们将重点练习用力投掷，所以我们将练习对着目标

投掷。为什么今天我们只练习朝墙投掷，而不朝人投掷？（**如果我们朝人用力投掷，可能会让人受伤**）

在进行上手投掷时应迈哪一只脚呢？（**迈步脚**）上手投掷的步骤有哪些呢？（**预备、侧身、手臂后摆、迈步、转身、投掷，以及保持手部连带动作**）大家站在自己的学习站点，现在我们一起练习这些步骤。记住用你的迈步脚迈步。

你大声重复提示词，学生练习上手投掷。你要特别注意观察学生是否用掷球手对侧的脚迈步。

各位同学站好。请坐下。现在我们一起思考如何用力投掷。在我假装投掷时，你们注意观察我的动作。预备姿势有助于用力投掷吗？还是要使用更大的力投掷？侧身有助于用力投掷吗？是的，就是侧身。因为如果我伸展手臂，当我投掷时我就有更大的力量。想一想，一根很小的棒球棒，只有 1 英尺长（**用尺子展示具体长度**）。你们认为是用 1 英尺长的棒球棒击球会把球击得更远，还是用更长的球棒击球会把球击得更远呢？答案显而易见，更长的球棒肯定会把球击得更远。同样，如果更长的球棒更适合击球，那么更长的手臂也更利于投掷。我们投掷时，投掷臂一定要向后伸展，这样我们就会有更大的力量。

再强调一遍，为什么今天我们只练习朝墙投掷，而不朝人投掷？（**我们今天是练习用力投掷，如果我们对着人投掷，可能会让人受伤**）我们能试一下用力朝人投掷吗？（**不能**）

当我说开始的时候，你们就自己在自己的学习站点，拿 1 个纱球，站在中间的标记线外，练习伸展你的手臂，用力投掷。开始！

观察学生，确保他们的手臂充分伸展，用对侧脚迈步。反复说提示词：向侧后方伸展、转身、用力投掷、迈步。

形式

5 分钟后，要求学生站住不动，然后坐在各自的学习站点处。

你们手臂伸展运动都完成得非常好。现在我们需要提高上手投掷的准确性。你们前方有 3 个目标。在球出手之前你必须喊出你要投中的目标。数数你成功击中目标的次数。你可以将 3 条标记线中的任意一条作为起掷线。开始！

观察学生，并确保学生的手臂充分伸展，用对侧脚迈步。反复说提示词：向侧后方伸展、转身、用力投掷、迈步。

停。你们有谁成功击中的次数达到 10 次或 10 次以上？达到 20 次或 20 次以上的有谁？好极了！我说开始的时候，你们就开始找搭档，然后 2 个人一组坐在 1 个学习站点外。开始。你可以自己选择目标，但由搭档选择起掷距离。连掷 5 次后，你们互换角色。你们必须确保动作正确，尤其是侧身和用迈步脚迈步。开始！

观察学生，确保学生的手臂充分伸展，迈步脚正确。反复说提示词：向侧后方伸展、转身、用力投掷、迈步。

5 分钟后，暂停活动，让学生们坐在各自的学习站点处。

此时，学生和搭档可以对挑战做一些改变（如果老师同意的话）。学生不仅为搭档指定击中的目标，还要为其指定站在哪一条起掷线外。如果老师不同意这些改变，那也没有关系，坚持练习就行。开始。

结束

学生们排队离开之前，你提出如下问题。

1. *如何正确地完成上手投掷？*（**预备、侧身、手臂后摆、迈步、转身投掷，以及保持手部连带动作**）

2. *如何加大投掷的力度？*（**侧身、手臂向后伸展、迈步、转身投掷，以及保持手部连带动作**）

双手过头投掷

双手过头投掷主要运用在两种体育项目中：篮球和足球。在篮球运动中，双手过头投掷主要用于把球从界外掷入界内，或者是把球掷给同队队员。在足球运动中，队员通过双手过头投掷把球从界外掷给界内的同队队员。

虽然《美国 K–12 体育教育的国家标准和年级水平学习成果》（SHAPE America, 2014）没有明确提到双手过头投掷，但根据教学经验，我们发现儿童在二年级时应能够掌握这项技能。因此，双手过头投掷作为掷球的基本技能之一，应在小学低年级就开始教学。

关键要领

预备姿势	**持球于脑后**	**迈步和掷球**	**手部连带动作**
面朝目标，双脚分开至与肩同宽，双膝微屈，目视目标，双手握住球的侧后方，持球置于胸前。	双手将球举高，位于脑后。双臂弯曲。	单脚向前迈步，同时伸展手臂，朝目标掷球。此处有一个抖腕的动作。	掷球出手后，双手旋转，手背相对，拇指朝下。

提示词

在这项技能的每个步骤中，你所选用的提示词取决于学生的年龄以及你要强调的领域。以下是一些可以用来教授双手过头投掷的提示词。你可以单独使用每个提示词，或者根据需要将这些提示词搭配使用。让学生练习双手过头投掷时，大声说出提示词，有助于学生掌握这项技能。

预备——面朝目标，双脚分开至与肩同宽，双膝微屈，目视目标，双手握住球的侧后方、持球置于胸前。

持球于脑后——双手将球举高，位于脑后。双臂弯曲。

迈步和掷球——单脚向前迈步，同时伸展手臂，朝目标掷球。此处有一个抖腕的动作。

保持手部连带动作——掷球出手后，双手旋转，手背相对，拇指朝下。

向上——双手将球举高，位于脑后。双臂弯曲。

抖腕掷球——掷球出手时，抖腕掷球。双手旋转，手背相对，拇指朝下。

> 提示词组 1：预备、持球于脑后、迈步和掷球、保持手部连带动作
>
> 提示词组 2：预备、向上、迈步和掷球、保持手部连带动作
>
> 提示词组 3：预备、向上、抖腕掷球

强化和评估关键要领的活动建议

在学习过程中，对学生来说，重要的是了解技能的动作及关键要领，以及如何正确地完成每个关键要领。本书前面的内容提供了有关双手过头投掷的图片和文字说明，并将其划分为若干关键要领，还提供了一些可能用到的提示词。第 1 章的内容强调了所有运动和操控性技能的概念，下面列出一些具体的活动，用于强化双手过头投掷的关键要领。

同伴技能考核

目标

搭档之间互相评估双手过头投掷的技能进展情况，学会评估其他人的技能水平。

设备

每组配备一个球和同伴技能考核表。如果学生不识字，可以使用同伴技能考核表的图片版。

活动

1. 搭档一方观察另一方的预备姿势是否正确。
2. 如果预备姿势正确，搭档就在第一个方框内填 "Y"；如果预备姿势不正确，搭档就在第一个方框内填 "N"。对于不识字的学生，如果预备姿势正确，则在第一个方框内放一张笑脸图片；如果预备姿势不正确，则在第一个方框内放一张哭脸图片。
3. 评估一直持续到每个关键要领被测评 5 次。
4. 每个学生都要进行同伴技能考核。

同伴技能考核表

技能：双手过头投掷

双手过头投掷者姓名：＿＿＿＿＿　　观察者姓名：＿＿＿＿＿

❶ 预备姿势

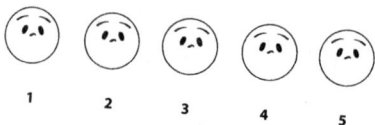

1　2　3　4　5

❷ 持球于脑后

1　2　3　4　5

❸ 迈步和掷球

1　2　3

❹ 手部连带动作

1　2

同伴技能考核表

技能：双手过头投掷

双手过头投掷者姓名：＿＿＿＿＿　　观察者姓名：＿＿＿＿＿
观察你的搭档，然后给每个关键要领打分。让你的搭档将每个动作做5次。如果搭档该次做的动作正确，就在对应次数的方框里填"Y"；如果搭档该次做的动作不正确，就在对应次数的方框里填"N"。

开始		测试				

 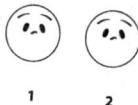

预备姿势
1. 目视目标。
2. 双脚分开至与肩同宽。
3. 双膝微屈。
4. 双手握住球的侧后方，
　 持球置于胸前。

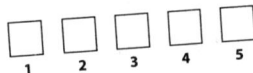

1　2　3　4　5

动作

持球于脑后
1. 双臂弯曲，双手将球举
　 高，位于脑后。

迈步和掷球
2. 单脚向前迈步。
3. 朝目标伸展手臂，掷
　 球出手。
4. 抖腕。

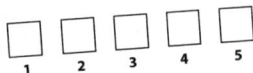

1　2　3　4　5

结束

手部连带动作
手背相对，拇指朝下。

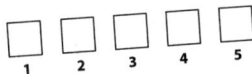

1　2　3　4　5

拓展活动

- 你可以使用同伴技能考核表来评估每个学生的技能提升水平。
- 你可以将成绩单和同伴技能考核表一起寄给学生家长。

成功构建者活动

成功构建者活动可以帮助你满足每个学生的学习需求。如果学生在学习某个特定的关键要领时需要帮助，那么下列活动将帮助学生正确地学习并完成技能。

目标

根据同伴技能考核的结果，让搭档发现自身的不足之处并加以改进。

设备

参考以下学习站点。建议在每个学习站点放置一面镜子，以及张贴一张印有双手过头投掷关键要领的海报。镜子在这项活动中用处很大，因为学生可以通过镜子观察自己的动作。制作海报最简单的方式就是把本书的插图放大打印出来。给这些海报塑封可以延长其使用时间。

活动

1. 在教学区给每个关键要领都设置一个学习站点，在相应的学习站点贴上附有具体关键要领说明文字的图片。
2. 以下是每个学习站点的具体信息。

预备姿势

面朝目标，双脚分开至与肩同宽，双膝微屈，目视目标，双手握住球的侧后方、持球置于胸前。

设备

展示预备姿势的海报、镜子（如果有的话），以及同伴技能考核表。

活动

学生做好预备姿势。搭档一方检查另一方的姿势是否和海报所示一致。学生可以借助镜子来观察自己的动作。学生四处走动，听到搭档给出的口令后立刻再次做出预备姿势。如果该学生几次动作都是正确的，搭档二人互换角色，随后练习整套技能。

持球过头

双手将球举高，位于脑后。双臂弯曲。

设备

展示持球过头的海报、镜子（如果有的话），以及同伴技能考核表。

活动

学生做好持球过头的姿势。搭档一方检查另一方的姿势是否和海报所示一致。学生可以借助镜子来观察自己的动作。学生然后面向目标做出预备姿势，听到搭档给出的口令后立刻做出持球过头姿势。如果该学生几次动作都是正确的，搭档二人互换角色，随后练习整套技能。

迈步和投掷

单脚向前迈步，同时伸展手臂，朝目标掷球。此处有一个抖腕的动作。

设备

展示迈步和投掷的海报、镜子（如果有的话）、脚印贴纸或者胶带（地板胶带或美术胶带），以及同伴技能考核表。

活动

基本步法。将脚印贴纸或者胶带贴在地上，学生在搭档的帮助下，从预备姿势开始，持球过头，单脚迈步。搭档检查学生的动作是否和海报所示一致。学生可以借助镜子来观察自己的动作。如果该学生几次动作都是正确的，搭档二人互换角色，随后练习整套技能。

拓展活动

让它飞起来。将几根绳子系在 2 根排球立柱之间。绳子之间的距离大约为 12 英寸。最上面的那根绳子应大约位于投掷者的肩部。让学生练习在绳子之间掷球。搭档检查学生的动作是否和海报所示一致。学生可以借助镜子来观察自己的动作。

手部连带动作

掷球出手后，双手旋转，手背相对，拇指朝下。

设备

展示手部连带动作的海报、镜子（如果有的话）、同伴技能考核表、1 个训练用球，以及墙上的投掷目标。

活动

模拟投掷。让学生手上不持球面对一个既定目标练习迈步和投掷的动作。搭档检查学生的动作是否和海报所示一致。学生可以借助镜子来观察自己的动作。如果该学生几次动作都是正确的，搭档二人互换角色，随后练习整套技能。

拓展活动

击中目标。学生两人一组合作。搭档在投掷的时候，学生自己要远离投掷目标。搭档一方从持球过头的姿势开始。投掷者向一个至少与自己距离 10 英尺远的目标迈步投掷。搭档一方观察并检查另一方是否完成了手部连带动作。

强化整体技能的高级活动建议

学生应在掌握关键要领后再开始强调投掷的准确性。如果在学生掌握关键要领前就强调投掷的准确性，会导致学生致力于瞄准目标，而忽略技能的关键要领。投掷目标应该足够大，这样学生既能展示技能的关键要领，又能成功击中目标。

个人活动

颜色目标

目标

通过击中一个指定的目标，提高双手过头投掷的准确性。

设备

将用不同颜色的美术纸制作的目标（用每种颜色做 8 ～ 12 个尽可能大的目标）粘贴在活动区域的墙上，每个学生配备 1 个大小适中、重量较轻的球。制作一个彩盒，里面放入各种颜色的美术纸。美术纸的数量要比学生的人数多。

活动

1. 选一个学生从彩盒里抽一张美术纸。
2. 学生抽到的颜色就是所有学生必须找到并试着通过双手过头投掷击中的目标的颜色。
3. 学生继续朝选中的颜色的目标投掷，直到你发出停止口令。
4. 活动一直持续到所有学生都从彩盒里抽过美术纸。

拓展活动

- 将多张美术纸放在一起，可使目标更大。
- 用美术胶带制作大正方形，然后在大正方形内放一张美术纸。
- 除了可以使用不同的颜色，还可以采用从形状盒里抽取不同的形状、从字母盒里抽取字母，或者从单词盒里抽取单词的方法。
- 学生可以和搭档合作。搭档选择的方法作为目标的颜色、形状、字母或者单词，然后学生必须试着击中搭档选定的目标。两人轮流选择目标，然后进行投掷。

拼单词

目标

通过双手过头投掷来击中字母，从而拼出单词。

设备

每个学生配备 1 个塑料球。将 4 套完整的字母表中的字母（尽可能大）分散地张贴在活动区域的墙上。如果有多余的元音字母和选定的辅音字母（如 N、R、S、T）更好。准备纸和铅笔或者白板和记号笔来建立词库。

活动

1. 听到你的开始口令后，学生们开始进行双手过头投掷，试图击中字母，拼写单词。
2. 一旦某个学生拼出一个单词，他就可以在词库写下这个单词。最好多准备几个词库，这样学生就不用排队等待写单词了。
3. 一个单词只能写一次。一旦某个学生写过这个单词，其他学生就不能再写这个单词了。

4. 如果学生击中的字母不能用于拼写单词，那么他必须再次击中这个字母，以将其删掉。

拓展活动

· 如前所述，可以用美术胶带或将多张美术纸放在一起来制作较大的目标。

· 学生两人一组，一个学生击中字母拼出单词，另一个学生记录这个单词，并且评估那个学生的双手过头投掷动作。如果投掷者双手过头投掷的动作不标准，即使他击中了字母也不可以使用。当学生拼出一个单词，两人角色互换。

· 搭档用纸和铅笔记录击中的字母，并写下他们拼出的单词。每个搭档必须通过双手过头投掷击中 1 个元音字母和 3 个辅音字母。搭档现在有 8 个字母可以用来创建单词，他们可以用其中的 1 个或多个字母来创建 6 个单词。一旦某个单词被拼写出来，这个单词就要从词库中删除。如果学生击中的字母无法使用，那么他们必须再次击中这个字母，来将其删掉。你可以更改目标，球出现在目标周围的指定范围内也算击中。

合作活动

后退掷球

目标

和 1 个搭档练习以不同距离进行双手过头投掷。

设备

每两个学生 1 个塑料球。

活动

1. 学生站在距离搭档约 10 英尺处。

2. 学生进行双手过头投掷，搭档接住球后掷回。

3. 一旦成功完成掷球，搭档就向后退一步。

4. 活动一直持续到两人中的一人没有接住球。

源自：Based on Bryant and McClean Oliver（1974）.

目标投掷

目标

朝不同的目标练习双手过头投掷。

设备

在离地面大约 5 英尺的墙上贴 1 张美术纸。每 2 个学生 1 个塑料球。

活动

1. 搭档一方站在距离目标约 15 英尺处。

2. 另一方喊出搭档掷球的位置（例如，在目标上方、在目标下方、在目标右方或在目标左方）。

3. 如果球在距离目标 1 英尺的范围内以正确的方向击中目标，该小组得 1 分。

拓展活动

- 将两人的得分相加。
- 搭档两人连续记录几天的得分，记录进步情况。

挑战赛

目标

在各种情况下练习双手过头投掷。

设备

每 2 个学生 1 个塑料球以及若干挑战卡。不同类型的挑战可能需要额外的器材。

活动

1. 每个学生选择 1 张挑战卡。
2. 学生完成挑战卡上描述的任务。
3. 可能的挑战包括以下任务。

- 用轻力或者大力掷球。
- 掷球，在很高的位置上掷球出手。
- 掷球触墙，你接住反弹回来的球。
- 掷球击中目标后由搭档接住球。

拓展活动

- 在活动区域内放置不同颜色的目标，如篮筐、标志筒或桶，并且让搭档指定投掷者需要击中的目标。
- 设置 2 根游戏立柱或者排球立柱，在柱子之间系 1 根绳子。在绳子上悬挂不同的物品，学生挑战击中这些物品。这些物品可能包括篮筐、铝盘、容量为 2 升的空瓶。
- 为创建更多永久性的目标，你可以把目标画在活动区域的墙上。不用这些目标时，你可以用翻滚垫盖住这些目标。
- 搭档二人记录自己正确投掷的次数，你计算全班学生正确投掷的总数。在后面的课程中，你可以让全班学生挑战增加正确投掷的总数。

源自：Based on Bryant and McClean Oliver（1974）.

墙壁传球

目标

和 1 个搭档合作练习，提高双手过头投掷和接球的水平。

设备

每 2 个学生 1 个塑料球（或排球）。

活动

1. 搭档二人站在离墙至少 15 英尺的地方。

2. 一个搭档朝墙完成一次双手过头投掷。球触墙的高度至少达到 10 英尺。

3. 另一个搭档在球触墙落地反弹之后接球。

4. 搭档接到球后，再进行朝墙双手过头投掷。

5. 搭档二人计算连续成功投掷的次数。

拓展活动

- 球弹跳几次后再接球。

- 增加或减少投掷位置与墙壁的距离。

 # 居家练习

- 设备

  ◆ 学生家里的任何球（如网球、垒球、泡沫球）都可以用于户外练习。

  ◆ 在室内练习时，卷起的袜子或报纸都可以用来代替球。塑料袋可以制作成一个较大的球。

  ◆ 学生可以将毛绒玩具、纸板、椅背或空洗衣篮作为目标。

  ◆ 另一个不错的目标是浴巾。每次投掷成功时，可以将它对折一次，让这项活动越来越具有挑战性。

  ◆ 学生也可以将纸粘在树上作为户外练习时的目标。

- 活动

  ◆ 让学生创建新的活动，以帮助他们记住每项技能的关键要领。要求他们在下一次在线课堂教授其创建的活动（或分享视频）。

团体活动

疯狂的 Omnikin 球

目标

在活动区域内，通过双手过头投掷来移动一个物体。

设备

这个物体可以是一个 Omnikin 球，或者任何一个比投掷球更大的球。

活动

1. 将学生分为 4 组。每组分别站在正方形活动区域的一边。学生必须站在边线后。

2. 把目标球放在活动区域的中心。

3. 活动开始前为每组配备 2 个或 3 个投掷球。

4. 听到你发出的开始指令后，组员开始双手过头投掷，试着击中活动区域中心的目标球，使这个目标球朝其他组的边线移动。

5. 组员继续掷球，直到目标球越过其他组的边线。

6. 组员只可以通过投掷球接触目标球，不可以用身体接触目标球。

7. 一旦目标球越过其他组的边线，游戏停止，目标球将被放回活动区域的中心。

8. 当每组有同样数量的球要投时，活动重新开始。确保每名组员都有投球的机会。

拓展活动

- 询问学生击中目标球的最佳位置及其原因。你要在课程开始时提出这个问题，以激活学生的思维。

- 在活动开始前为每个学生都配备 1 个球。

- 把学生分为 2 个组而不是 4 个组。

- 学生试着朝目标球投掷各种各样的球，使目标球移动并越过其他组的边线。活动过程中，学生可能会讨论哪些球更适合完成这个任务（如比较塑料球和网球）。

- 在进入下一轮活动之前，或者在活动进行中根据你的指令，2 个组互换位置。如果 2 个组在活动中要互换位置，确保学生必须在你发出开始指令后，才可以开始朝目标球掷球，并且学生在交换场地时不可以带球。

创建自己的活动

目标

让学生自己创建活动，提高双手过头投掷的技能。

设备

每组配备一张纸和一支铅笔，以及你预先确定并允许学生在自己创建的活动中使用的器材（如保龄球瓶、标志筒、跳绳、泡沫球或塑料球）。

活动

1. 每组 4 ～ 5 个学生。你可以为学生分组，或者让学生自己建组。

2. 每组创建一个活动，将双手过头投掷作为基本技能。要求学生（包括所有组员）制定规则，促进学生正确展现技能，并考虑安全问题。

3. 各组成员在纸上写下自己的姓名、活动规则、所需要的器材，然后向你展示自己组创建的活动。

4. 你批准这些活动后，各组成员领取必需的器材，开始活动。

5. 如果学生需要更改创建的活动，须经你批准。

拓展活动

- 各组成员可以将自己组的活动教给其他组。

- 各组可以把自己组的活动教给全班其他学生。

- 将活动录制下来并与同年级的其他班级分享。你也可以在班会时分享这些录制的视频。

保龄球

目标

用双手过头投掷来击中对方组的保龄球瓶。

设备

每组配备一些球和 3 个保龄球瓶（图 4.7 中用 A 和 B 表示）。不同组的保龄球瓶用不同的颜色区分（例如使用不同颜色的胶带来标记保龄球瓶）。

活动

1. 设置 1 块带中线的活动区域，2 条起掷线距离中线大约 12 英尺（如图 4.7 所示）。

2. 把学生分为人数相同的 2 组。让 2 组成员分别面对面站在 2 条起掷线后面。

3. 沿着活动区域的中线放置 6 个保龄球瓶，注意按保龄球瓶的颜色交替放置。

4. 听到你发出的开始指令后，学生开始双手过头投掷，试着击中对方组的保龄球瓶。学生不可以超过起掷线。

5. 如果学生超过起掷线掷球出手，击倒的保龄球瓶无效。如果学生不小心击倒自己组的球瓶，击倒有效。

6. 如果某个组的保龄球瓶全部被击倒，那么活动重新开始。

拓展活动

- 记录班级击倒所有保龄球瓶所需的时间。

- 把容量为 2 升的空瓶、重量较轻的标志筒、空麦片盒或者其他物品放在一个升高的台面上，作为目标。

- 在 2 根排球立柱之间系 1 根绳子。在绳子上挂一些重量较轻的目标（如丝巾、彩带或皱纹纸），学生挑战击中对方组的目标。

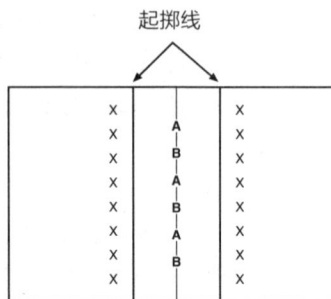

图 4.7 "保龄球"活动布局图

源自：K. Thomas, A. Lee, and J. Thomas, *Physical Education for Children: Daily Lesson Plans for Elementary School*, 2nd ed.（Champaign, IL: Human Kinetics, 2000），546.

循环 / 再循环

目标

通过将泡沫足球掷过排球网，提高双手过头投掷的准确性。

设备

2 根游戏立柱、1 张排球网，每 2 个学生配备 1 个泡沫足球。挂网的高度与打排球时的标准高度一致。

活动

1. 把全班学生分为 2 组，每组配备数量一样的球。

2. 听到开始指令后，每个人开始通过双手过头投掷把球掷过网。

3. 计算全班学生成功掷球过网的次数。

拓展活动

- 让学生统计小组成功投球的总数，记下结果，然后制成图表，用来展示班级在该技能学习上的进步。

- 学生每次掷球过网后，绕过球柱到对面的半场，成为对方组的成员。
- 让全班学生估计 1 分钟内班上学生正确投掷的次数。给学生安排 1 分钟的时间完成双手过头投掷。评估投掷结果。

源自：J.A. Wessel, PhD, Project I Can（Northbrook, IL: Hubbard Publishing, 1974）.

扑通游戏

目标

用双手过头投掷把 1 个球投掷到对方组的目标区域里。

设备

2 个或者更多的超级安全球，或者用软橡胶制成的直径为 8 英寸的球。用球的数量取决于学生的技能水平和人数。用胶带或者标志筒在离活动区域中心 15～20 英尺的地方划分出 1 个大的目标区域。用 1 块白板或者 1 张纸来记录分数。

活动

1. 将学生分为 2 组，2 组面对面各站在活动区域的一边。
2. 活动开始前给每组配备相同数量的球。
3. 听到开始指令后，组员开始进行双手过头投掷，把球掷到对方组的目标区域里。
4. 如果某个组员把球掷进了对方组的目标区域里，该组员所在的组就可以获得 1 分。
5. 组员可以接住对方组掷的球，阻止球进入自己组的目标区域里。
6. 如果其中一个组得分达到 10 分，那么活动重新开始。

拓展活动

- 学生在进行活动时，要确保双手过头投掷的姿势正确。那些难以正确完成双手过头投掷的学生应练习区域和 1 个搭档或者 1 位指定的教师助理一起练习。
- 指定 1 个特殊的球。如果某个组将这个特殊的球投进目标区域，则该组可以获得 2 分。

小结

在足球和篮球运动中，将球投掷给队友非常重要。双手过头投掷是参与足球运动的必备技能之一，而且其在篮球运动中也经常被用到。学会恰当准确地掷球给队友，有助于学生在相应运动项目中表现出色。学生及其他业余运动爱好者一旦领会了运用双手过头投掷的方式和时机，就能有效地运用这个动作。保持正确的身体姿势、迈步掷球、运用恰当的手臂动作，这些都是学生在成功学会双手过头投掷之前必须掌握的技能要领。

教授残障学生

- 在目标处制造声音（如利用蜂鸣器、铃铛、铝盘）。使用有声目标时应关闭音乐。
- 使用泡沫球或带有纹理的球来帮助抓握。
- 让学生使用大小和重量合适的球。球的颜色最好非常亮丽或与背景色形成鲜明对比。
- 使用拴有绳子的球，以尽量减少取回球所花费的时间。
- 根据学生的能力调整投掷距离，使目标更容易或更难完成。
- 忽略与残障学生无关的提示词。
- 允许学生采用坐姿投球。
- 如有必要，将掷球目标设置为地面上的呼啦圈。
- 准备好多次投掷所需的球。当学生完成所有投掷时，其轮次结束。

双手过头投掷问题解决表

问题	解决方法
1. 没有目视目标	·让学生朝自己设计的目标进行投掷 ·把一个容量为 2 升的瓶子放在一个标志筒的顶部，让学生试着打倒这个瓶子 ·将铝制平底锅作为目标
2. 手的位置不正确	·在球上画出手的位置 ·让学生在手上沾些婴儿爽身粉，然后持球
3. 掷球时没有迈步	·让学生掷球时迈步踩在一块垫子或者毯子上 ·让学生站在一条线（地上的一根绳子或者胶带）的附近，掷球时必须迈过这条线
4. 掷球时手臂没有充分伸展	·让学生练习伸手抓到距离自己身体一臂远的物品 ·在学生前方放一个悬挂着的铝制平底锅，让学生试着伸展双手触及平底锅
5. 保持手部连带动作时身体姿势不当	·告诉学生在保持手部连带动作时，自己身体正对目标
6. 掷击目标的球太高或太低	·在两根游戏立柱之间系两根绳子。一根绳子位于腰部高度，另一根位于颈部高度。让学生将掷球高度控制在两根绳子之间，这样就能准确地掷球击中目标 ·让学生练习朝墙上的目标掷球 ·球对于学生来说可能太重或太轻。给学生换一个重量合适的球，或者让学生的起掷位置离目标更近（或者更远）

双手过头投掷课程计划

（第 1 节课）

年龄组
小学二年级学生。

教学重点
掷球出手时抖腕。

教学次重点
掌握迈步和抖腕发力的技巧。

教学目标
完成双手过头投掷动作：持球过头、单脚向前迈步、掷球出手时双臂向前并抖腕。反复练习这些动作 4～5 次，学生互相观察并评估动作是否规范（**提示词：*迈步和掷球*）。

材料和设备
用美术纸制作的目标、泡沫球、双手过头投掷关键要领的示范图（两个学生一张）以及音乐。

提前准备
将数张美术纸贴在墙上，美术纸下端距离地面大约 5 英尺，美术纸之间的距离大约 5 英尺，以建立学习站点。在每个美术纸目标旁贴上双手过头投掷关键要领的示范图。每个学习站点前面有一条与墙平行的线，距离墙大约 15 英尺。第二条线距离墙大约 25 英尺。在每个目标的下方放一些不会立刻从墙上反弹的球（如泡沫球）。

组织和管理
学生经过你的指导和热身运动后，在各自的学习站点和一个搭档合作练习双手过头投掷。

说明和热身活动
今天我们将运用各种移位运动进行热身活动。你们将在公共区域内活动，同时也要保持一定的活动范围。音乐开始后，你们就可以开始慢跑。

开始放音乐，学生在活动区域内移动时，你喊出各种移位运动的指令（如垫步跳、滑步或单脚跳）。

课程计划
*停。请各位同学找到自己的位置（个人空间）并坐下。今天我们将学习如何完成双手过头投掷。双手过头投掷和上手投掷及下手投掷有很多相同之处。这 3 种投掷方式都可以让我们向队友掷球，而且都通过迈步来发力。你们从双手过头投掷这个名称能猜出这种投掷方式与其他 2 种的不同吗？（**双手过头投掷要使用双手，并且投掷的时候球要高过头顶**）没错，这项技能要运用双手，而且要把球举过头顶。*

这些是这项技能的组成部分。（教提示词的时候进行示范）预备、持球位于脑后、迈步和掷球、保持手部连带动作。我们迈步时会产生力量，同时当我们掷球出手的时候，抖腕也非常重要。现在我示范一下掷球动作，注意观察我的手。（反复示范几次）

各位同学起立。现在设想你手中有一个球。当我大声说出提示词时，我们一起练习双手过头投掷动作：预备、持球位于脑后、迈步和掷球、保持手部连带动作。在没有球的情况下先模拟练习几次。

你们做得很好！现在你们可以开始带球练习，每个人要找一个搭档一起练习。请找到各自的搭档，然后在我数到 3 之前和搭档背对背站着：1、2、3。没有找到搭档的同学请站在中间的圈内，我来给你们选定搭档。（所有学生都已选好搭档）

好极了！当我指向你和搭档的时候，请开始移动，站在一个目标的前面。不要碰器材。

你们面前有两条线。投掷者站在离墙近的那条线后。搭档站在离墙远的那条线后。当我说开始的时候，你们拿起一个球，然后开始练习双手过头投掷。掷球出手时记得抖腕。开始。

让学生练习几分钟。如果可能的话，暂停练习，指出正确完成技能的几个学生，然后让学生重新开始练习。

注意观察学生是否持球位于脑后、单脚迈步、掷球出手时是否抖腕。

停。给你们每个人一张同伴技能考核表和一支铅笔。（分发同伴技能考核表和铅笔）告诉你的搭档他完成得好的部分和需要继续练习的部分。在和搭档互换角色之前，每个人有 5 次投掷的机会。使用同伴技能考核表是为了帮助你练习，而不只是记录刚才完成的情况。如果你明白了意思，拍手两次。非常好。开始。

让学生练习几分钟。如果可能的话，暂停练习，指出正确完成技能的几个学生，然后让学生重新开始练习。

注意观察学生是否持球位于脑后、单脚迈步、掷球出手时是否抖腕。

停。有没有哪个技能部分让你们完成时觉得很困难呢？

确定学生感到困难的动作，然后再教一次，并增加额外的练习。

停。这次你的搭档要使用同伴技能考核表记录你完成每个关键要领的情况。记住，在和搭档互换角色之前，每个人有 5 次投掷的机会。

让学生开始练习并评估彼此的技能表现情况。

停。时间到！我知道你们刚刚开始熟悉这项技能，现在请把器材放回原位，排队听老师指令准备下课。

结束

当我们进行双手过头投掷时，投掷的力气或者爆发力来自哪里呢？（**迈步和抖腕。**）

下堂课我们将练习朝着移动中的目标投掷。

学生排队有序离开。

第 5 章

接球

在小学低年级，最容易被忽视的操控性技能之一是接球 *。因为接球的前提是投掷球，这项技能取决于球投掷的方式。遗憾的是，老师却经常把重点放在教学生如何投掷球，而不是教学生如何接球。由于学生会有担心被球击中的恐惧心理，因此老师有必要在学习初期，适当考虑安全状况，通过自抛或可控的抛掷来传授接球技能（例如，使用柔软的、学生的小手容易接住的器材）。

《美国 K–12 体育教育的国家标准和年级水平学习成果》（SHAPE America, 2014）指出，幼儿园儿童应当能够在球落地反弹两次之前接住这个球（S1.E16.Ka），此外，一位经验丰富的人扔出一个较大的球，幼儿园儿童也应该能够接住它（S1.E16.Kb）；一年级学生自己抛出（S1.E16.1a）一个柔软的物体，在物体落地反弹之前，自己可以接住，他们也能接住经验丰富的人抛出（S1.E16.1b）的大小不同的物体；二年级学生的水平继续提高，能用手接住自己抛出的球，或者抛出方向合适的大球，并且强调应当用手接球，而不要用身体围挡或者抱球（S1.E16.2），三年级之前不强调接球的正确方式；三年级学生应该能够接住搭档抛出的力量较小、手掌大小的球，能掌握熟练接球模式中 5 个关键要领的 4 个（S1.E16.3）。

学生可以接住腰部以上（两手拇指并拢，或是拇指向内）或者腰部以下（两手小指并拢，或拇指向外）的物体。各年级水平学习成果显示，四年级学生应该能够区分所接物体的类型，并且在静止状态下，使用接球的成熟模式，在腰部上下接球（S1.E16.4）；到五年级，学生才能掌握在运动时接球的技能（S1.E16.5）。接球的各年级水

---

* 这个技能所接的物体可以是纱球、泡沫球、沙包等。

平学习成果如表 5.1 所示。

　　不论年龄大小，接球时都应采取适当的安全措施。例如，学生在学习接球技能时，可以使用纱球、泡沫球或沙包。此外，学生在抛球时，老师应当教学生如何在掷球时使用适当的力量，并且在队友集中注意力观察和准备接球时才能抛出球。

表 5.1　接球的各年级水平学习成果（S1.E16）

	幼儿园	一年级	二年级	三年级	四年级	五年级
S1.E16 接球	能在球落地反弹两次之前接住这个球（S1.E16.Ka）；能够接住经验丰富的人抛出的较大的球（S1.E16.Kb）	自己抛出一个柔软的物体，在落地之前自己可以接住（S1.E16.1a）；能接住经验丰富的人抛出的大小不同的物体（S1.E16.1b）	用手接住自己抛出的球，或者抛出方向合适的大球，不要用身体围挡或者抱球（S1.E16.2）	接住搭档抛出的力量较小、手掌大小的球，掌握成熟接球模式中 5 个关键要领的 4 个（S1.16.3）	在静态环境下，使用成熟模式接住抛到头顶上方、胸前、腰部及以下部位的球（封闭性运动技能）（S1.E16.4）	在静态环境下，使用成熟模式接住位于头顶上方、胸前、腰部和接近地面的球（封闭性运动技能）（S1.E16.5a）；与搭档在移动中准确接球（S1.E16.5b）；在小型动态练习任务中，接球的准确性适中（S1.E16.5c）

源自：SHAPE America - Society of Health and Physical Educators, *National Standards & Grade-Level Outcomes for K-12 Physical Education*（Champaign, IL: Human Kinetics, 2014）.

关键要领

预备姿势
面对目标，两脚分开至与肩同宽，膝盖弯曲，目视目标，肘部弯曲并靠近体侧，双手举在胸前。

迈步并伸手
掷球出手时，向投掷者的方向迈步，两臂伸展，调整双手接球。接腰部以上来球时，手举在胸前(比图上位置要低)(手肘弯曲并靠近体侧)，两手拇指并拢；接腰部以下来球时，手举放在体前（手肘弯曲并靠近体侧），两手小指并拢(或拇指分开)。以下口诀能帮助你的学生学会接球："来球高，手向天；来球低，手够脚。"

手指接球
只能用拇指和其他手指接球，不能借助身体其他部位。

卸力缓冲
双臂屈肘，向身体回缩，缓冲来球的力量。

提示词

　　学生的年龄和你强调的重点决定了你在该技能的每个阶段选择的提示词。下面是一些可以用来教授接球技能的提示词。你可以单独使用一个提示词，或者根据需要搭配使用提示词。我们发现，在学生练习时，大声说出提示词非常有益。

腰部以上接球

　　W 形或准备——两脚分开至与肩同宽，膝盖弯曲，肘部靠近身体，双手举在胸前，拇指朝上，目视目标。两手拇指指尖接触，并与两手食指形成 W 形，其余手指弯曲，以形成足够大的开放空间接住来球。

　　迈步并伸手——单脚向前迈步，伸展手臂去接住来球。

　　接球或用手指接球——只用手指接住来球（不要借助身体其他部位）。

　　卸力缓冲或后拉缓冲——向着身体方向拉回手臂。

> 提示词组 1：W 形、迈步并伸手、接球、卸力缓冲
> 提示词组 2：准备、迈步并伸手、用手指接球、后拉缓冲

腰部以下接球

　　准备或 V 形——两脚分开至与肩同宽，膝盖弯曲，肘部靠近体侧，双手位于腰部以下，小指朝下，目视目标。两手小指指尖相触，形成 V 形（大拇指朝外）。其余手指弯曲，以形成足够大的开放空间接住来球。

　　迈步并向下伸手或伸手——单脚向前迈步，向下伸展手臂去接住来球。

　　接住或抓住——只用手指接住来球（不要借助身体其他部位）。

　　卸力缓冲或后拉缓冲——向着身体方向拉回手臂。

> 提示词组 1：V 形、迈步并向下伸手、接住、卸力缓冲
> 提示词组 2：准备、迈步并伸手、抓住、后拉缓冲

强化和评估关键要领的活动建议

　　在教学过程中，重要的是让学生了解怎样观察一项技能及其有哪些关键要领，以及怎样正确地实施每个关键要领。在前文中，我们提供了接球的图片以及文字说明，

并把它分为几个关键要领，提出了可以参考的提示词。第 1 章提供的一般性活动能够强化接球以及所有运动和操控性技能的概念。下面提供了更多的活动来巩固接球的每个关键要领。

展示

目标

给学生展示接球关键要领的机会。

设备

每个学生一个标志筒、一个球，音乐。标志筒高度不等。

活动

1. 标志筒散放在体育馆内。把球放在标志筒的顶部。标志筒和球的大小不同。
2. 学生们边听音乐边在体育馆的个人空间内走动。
3. 音乐停止，学生们走向最近的标志筒。
4. 你说提示词 W 形时，学生保持 W 形的手部姿势。你说伸手，学生伸手触球。你说接球，学生从标志筒上取下球。你说卸力缓冲，学生把球拉向身体（提示词的顺序可打乱）。
5. 音乐开始时，学生把球放回标志筒的顶部，然后又开始走动。
6. 音乐再次停止时，学生必须去另一个大小不同的标志筒旁。
7. 运用每个关键要领继续进行练习活动。

促进社交与情感健康

- 学习接球需要信任。接球手必须相信传球手会使用适当的力量，并且传球手只有在接球手做好准备时才会传球。要求传球手在传球前喊出接球手的名字。强调两者是合作关系，传球手希望他的搭档接住球。鼓励合作与交流。
- 搭档的反馈应该从积极的、与技能相关的评价开始。学生应避免说"不错""好""做得漂亮"之类的话，这些话不会提高练习者的技能表现。
- 询问学生如何帮助其搭档做得更好。
- 提醒学生需要做大量的练习才能取得成功。

毛巾接球

目标

为了强化对卸力缓冲概念的理解，使用毛巾来接球。

设备

每组 1 条毛巾，以及用来接的球 [如沙滩球、气球（乳胶过敏者慎用）、沙包、塑料球]。

活动

1. 4 人一组（两两搭档）。

2. 2 个搭档各手持毛巾的一端，用来接住球。

3. 发出指令后，2 个搭档向另外 2 个搭档掷球，另外 2 个搭档必须在球落地之前用毛巾接住。

4. 能够用手或者毛巾来掷球。

拓展活动

设置 1 个排球网，把学生分成人数相等的 2 个组，使用 2 ～ 3 个沙滩球，让学生利用毛巾掷球过网和接球。

同伴技能考核

目标

在学习接球时，让搭档之间互相评估学习进程。

设备

每组配备一个球和同伴技能考核表。如果有学生不识字，可以使用同伴技能考核表的图片版。

活动

1. 搭档之间互相观察并判断对方是否正确表现 W 形姿势。

2. 如果 W 形姿势正确，搭档就在第一个方框里填 "Y"，反之则填 "N"。对于不识字学生，如果姿势正确，搭档就在第一个方框里放一张笑脸图片，反之则放一张哭脸图片。

3. 评估一直持续到每个关键要领被评估 5 次。

4. 每个学生都要进行同伴技能考核。

拓展活动

- 使用同伴技能考核表测评每个学生的技能提高情况。
- 把同伴技能考核表同成绩单一起寄给学生家长。

成功构建者活动

成功构建者活动可以帮助你满足学生的个人需要。在特殊情况下，如果学生需要额外的帮助，下面的这些活动将有助于提高学生的表现水平。

目标

根据同伴技能考核的结果，让学生改善某些领域中的不足。同时，这可以让你针对学生的不足之处，让学生进行有针对性的练习，以满足个人需要。

设备

参考以下学习站点。建议每个学习站点放置一面镜子，以及张贴一张印有接球关键要

同伴技能考核表
技能：腰部以上接球
腰部以上接球者姓名： _____
观察者姓名： _____

❶ 预备姿势

❷ 迈步并伸手

❸ 只用手指接球，两手拇指并拢

❹ 卸力缓冲

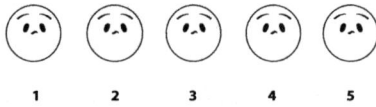

同伴技能考核表
技能：腰部以下接球
腰部以下接球者姓名： _____
观察者姓名： _____

1　2　3　4　5

❶ 预备姿势

❷ 迈步并伸手

❸ 只用手指接球，两手小指并拢

❹ 卸力缓冲

同伴技能考核表
技能：腰部以上 / 以下接球
腰部以上 / 以下接球者姓名： _____
观察者姓名： _____

观察你的搭档，然后给每个关键要领打分。让你的搭档将每个动作做 5 次。如果搭档该次做的动作正确，就在对应次数的方框里填 "Y"；如果搭档该次做的动作不正确，就在对应次数的方框里填 "N"。

开始

预备姿势
1. 目视目标。
2. 膝盖弯曲。
3. 双脚分开至与肩同宽。
4. 目标位于身体前方。

测试
1　2　3　4　5

活动

迈步并伸手
1. 向掷球者的方向迈步。
2. 双臂伸展接球。
3. 调整双手姿势，手指呈 W 形或 V 形。

1　2　3　4　5

手指接球
4. 不能借助身体其他部位接球。

1　2　3　4　5

停止

卸力缓冲
双臂向身体回缩，缓冲来球的力量。

1　2　3　4　5

领的海报。在这项活动中，镜子非常有用，因为它可以让学生看到自己的动作。制作海报最简单的方式是直接放大打印本书的插图。给海报塑封可延长其使用时间。

活动

1. 在教学区域内，针对每个关键要领设立一个学习站点。在相应的学习站点张贴附有具体关键要领说明文字的图片。
2. 每个学习站点的细节如下。

预备姿势

面对目标，双脚分开至与肩同宽，膝盖弯曲，目视目标。

设备

展示预备姿势的海报、镜子（如果有的话），以及同伴技能考核表。

活动

一个学生做出预备姿势，搭档检查并判断其姿势是否与海报所示一致。学生可以借助镜子观察自己的姿势。之后学生四处走动，得到搭档发出的指令后，再次做出预备姿势。一旦这个学生能正确完成预备姿势，搭档二人互换角色，随后练习整套技能。

迈步并伸手

掷球出手时，向投掷者的方向迈步，两臂伸展，调整双手接球。接腰部以上来球时，两手拇指并拢，双手举起放在胸前（手肘弯曲并靠近体侧）。接腰部以下来球时，双手举起放在体前（手肘弯曲并靠近体侧），两手小指并拢。

设备

展示迈步并伸手的海报、镜子（如果有的话）、28 英寸高的标志筒或可调节高度的击球座、网球，以及同伴技能考核表。

活动

在标志筒的顶端或击球座上放一个网球。让学生站在标志筒或击球座的后面。这个区域应当有充足的空间让学生能够迈步，完全伸展手臂，从标志筒或击球座上捡起网球。活动开始后，学生做好预备姿势。搭档发出指令，学生向标志筒或击球座迈步，向球伸展手臂，把球从标志筒或击球座上移走。学生可以借助镜子观察自己的姿势。一旦学生向搭档展示出正确的迈步并伸手动作后，搭档二人互换角色，随后练习整套技能。

手指接球

用手指接球，不能借助身体其他部位。

设备

展示手指接球的海报、镜子（如果有的话）、气球（乳胶过敏者慎用）或者沙滩球，以及同伴技能考核表。

活动

搭档向空中抛出气球或沙滩球。接球人需移动至球所在的位置，并且用手指抓住球。搭档应当多次扔球，确保接球人用手指接球，而不是用手掌或胸部。接球人可以借助镜子观察自己的姿势。一旦学生能够只用手指接球，搭档二人互换角色，随后练习整套技能。

卸力缓冲

接球后，双臂屈肘，向身体回缩，缓冲来球的力量。

设备

展示卸力缓冲的海报、镜子（如果有的话）、大小不同的球（网球、泡沫球、塑料球），以及同伴技能考核表。

活动

学生往地面拍球，并在弹起时接住它。接球时要有意识地让球的力量得到缓冲，可以想象如何接住一个鸡蛋。一旦学生学会了如何缓冲球的力量，你便可以让他往墙上掷球并接住反弹回来的球。为了提高练习水平，可以让学生使用大小不同的球，运用大小不同的力量。学生可以借助镜子观察自己的姿势。一旦学生学会了在接球时进行卸力缓冲，搭档二人互换角色，随后练习整套技能。

强化整体技能的高级活动建议

如前文所述，接球是一项复杂的技能。这项技能的成功与否取决于如何掷球（如掷球的力度大小、方向偏左或偏右、距离的远近），以及掷球的高度水平（如在腰部以上或以下）。在练习中，要想增强这项技能，应该确保掷出去的球能够被接住。如有需要，一开始可以让学生自己对着墙壁抛球来练习接球。此外，球要柔软易接。和往常一样，在练习整套技能时，应强化针对各个关键要领的训练。

个人活动

娱乐时间

目标

为学生提供自己练习接球的机会。

设备

每个学生一个直径为 9 英寸的气球（乳胶过敏者慎用）或小沙滩球。

活动

1. 学生在用气球或者其他球练习时，你应为学生创建不同的挑战任务。所有接球动作必须用两只手的手指来完成。在学生完成这些任务时，你应强调接球的关键要领。

2. 挑战任务包括以下活动。

- 在不同高度水平（中、低高度）接住球。
- 向前抛出球，跑到球的下方接住它。
- 抛出并击打球使其飞得较高，接球之前先拍手（或转身、坐下再站起、用手击打脚底、转动拇指、拍打膝盖）。
- 向着某个身体部位抛出球，并在其反弹时接住它。
- 学生自创的挑战活动也能用于接球练习。

拓展活动

- 完成挑战活动时，使用沙滩球、软橡胶球、橡胶鸡玩具或装水的气球（如果是在室外）。
- 在一定的掷球数量内或规定时间内，让学生记下自己正确完成接球的次数。
- 让学生使用塑料球，使其在地面反弹一次再接住它。
- 在长筒袜（齐膝高，下同）里放一个 6 英寸的球。让学生将球拍向地面，并在其弹起时用双手接住。

悬挂接球

目标

练习接摇摆中的球。

设备

绳子、两根游戏立柱、旧的长筒袜或者塑料袋，每个学生一个 6 英寸的塑料球。在两根游戏立柱之间悬挂一根绳子，使其距离地面 6 ～ 7 英尺。把球放入长筒袜或者塑料袋内并挂在绳子上（如图 5.1 所示）。

活动

1. 此项活动适合整个班级练，或者作为小组的学习站点。
2. 让学生推动球，使其摇摆，但不能超过绳子的高度。
3. 球回摆时，学生接住球。
4. 球悬挂的高度与肩膀或者腰部齐平，适合练习腰部以上或者腰部以下的接球。

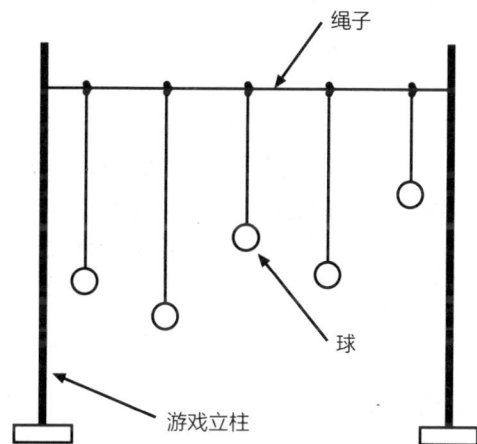

图 5.1　"悬挂接球"活动布局图

拓展活动

- 将 6 英寸的球放在长筒袜里，让学生把悬挂的球拍向地面，当球弹回来时接住它。做这项训练时，球悬挂的高度位于腰部。
- 两人搭档，分别站在绳子的两侧，相对而立，来回抛出和接住球。后续动作请参考本章的摆动接球活动。

合作活动

挑战赛

目标

在不同环境下练习接球。

设备

每组一个球（泡沫球、软橡胶球、塑料球）和若干挑战卡。

活动

1. 每个学生抽一张挑战卡。

2. 学生完成挑战卡上描述的任务。

3. 挑战任务包括以下活动。

   - 把球弹向搭档，便于他接住。
   - 把球抛向空中，搭档接球。
   - 把球抛到或使球弹到搭档的身侧，他必须移动接球。
   - 向搭档抛出不同高度的球。

拓展活动

- 各组记录正确接球的次数，并记录班级正确接球的总次数。在后面的课程中，让全班学生挑战增加正确接球的次数。
- 在活动区域内放置彩色目标，一个学生把球掷向搭档选定的彩色目标。球必须击中目标，并且学生在球弹起后要接住球。
- 安放 2 根游戏立柱或者排球立柱，在中间系上绳子。把呼啦圈挂在绳子上，让学生挑战掷球穿过呼啦圈，搭档在另一侧接住球。搭档接住 1 球，得 1 分。

摆动接球

目标

当球摆向学生时，学生要接住球。

设备

利用 3 根排球立柱，在中间悬挂 2 根绳子，设立更长的活动区域，每组配备 1 只装有网球的长筒袜。

活动

1. 把装有网球的长筒袜挂在绳子上。

2. 搭档两人相对站在绳子的两边。

3. 一个搭档推动网球，让它朝接球人摆动，但不能超过绳子的顶端。

4. 另一边的搭档接球。

5. 搭档两人互换角色，活动继续。

拓展活动

- 用大小不同的力量掷球出手。

- 在长筒袜里放入大小不同的球。

- 各组搭档记录正确接球的次数，并由你记录班级正确接球的总数。在后续课程中，全班学生挑战增加正确接球的次数。

教授残障学生

- 在球上增加声音（如使用蜂鸣器、铃铛）。

- 使用泡沫球或带有纹理的球来帮助抓握。小的扁平枕头对初学接球的儿童不会造成危险。

- 如果抓不住球，为防止球自行滚动，可使用沙包代替球。

- 使用大小和重量合适的球。球的颜色应与背景色形成对比。

- 在球上添加搭扣。允许学生用搭扣或戴上手套抓球。

- 根据学生的能力调整搭档之间的距离，使目标更容易或更难完成。

- 允许学生坐着抓球。

- 如果学生容易分心，可以将他安排在课堂教学区域的一侧。

- 让有视觉或听觉障碍的学生靠近老师。

- 将球用绳子系在椅子上，这样如果学生抓球失手，球就更容易取回。

- 将球悬挂在头顶支架（如篮球架）上，以便学生练习。

- 忽略与残障学生无关的提示词。

无准备接球

目标

在不同高度下练习接球。

设备

2 根游戏立柱、1 张排球网，每组配备 1 个软橡胶球或垒球大小的纱球。

活动

1. 在游戏立柱上安装 1 张排球网，网的顶端距离地面 6 英尺。

2. 搭档分别从网的上方和下方向另一侧的搭档掷球。（有些网的网眼很大，在这种情况下，学生可以尝试掷球穿过网眼。）

3. 另一侧的搭档尝试用正确的姿势接球（腰部以上或者以下的接球动作），随后把球掷回，让对方接球。

4. 让搭档互相记录正确接球的次数。

拓展活动

- 准备 2 个 28 英寸或者更大的标志筒、1 根绳子。把绳子的两端分别固定在 2 个标志筒的顶端（使用胶带），并把标志筒分开。学生依然从网的上方和下方把球抛给搭档。搭档尝试用正确的姿势接球。

- 将布单（或薄膜）盖在排球网上，让搭档看不到球是从网的上方还是下方过来的，但掷球之前必须告知对方。（必须使用纱球或泡沫球。）

- 在网的一边立一面可折叠的垫子（4～6 英尺宽）做墙，让搭档把球抛过垫子。

- 搭档互相记录正确接球的次数，并由你记录班级正确接球的总数。在后续课程中，全班学生挑战增加正确接球的次数。

搭档传球

目标

搭档合作练习，提升接球技能。

设备

每组配备 2 个塑料球。

活动

1. 搭档之间用胸前传球动作来回传球（第 6 章）。

2. 在学生能够完成胸前传球之后，开始练习反弹传球。

3. 在学生学会胸前传球和反弹传球后，每个学生选择一种将要运用的传球方式。例如，A 学生仅采用胸前传球，B 学生仅采用反弹传球。

4. 听到开始指令后（指令分 3 步最好，例如准备、姿势、开始），A 学生用胸前传球将球传给 B 学生，然后 B 学生用反弹传球把球传给 A 学生。

5. 重复几次传球动作，每次传球时使用开始指令。

拓展活动

- 搭档之间转变传球方式，例如使用反弹传球的学生开始使用胸前传球，反之亦然。

- 让学生在没有口头交流的情况下尝试练习这项技能。

- 使用大小不同的球进行传球练习。

墙壁传球

目标

和搭档一起练习，提升接球和掷球技能。

设备

每组配备 1 个球（塑料球或排球）。

活动

1. 2 个搭档都站在离墙 15 英尺的位置。

2. 一个学生向墙抛球，球与墙接触的位置至少达到 10 英尺高。

3. 当球在墙上弹起、落地之前，搭档要接住这个球。

4. 搭档接球后，必须在接球位置把球抛回墙面。

5. 搭档相互记录正确接球的次数。

拓展活动

- 等球在地面弹起 1 次再接。

- 在墙上设置 1 个目标，让学生挑战用球击中它。

团体活动

火山活动

目标

在球落地之前接住球。

设备

4 个可折叠垫子，每个学生 1 个纱球或泡沫球。

活动

1. 在体育馆中央放置可折叠垫子，形成 1 座"火山"。

2. 4 个学生站在"火山"的内部。

3. 其他学生均围在"火山"的外部（如图 5.2 所示）。

4. 接到指令后，位于"火山"外部的学生往"火山"内部投"火山石"（球）。

5. "火山"内部的学生往"火山"外部投"火山石"。

6. "火山"外部的学生计算自己用手接住了多少块"火山石"。

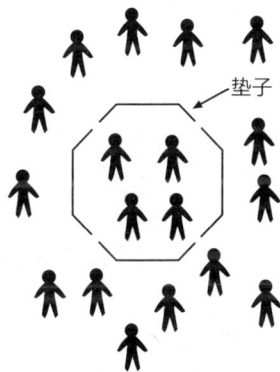

图 5.2　"火山活动"布局图

拓展活动

- 将气球或沙滩球作为"火山石"。

- 指定 1 种特别的球，如果学生接住它，"火山"外部的学生就和内部的学生调换位置（因为垫子可以移动，才得以实现）。

源自：Based on Nichols（1994）.

循环／再循环

目标

在球落地前接住抛来的球。

设备

2 根排球立柱、1 张排球网，每人 1 个纱球。

活动

1. 全班学生分成 2 组。

2. 2 组的学生分别站在球网的两侧。

3. 开始指令发出后，网一侧的学生投球过网。

4. 网对侧的学生用手接球。

5. 学生记录自己正确接球的次数。

拓展活动

· 让学生把球从网的中间或者下方投过去，而不是从网的上方投过去。

· 如果学生正确接球，那么这个学生和对面掷球的学生调换位置。

· 如果学生正确接球，那么这个学生绕过排球立柱加入对方小组。

源自：J.A. Wessel, *Project I CAN*（Northbrook, IL: Hubbard, 1974）.

接球

目标

接住不同高度的来球。

设备

16 个直径为 6 英寸的泡沫球（活动区域 10 个，练习区域 6 个）和 6 个飞盘。

活动

1. 把全班学生分成 2 个组，分别站在活动区域的两边。

2. 为每组分配 5 个球。

3. 开始指令发出后，学生可以掷球或者把球通过地面弹向对方的区域内。

4. 对面的学生只能用手接球。

5. 如果球落地或者学生没有用手接住球，接球人必须前往练习区域。

练习区域

1. 在练习区域，每组有 3 个球。球分别放在飞盘里，以防滚动。

2. 练习时，学生拿起一个球朝墙上掷，并在球反弹回来时接住它。

3. 学生必须连续 3 次用手接住球才能回到活动区域。

拓展活动

· 在学生练习时，观察他们的技能表现情况。学生难以做到正确接球时，你应带他们到练习区并为其提供指导。这个练习区域是双方的共用区域。

· 如果需要，限制一下抢球过于激烈的学生，让每个学生都有机会接到球。

我成功了

目标

努力接住所有抛过来的球，让对方加入自己的队伍之中。

设备

2 个或更多的泡沫球（直径为 8 英寸）（球的数量取决于学生的技能水平），在 2 根游戏立柱之间，挂 1 张网或拴 1 根绳子，拉直，网或绳子距地面 4～6 英尺。用胶带或者标志筒标记 1 条底线，距网或绳子 20～30 英尺。

活动

1. 全班学生分成 2 个组，分别站在活动区域的两边。

2. 给每组分配相同数量的球。

3. 开始指令发出后，拿球的学生在活动区域内掷球过网。

4. 如果某个学生掷的球出界或是被对方接住，那么他就要加入对方小组。

5. 当所有学生都位于同一组时，活动重新开始。

拓展活动

- 确认学生在练习时使用正确的姿势接球。对有困难的学生给予指导，让他到练习区域同搭档或者教师助理一起练习。

- 指定一个特殊的球，如果这个球被接住，那么掷球者以及你指定的一个学生一起加入对方小组。

星形传球

目标

提高接球的熟练程度。

设备

每个组的球的数量比学生的数量少 1 个。

活动

1. 5 个或更多学生围成 1 个圈，其中 1 个学生手持球。

2. 持球学生说出 1 个学生的名字，并把球抛给他，球不能抛给相邻的 2 个学生。

3. 接到球的学生说出另外 1 个学生的名字，并把球抛给他，球不能抛给相邻的 2 个学生。

4. 大家循环抛接，直到球回到第一个抛球的学生手中，活动暂止。

5. 一旦活动轮转了 2 次，第一个抛球的学生再多拿 1 个球。传球人说出接球人的名字，在接球人正视传球人后开始传球。

6. 用 2 个球完成 2 轮或更多轮传球后，第一个抛球的学生再多拿 1 个球。当球的数量比学生的数量少 1 个的时候，活动结束。

源自：Based on Fluegelman（1981）.

三角传球

目标

提高接球的熟练程度。

设备

3 人一组，每组 2 个塑料球。

活动

1. 3 个学生站成三角形，A 和 B 持球。

2. A 反弹传球给 B，B 反弹传球给 C。

3. 3 个学生连续循环传球。

拓展活动

- 用胸前传球代替反弹传球。

- 2 组学生形成 2 个重叠的三角形。每个学生只能在三角形内部传球。第一组的学生只能用反弹传球把球传给本组组员，第二组的学生只能用胸前传球把球传给本组组员（如图 5.3 所示）。

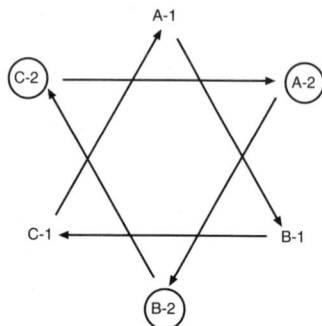

图 5.3　"三角传球"拓展活动布局图

创建自己的活动

目标

让学生自己设计接球活动。

设备

每个小组一张纸和一支铅笔，一份允许学生在活动中使用的器材（如标志筒、跳绳、泡沫球、沙滩球、纱球、垒球或网球）清单。

活动

1. 2 ～ 5 个学生一组，你为学生分组，或由学生自行组队。

2. 每组学生以接球为基本技能来设计活动。要求学生（包括所有组员）制定规则，促进正确展现技能动作，并考虑安全问题。

3. 每组在纸上写下组员的名字、活动的规则、需要的器材，再向你展示这个活动。

4. 得到你的同意后，每组领取所需的器材并开始活动。

5. 你必须同意学生对活动的合理更改。

拓展活动

- 各组可以将自己组的活动教给其他组。

- 各组可以将自己组的活动教给全班其他学生。

- 可以将活动录制下来，并与其他班级成员共享。此外，你也可以与其他班级或在班会期间分享这些录制的视频。

接球问题解决表

问题	解决方法
1. 没有目视目标	• 搭档手举一个球,以不同的速度上下移动(取决于学生要接什么类型的球)。学生用眼睛追随球的移动 • 学生用手把球击打到空中,眼睛追随球运动
2. 双手不在接球的位置	• 搭档手举一球,依据接球的类型上下移动(不抛出球)。接球人的手必须跟随球的位置移动 • 抛球人向空中抛出一个气球或者沙滩球,抛的高度不同。观察接球人双手的位置
3. 身体和接近的物体不在同一条线上	• 搭档向对方抛出气球、沙滩球或者泡沫球,接球人让球击中自己的胸部,双手放在体侧,不接球 • 接球人朝搭档指定的位置移动
4. 没有向来球伸展双臂	• 搭档之间面对面站立,相距一臂。抛球人持球向外伸展双臂;接球人向前迈步,伸展双臂取球 • 使用气球或者沙滩球,让接球人有更多时间向外伸展双臂去接球
5. 没有卸力缓冲	• 大象式接球。接球人接球时,假装球像大象一样重,注意缓冲球的力量 • 在篮筐上悬挂一球(最好是系着绳子的球),搭档互相配合,不断互换角色推球和接球
6. 借助身体其他部位接球	• 臭鼬式接球。学生把球抛向搭档,如果接球时球碰到手臂或者胸口,接球人就是被臭鼬喷了臭气的人 • 侦探。接球前,让接球的学生把婴儿爽身粉涂在手上;接球人尝试用手指去接球,这样只有手指印会留在球上
7. 球接近时因害怕而转头	• 为了建立自信,一开始用气球,接着用沙滩球,然后使用质地柔软的球 • 让搭档反弹传球给学生。学生接球技能提高后,搭档再采用下手投掷,缓慢地增加难度,最后用较小的力量进行上手投掷

小结

　　在大多数体育运动和比赛中,接球是一项重要技能。接球的前提是抛球,这就是接球和抛球要同时教学的原因。正因为这些技能是体育运动和比赛的基础技能,所以应当从幼儿园开始学习,将其纳入其他技能的教学活动中,并经常复习。若有恰当的指导以及合适的器材,学生到四年级时就能熟练掌握抛球和接球的技能。

　　本章所学的接球技能,对学生在下一章学习传球技能大有帮助。再次强调,恰当的指导、传球时控制力的大小、安全的器材将有助于学生学习这些重要的技能。

居家练习

- 设备
  - ◆学生家里的任何球（如网球、垒球、泡沫球）都可以用于户外练习。
  - ◆如果不会对乳胶过敏，学生可以在室内或室外使用气球。
  - ◆在室内练习时，卷起的袜子或报纸都可以用。可以用塑料袋制作成一个较大的球。学生还可以用双手接毛绒玩具。
- 活动
  - ◆如果学生家的外墙没有窗户，他们可以在墙上练习掷球和接球（需要经家长许可）。
  - ◆学生可以和家庭成员一起掷球和接球。学生可以教他们提示词。
  - ◆让学生创建新的活动，以帮助他们记住每项技能的关键要领。要求他们在下一次线上课堂上教授其创建的活动（或分享视频）。

接球课程计划

（第 1 节课）

年龄组
小学一年级学生。

教学重点
接住自己抛出的物体。

教学次重点
向前伸手接球。

教学目标
向前迈步，向前伸手接气球（之后是接塑料球），5 次尝试中至少要接到 4 次（**提示词：**_伸手_），只能用手指接气球（之后是接塑料球），5 次尝试中至少要接到 4 次（**提示词：**_使用手指_）。

材料和设备
一个气球、一个塑料球，每个学生一个沙包，以及音乐。

组织和管理
学生在个人空间内进行热身、接受教学指导和进行练习。热身时，回顾运动技能的概念。

热身活动
今天我们将伴随音乐开始热身。音乐开始后，我想让你们在公共空间内走动。音乐停止你们需要立刻在个人空间内静止不动。在公共空间走动时，我们需要注意哪些安全

问题呢？（**注意自己的位置，和其他人保持距离**）（音乐开始）

让学生走动时注意安全。

暂停音乐，提醒学生走动时注意安全。重新播放音乐，让学生变换走动的方式。

你能把脚抬高走吗？中等高度呢？高度低一点呢？你能走 Z 字形的路线吗？走曲线呢？走直线呢？你能用力走吗？那轻松走呢？你能靠边走吗？那往后退呢？你能慢走吗？那快走呢？你能把脚放低慢走吗？

针对这些移动的运动概念，观察学生存在的问题，在需要时予以纠正并提供正确的指导。

形式

学生在场馆内找到自己的个人空间，面对你坐下。

介绍

今天我们练习接球。为了正确接球，我们先要学会伸手接球。站在你的个人空间内，向我展示你如何向前伸手。现在向上伸手，向一侧伸手，向另一侧伸手。假装你伸手去抓一只蝴蝶（或是萤火虫）。注意当你向外伸出双臂去抓东西时，向前迈步。如果你想成功接球，这非常重要。

我会给你们每人一个气球。当我把气球传递出去后，你们坐在自己的位置上，把气球放在腿上、手放在膝盖上。当我说开始，你们起立，站在自己的位置上，将气球击打到空中，再接住它。记住不要移动位置。开始。

注意让学生站在自己的位置上。

停止。坐下，把球放在腿上、手放在膝盖上。你们在接球的时候，有没有伸手？（**有**）这次在你们接球之前，需要说出"伸手"这个词。开始。

观察学生在接球时是否伸手（同时说"伸手"）。确保学生在自己的位置上。

停止。坐下，把球放在腿上、手放在膝盖上。你们接球时我在仔细观察。我看到你们都伸手了，这非常棒。你们用身体的哪个部位来接球呢？（学生一般会回答"**手**"）不是用手去接，而是要用……（**手指**）。非常棒。我们用手指接球时，我们有 10 次机会能接住球，而且 10 根手指能帮助我们接球。用手指接球比用手臂接球更好。如果你用手臂接球，你可能只有 2 次机会接住球，10 次机会比 2 次机会多很多。

这次，我说开始后，你们把气球击打到空中，伸手时要说"伸手"，接球时要说"手指"。如果谁认为自己能做到，请举手。很好。开始。

学生接球时，注意他们伸手时是否说"伸手"，用手指接球时是否说"手指"，确保学生在自己的位置上。

停止。坐下，把球放在腿上、手放在膝盖上。你们都在自己的位置上，而且伸出手用手指去接，做得很好。气球很容易接住，为什么呢？（**气球移动得很慢**）没错。谁做好准备接硬一点的东西了呢？请举手。我知道你们都能做到。

学生把气球放回储物箱内。每个学生挑选一个塑料球。选好后，让学生找到自己的位置。

我们在接塑料球时，动作和接气球相同。接气球时，我们要注意哪两个动作呢？（**伸手和用手指接球**）正确。我说开始后，你们要起立，站在自己的位置上，将球抛到空中，然后接住它（向学生展示几次）。确保自己伸手和用手指接球。如果你大声说出两个提示词，或许更有帮助。开始。

观察学生是否伸手及用手指接球。

停止。站在原地，把球放在两脚之间。这次我会在场馆内走动，寻找伸手并用手指接球姿势好的同学。如果你能做到伸手并用手指接球，我会让你去墙那边，进行向墙掷球和反弹接球。这是不同的接球方式。但是注意要使用手指而不是手臂去接球。开始。

请一些接球准确的学生练习向墙掷球并接球。再次密切观察学生，确保他们没有用伸出的手臂接球，而是用手指准确接球。

学生练习这项技能几分钟后，用沙包代替塑料球。每个学生找到自己的位置，把沙包平衡地放在头上。

这次我们把抛和接结合起来练习。我说开始，你们把沙包抛到空中，高度适中（示范一遍），然后伸出手并用手指接住它。如果我看到有同学把沙包抛到中等高度，并且伸手用手指接球，那么我会让他尝试把沙包抛得更高。现在，每个人把沙包抛到中等高度并尝试接住它。听明白了拍下手。开始。

观察学生是否按要求抛沙包，伸手，以及用手指来接住沙包。请表现好的学生尝试把沙包抛得更高。练习结束后，让学生把沙包放回储物盒内。

结束

孩子们，接球时要注意什么？（伸手和用手指接球）很好。

请注意看我用手臂接球（展示）。这样做有什么不好呢？没错，我只有2次机会接住球，而不是10次。非常好！你们做得很好。下次我们继续练习接球。

学生列队离开。

第 6 章

传球

一些运动的成功表现离不开精准的传球。这些运动包括橄榄球、水球和团队手球（要求单手传球），以及篮球和足球（使用双手过头传球）。

本章将重点关注篮球运动中的反弹传球和胸前传球。虽然这两种传球属于不同类型的技能，但却非常相似。这些技能的独特特征表现在个别说明、关键要领、提示词、几个特定活动、同伴技能考核表以及成功构建者活动等方面。

然而，在以上所说的所有活动中，胸前传球和反弹传球都适用。此外，本章所描述的所有活动都属于一般情况下的传球，如有必要，也可采取其他方法。

反弹传球

虽然我们通常认为反弹传球仅用于篮球运动，但是在许多运动中，我们都能看到不同形式的反弹传球。学生可以很快理解将球弹给搭档的概念，但他们通常是向下推球而不是向前传球。把反弹传球同其他运动概念联系起来，将会使学生快速理解并掌握反弹传球。虽然《美国 K-12 体育教育的国家标准和年级水平学习成果》（SHAPE America, 2014）没有特别明确地说明这项技能，但根据以往的经验，二年级学生就能够掌握反弹传球。因此，在小学低年级就应该开始进行这项操控性技能的教学指导。

关键要领

准备姿势
面向目标，两脚分开至与肩同宽，膝盖弯曲，眼睛注视目标，双手持球置于胸前，两手拇指并拢放在球的后侧，其他手指放在球的侧面。

迈步和推球
单脚向前迈步，同时双臂向前向下伸展，推球出手，尽量把球推到离目标更近的地方。

手部连带动作
推球出手以后，双手翻转，手背相对，拇指朝下。在这个动作中需要快速抖腕。

提示词

在这项技能的每个阶段，你所选的提示词将取决于你所教学生的年龄以及你所强调的方面。下面列出的提示词适合用来教授反弹传球。你可以单独使用某个提示词，或者根据需要将这些提示词搭配使用。我们发现，学生在练习技能时，大声说出提示词会大有益处。

准备——面对目标，两脚分开至与肩同宽，膝盖弯曲，眼睛注视目标，双手持球置于胸前，两手拇指并拢放在球的后侧，其他手指放在球的侧面。

迈步和推球——单脚向前迈步，同时伸展双臂，向着目标推球出手。

推球——双手持球置于胸前，两手拇指并拢，放在球的后侧，其他手指放在球的侧面，推球远离胸前。

保持手部连带动作或拇指朝下——推球出手以后，双手翻转，手背相对，拇指朝下。在这个动作中需要快速抖腕。

推球出手——单脚向前迈步，同时伸展双臂，向着目标推球出手。推球出手以后，双手翻转，手背相对，拇指朝下。在这个动作中需要快速抖腕。

提示词组 1：准备、迈步和推球、保持手部连带动作
提示词组 2：准备、迈步和推球、拇指朝下
提示词组 3：推球、推球出手

强化和评估关键要领的活动建议

在教学过程中，重要的是让学生了解技能的动作形式和关键要领，以及怎样正确地实施每个关键要领。前文有反弹传球的图片和文字说明，并将其划分为一些关键要领，提供了可用的提示词。第 1 章介绍了一般性活动，能够强化反弹传球以及所有运动和操控性技能的概念。下面提供了一些具体的活动，以强化反弹传球特有的关键要领。

同伴技能考核

目标

让搭档互相评价学习技能的进程。

设备

同伴技能考核表，每组配备一个球。如果学生不识字，可以使用同伴技能考核表的图片版。

活动

1. 搭档观察对方是否做出正确的准备姿势。
2. 如果准备姿势正确，搭档就在第一个方框里填"Y"；如果准备姿势不正确，搭档则在第一个方框里填"N"。对于不识字的学生，如果准备姿势正确，搭档就在第一个方框里放一张笑脸图片，反之则放一张哭脸图片。
3. 继续评估，直到每个关键要领都被评估 5 次。
4. 每个学生都要进行同伴技能考核。

拓展活动

· 使用同伴技能考核表来测评每个学生技能的提高情况。
· 把同伴技能考核表和成绩单寄给学生家长。

同伴技能考核表

技能：反弹传球

反弹传球者姓名：_____　　　观察者姓名：_____

❶ 准备姿势

1　　2　　3　　4　　5

❷ 迈步和推球

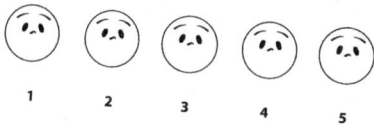

1　　2　　3　　4　　5

❸ 手部连带动作

1　　2

同伴技能考核表

技能：反弹传球

反弹传球者姓名：_____　　　观察者姓名：_____

观察你的搭档，然后给每个关键要领打分。让你的搭档将每个动作做 5 次。如果搭档该次做的动作正确，就在对应次数的方框里填"Y"；如果搭档该次做的动作不正确，就在对应次数的方框里填"N"。

开始	测试
准备姿势 1. 面向目标。 2. 膝盖弯曲。 3. 两脚分开至与肩同宽。 4. 双手持球置于胸前。	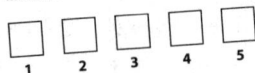 1　2　3　4　5
动作	测试
迈步和推球 1. 单脚向前迈步。 2. 身体正对目标。 3. 伸展双臂。 4. 向外向下推球。	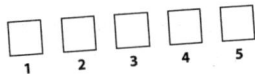 1　2　3　4　5
停止	
手部连带动作 推球出手以后，双手翻转，手背相对，拇指朝下。	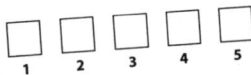 1　2　3　4　5

居家练习

- 设备
  - 学生家里的任何球（如网球、垒球、泡沫球）都可以用于户外练习。
  - 在室内练习时，可以使用卷起的报纸代替球。塑料袋可以制作成一个较大的球。
  - 学生可以将毛绒玩具作为目标。
  - 另一个不错的目标是浴巾，每次投掷成功时，可以将它对折一次，让这项活动越来越具有挑战性。
  - 学生也可以将纸粘在树上作为户外目标。
- 活动
  - 让学生创建新的活动，以帮助他们记住每项技能的关键要领。要求他们在下一次线上课堂上教授其创建的活动（或分享视频）。

成功构建者活动

成功构建者活动能够帮助你满足学生的个别需求。如果学生在某个关键要领上需要额外的帮助，下面列出的活动将有助于提升其表现水平。

目标

根据同伴技能考核表的结果，改善不足之处。

设备

参见以下学习站点。建议在每个学习站点放置一面镜子，以及张贴一张印有反弹传球关键要领的海报。镜子特别有用，因为它能让学生看到自己的动作。制作海报最简单的方式是放大打印本书的插图。给海报塑封能够增加其使用时间。

活动

1. 在教学区域内，为每个关键要领分别设置学习站点。
2. 在每个学习站点贴上相应关键要领的海报。

准备姿势

面向目标，两脚分开至与肩同宽，膝盖弯曲，眼睛注视目标，双手持球置于胸前，两手拇指并拢放在球的后侧，其他手指放在球的侧面。

设备

展示准备姿势的海报、镜子（如果有的话），以及同伴技能考核表。

活动

学生做好准备姿势，搭档检查其姿势是否与海报所示相符。学生可借助镜子观察自己的动作。学生随意走动，听到搭档发出的指令，再次做好准备姿势。一旦学生能够正确完成持球的标准动作（拇指在球的后侧，高度接近胸前），搭档二人互换角色，随后练习整套技能。

迈步和推球

单脚向前迈步，同时双臂向前向下伸展，推球出手，尽量把球弹到离目标更近的位置。

设备

镜子、展示迈步和推球的海报、位于地面上的圆形目标、同伴技能考核表，两把中间悬挂一根绳子的椅子。

活动 1

学生向前迈步，把球向前推向地面上的目标。做此动作时，双臂和双手应当一起推向目标。搭档检查学生的动作是否与海报所示相符。学生借助镜子观察自己的动作。一旦学生能够向搭档展示正确的迈步和推球动作，搭档二人互换角色，随后练习整套技能。

活动 2

学生尝试把球从绳子下面反弹传给搭档。

活动 3

学生尝试改变和搭档的距离（变远或变近），仍然把球从绳子下面反弹传给搭档，并且在球多次弹起之前，搭档必须接住它。

手部连带动作

推球出手以后，双手翻转，手背相对，拇指朝下。在这个动作中需要快速抖腕。

设备

镜子或灯、展示手部连带动作的海报，以及同伴技能考核表。

活动

学生在镜子前或灯下展示手部连带动作。学生展示这个关键要领时，搭档观察其是否有抖腕动作。搭档检查学生的姿势是否与海报所示相符。学生借助镜子观察自己的动作。一旦学生能够向搭档展示正确的手部连带动作，搭档二人互换角色，随后练习整套技能。

强化整体反弹传球技能的高级活动建议

在强调准确性之前，学生应该先掌握技能的关键要领。如果过早强调准确性，那么学生会瞄准目标，而在练习时忽略技能的关键要领。设置的目标应该足够大，这样才能让学生实施技能的关键要领，并成功击中目标。在反弹传球的初始学习过程中，一堵空白墙是理想的目标。

合作活动

不在我身边

目标

推动一个物体越过搭档所在的界线，从而提高反弹传球的技能。

设备

一个球（塑料球或较轻的橡胶球）、一个拱形标志筒、两条界线（用美术胶带制作，相距大约 3 英尺）

活动

1. 两位搭档站在界线以后，面向对方，拱形标志筒放在两条界线中间。

2. 两人进行反弹传球，并试着击中拱形标志筒，推动其越过对方所在的界线。只能利用反弹传球来让拱形标志筒移动。

3. 如果有人使用了其他传球方式移动拱形标志筒，拱形标志筒应放回起始位置，活动重新开始。

4. 当拱形标志筒完全被推过一方界线，活动重新开始。

拓展活动

• 使用空的麦片盒、纸盘、扁平塑料球、呼啦圈或其他物体代替拱形标志筒。

• 利用呼啦圈增加难度，让学生击中呼啦圈的某个指定部位（例如呼啦圈的外侧边缘、呼啦圈的内侧边缘）。

3 球杂技

目标

搭档轮流控制 3 个球的反弹。

设备

每组配备 3 个塑料球。

活动

1. 两人搭档练习。

2. 开始时，A 持 2 个球（球 1 和球 3），B 持 1 个球（球 2）。

3. A 开始通过反弹传球把球 1 传给 B；B 在接球 1 前，通过反弹传球把球 2 传给 A；A 在接球 2 前，通过反弹传球把球 3 传给 B（如图 6.1 所示）。

图 6.1　"3 球杂技"活动示意图

4. 活动进行过程中，每人手中只能持有 1 个球（如图 6.1 所示）。

拓展活动

- 两人掌握了 3 个球的抛接技术后，尝试同时抛接 4～5 个球。
- 用 3 个或更多个大小不同的球完成活动。

团体活动

是你的球，不是我的

目标

运用反弹传球把所有物体推向对方的一侧。

设备

8～10 个塑料球或较轻的橡胶球、12～15 个被球击中后会滑动的目标物体（如圆环、拱形标志筒、空盒子）。

活动

1. 划定 1 个活动区域，设置 1 条中线，以及距离中线约 8 英尺的 2 条界线。
2. 将全班学生平均分为 2 个组，每组学生站在各自的界线以后，面向对方。
3. 沿着中线放置较多目标物体（如图 6.2 所示）。
4. 给每组 4～5 个球。
5. 开始指令发出后，学生通过反弹传球尝试让球击中中线上的目标物体。反弹传球时，学生不能超过界线。
6. 学生尝试击中目标物体，推动其越过对方的界线。
7. 当所有目标物体都被推入 1 个组的活动区域内，活动重新开始。

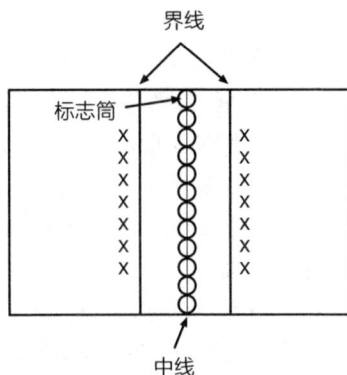

图 6.2　"是你的球，不是我的"活动布局图

拓展活动

设置活动时间。计算规定时间内击中或移动的目标物体。

扑通游戏

目标

利用反弹传球，使球落入对方组的目标区域内。

设备

2 个或多个软橡胶球（直径为 8 英寸）。用球数量取决于技能的难度水平和学生的数量。你需要用胶带或者标志筒，在距离活动区域中央 15～20 英尺的位置，划出 1 个范围较大的目标区域。用于记录分数的笔、白板或纸。

活动

1. 把全班学生平均分为 2 个组，每组学生站在活动区域的两端，面向对方。

2. 为每组提供相同数量的球，开始活动。

3. 开始指令发出后，学生运用反弹传球让球落入对方组的目标区域内。

4. 如果球落入对方的目标区域内，传球人所在的组得 1 分。

5. 学生可以接球，防止球落入己方目标区域。

6. 1 组累计获得 10 分后，活动重新开始。

拓展活动

- 活动进行时，确保学生正确完成反弹传球动作。对于那些难以完成反弹传球的学生应给予指导，或是让他们去练习区域，同搭档或者教师助理一起练习。

- 指定 1 个高分球。如果这个球落入目标区域，传球人所在的组获得 2 分。

疯狂的 Omnikin 球

目标

通过反弹传球让某个物体越过活动区域。

设备

这个物体可以是 Omnikin 球，或是任何比传的球大一些的球。用来传的球可以是塑料球、篮球或排球。

活动

1. 全班学生分为 4 个组。4 个组分别站在正方形活动区域的一边。学生须站在线后。

2. 在活动区域的中心放 1 个目标球（如图 6.3 所示）。

3. 每组用 2 个或更多的球开始活动。

4. 开始指令发出后，学生尝试用反弹传球将球击打目标球，目的是让它往其他组的边线移动。

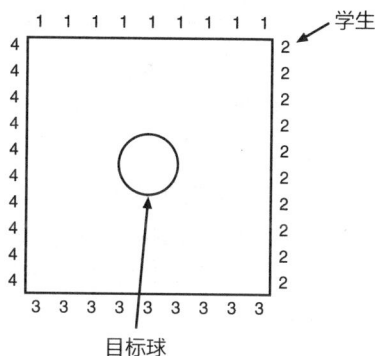

图 6.3 "疯狂的 Omnikin 球"活动布局图

5. 当目标球越过 1 个组的边线时，停止传球。你捡回落在活动区域内的球（用于传的球）。

6. 学生只能用传的球去击打目标球，而不能借助身体移动球。

7. 一旦目标球越过 1 条边线，活动停止，目标球被放回活动区域中央。

8. 当每组拥有相同数量的可传球时，活动重新开始。确保每个学生都有机会传球。

拓展活动

- 学生分成 2 个组，而不是 4 个组。

- 尝试传各种球，并击中目标球让其滚动越过 1 个组的边线。这样可能引导学生讨论哪种球更适合完成这个任务（例如，将篮球与泡沫球相比）。

- 下一轮活动开始之前或者根据你发出的指令，2 个组调换位置。如果是在活动中调换位置，确保学生明白在你发出换位置的指令前不能击打目标球，调换位置时也不能带球。

保龄球

目标

利用反弹传球击打对方的保龄球瓶。

设备

每组 3 个球、3 个保龄球瓶（图中用 A 和 B 表示）。每个组要用不同的颜色给保龄球瓶做标记（例如使用不同颜色的胶带给保龄球做标记）。

活动

1. 设置有 1 条中线和 2 条起掷线的活动区域，起掷线距离中线约 8 英尺。

2. 将全班学生分为 2 个组，每组人数相等，面对面分别站在起掷线以后。

3. 沿中线放置 6 个保龄球瓶，保龄球瓶的颜色交替（如图 6.4 所示）。

4. 为每组发放 3 个球。

5. 开始指令发出后，学生尝试用反弹传球击打对方的保龄球瓶。学生不能越过起掷线。

6. 如果学生越过起掷线传球，则击倒的保龄球瓶无效。

7. 当 1 组的保龄球瓶全部被击倒后，活动重新开始。

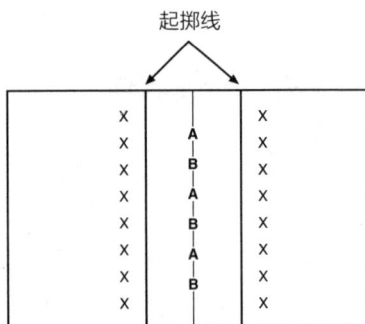

图 6.4　"保龄球"活动布局图

拓展活动

- 将容量为 2 升的空瓶、重量较轻的标志筒、空麦片盒或者其他物体作为目标。

- 在 2 根排球立柱中间悬挂 1 根绳子，在绳子上挂上较轻的目标物（如围巾、彩带、皱纹纸），让学生挑战击打对方的目标。

源自：K. Thomas, A. Lee, and J. Thomas, *Physical Education for Children: Daily Lesson Plans for Elementary School,* 2nd ed.（Champaign, IL: Human Kinetics, 2000），546.

关于反弹传球的其他活动，可参见本章后文中的强化整体反弹传球和胸前传球技能的高级活动建议。

反弹传球问题解决表

问题	解决方法
1. 眼睛不看目标	·让学生把球传到自己设定的目标上 ·让学生把球传到墙上不同颜色的目标上 ·在一个高的标志筒上放一个容量为 2 升的空瓶，让学生尝试把它击落 ·把铝质餐盘挂在墙上作为目标
2. 手在球上的位置不正确	·在球上画出手的正确位置 ·让学生在手上涂满婴儿爽身粉，之后放在球上留下印迹 ·使用印有手印的球
3. 传球时不向前迈步	·学生传球时，让他向前迈步踩在垫子或毯子上 ·让学生站在一条线旁（可以用绳子或者地板胶带做线）；让学生传球时，必须向前迈步跨过这条线 ·用胶带把泡沫垫固定在地面上，让学生传球时向前迈步，踩在上面发出声响
4. 传球时手臂没有完全伸展	·让学生练习向外伸手，去抓一个距离身体一臂远的物体 ·在学生面前悬挂一个铝质餐盘，在他向外伸手完成反弹传球时，让他尝试用手击打这个盘子
5. 保持手部连带动作时，身体姿势不对	·告诉学生在保持手部连带动作时，身体正对目标 ·保持手部连带动作时，让搭档检查并确保学生的胸部与迈步脚持平
6. 球没有在合适的落点弹起（落点距离目标太近或太远）	·在两个搭档之间的地面上放两个目标（几条胶带或呼啦圈），让他们击打。他们应该瞄准并击打距离对方较近的目标 ·让两个搭档从绳子（或者排球网）下面传球 ·在两个搭档之间放一个拱形标志筒。让每个搭档尝试传球并击打拱形标志筒，让其越过对方

胸前传球

　　胸前传球通常被认为只适用于篮球运动，但是我们在其他运动中也能发现它的踪迹，例如手球和一些快速球类运动。我们建议先学会反弹传球后再学胸前传球。胸前传球往往需要运用更大的力量，因此对于年幼的儿童来说，更具有挑战性（因为胸前传球必须向外推球，而不是向下）。此外，胸前传球也比反弹传球更难接，训练难度较大。

　　儿童在练习时应该选用自己较容易控制的球。塑料球比较适合年幼的儿童。如果球过大或过重，儿童进行胸前传球时，手会放在球的下方，使传球的路径呈弧线，而不是直线。

　　虽然《美国 K–12 体育教育的国家标准和年级水平学习成果》（SHAPE America, 2014）没有提及胸前传球，但我们发现儿童在三年级就能掌握这项技能。应该在儿童能够完成接球时，向他们教授胸前传球，如果可能的话，应该尽早实施这项技能的教学。

关键要领

准备姿势	迈步和推球	手部连带动作
面向目标，两脚分开至与肩同宽，膝盖弯曲，目视目标，双手持球置于胸前，两手拇指并拢放在球的后侧，其他手指放在球的侧面。	单脚向前迈步，双臂向前伸展，向着目标推球出手。	推球出手以后，双手翻转，手背相对，拇指朝下。在这个动作中需要抖腕。

提示词

在这项技能的每个教学阶段中，你所选的提示词将取决于你所教学生的年龄以及你强调的方面。下面列出的提示词适合用来教授胸前传球。你可以单独使用某个提示词，或者根据需要将这些提示词搭配使用。我们发现，大声说出提示词有益于学生练习。

准备——面向目标，两脚分开至与肩同宽，膝盖弯曲，目视目标，双手持球置于胸前，两手拇指并拢放在球的后侧，其他手指放在球的侧面。

推球——双手持球置于胸前，两手拇指并拢放在球的后侧，其他手指放在球的侧面，把球从胸前向外推出。

迈步和推球——单脚向前迈步，伸展手臂，向着目标推球出手。

手部连带动作或拇指朝下——推球出手以后，双手翻转，手背相对，拇指朝下。在这个动作中需要抖腕。

> 提示词组 1：准备、迈步和推球、手部连带动作
> 提示词组 2：准备、迈步和推球、拇指朝下

强化和评估关键要领的活动建议

在教学过程中，重要的是让学生了解技能的形式和关键要领，以及怎样正确地实施每

个关键要领。在前文中，我们提供了胸前传球的图片及文字说明，并把它分为几个关键要领，提出了可以使用的提示词。第 1 章提供了一般性活动，能够强化胸前传球，以及所有运动和操控性技能的概念。下面提供了更多的具体活动来巩固胸前传球的每个关键要领。

同伴技能考核

目标

让搭档互相评估个人技能学习的进程。

设备

同伴技能考核表，每组一个球。如果学生不识字，可以使用同伴技能考核表的图片版。

活动

1. 搭档观察对方的准备姿势是否正确。
2. 若准备姿势正确，搭档就在第一个方框里填"Y"；如果准备姿势不正确，搭档则在第一个方框里填"N"。对于不识字的学生，如果准备姿势正确，搭档就在第一个方框里放一张笑脸图片，反之则放哭脸图片。
3. 每个关键要领被评估 5 次后，停止评估。
4. 每个学生都要进行同伴技能考核。

教授残障学生

- 让学生从把球传向墙壁开始练习。搭档可以帮助捡回反弹球并将其递给传球手。如有必要，可使用声音（如利用铃铛、铝盘）帮助学生确定墙的位置。
- 在球上添加声音（如利用蜂鸣器、铃铛）。
- 使用泡沫球或带有纹理的球来帮助抓握。
- 调整学生与搭档（或墙壁）之间的距离，使目标更容易或更难完成。
- 忽略与残障学生无关的提示词。
- 使用大小和重量合适的球。球的颜色应与背景色形成对比。
- 允许学生坐着传球和接球。
- 如果学生容易分心，可以将他安排在课堂教学区域的一侧。
- 让有视觉或听觉障碍的学生靠近老师。
- 将球用绳子系在椅子上，这样如果抓球失手就更容易取回。
- 将球悬挂在头顶支架（如篮球架）上，使学生能够独立练习或与搭档一起练习。

拓展活动

- 使用同伴技能考核表来测评每个学生技能水平的提高情况。
- 把同伴技能考核表同成绩单寄给学生家长。

同伴技能考核表

技能：胸前传球

胸前传球者姓名：＿＿＿＿＿＿＿ 观察者姓名：＿＿＿＿＿

❶ 准备姿势　　1　2　3　4　5

❷ 迈步和推球　　1　2　3　4　5

❸ 手部连带动作　　1　2

同伴技能考核表

技能：胸前传球

胸前传球者姓名：＿＿＿＿＿＿ 观察者姓名：＿＿＿＿＿

观察你的搭档，然后给每个关键要领打分。让你的搭档将每个动作做5次。如果搭档该次做的动作正确，就在对应次数的方框里填"Y"；如果搭档该次做的动作不正确，就在对应次数的方框里填"N"。

开始　　　　　　　　　　　**测试**

准备姿势
1. 目视目标。
2. 膝盖弯曲。
3. 两脚分开至与肩同宽。
4. 双手持球置于胸前。

1　2　3　4　5

动作

迈步和推球
1. 单脚向前迈步。
2. 身体正对目标。
3. 双臂向前伸展。
4. 向外推出球。

1　2　3　4　5

停止

手部连带动作
推球出手以后，双手翻转，手背相对，拇指朝下。

1　2　3　4　5

成功构建者活动

成功构建者活动能够帮助你监督学生的学习进程，并满足学生的个别需求。如果学生在某个关键要领上需要额外的帮助，下面列出的活动将有助于提高其表现水平。

目标

根据同伴技能考核表的结果，改善不足之处。

设备

参见以下学习站点。建议在每个学习站点放置一面镜子，以及张贴一张印有胸前传球关键要领的海报。在这项活动中，镜子的用处很大，因为它能让学生看到自己的动作。制作海报最简单的方法是放大打印本书的插图。给海报塑封能延长其使用时间。

活动

1. 在教学区域内，为每个关键要领分别设置学习站点。在相应的学习站点张贴附有具体关键要领说明文字的图片。
2. 每个学习站点的细节如下。

准备姿势

面向目标，两脚分开至与肩同宽，膝盖弯曲，目视目标，双手持球置于胸前，两手拇指并拢放在球的后侧，其他手指放在球的侧面。

设备

展示准备姿势的海报、镜子（如果有的话），以及同伴技能考核表。

活动

学生做好准备姿势，搭档检查其姿势是否与海报所示相符。学生借助镜子观察自己的动作。然后学生随意走动，听到搭档发出指令后，再次做好准备姿势。一旦学生能够向搭档展示正确的准备姿势，搭档二人互换角色，随后练习整套技能。

迈步和推球

单脚向前迈步，双臂向前伸展，向着目标推球出手。

设备

镜子、展示迈步和推球的海报、地面上的一个圆形目标、同伴技能考核表。

活动 1

学生展示向前迈步，把球推向墙上的目标。学生做此动作时，双臂和双手应该一起推向目标。搭档检查其姿势是否与海报所示相符。学生借助镜子观察自己的动作。一旦学生能够向搭档展示正确的迈步和推球动作，搭档二人互换角色，随后练习整套技能。

活动 2

在墙上设立几个目标。由搭档选择一个要击打的目标，学生向前迈步，把球推向选中的目标。一旦学生能够向搭档展示正确的迈步和推球动作，搭档二人互换角色，随后练习整套技能。

手部连带动作

推球出手以后，双手翻转，手背相对，拇指朝下。在这个动作中需要抖腕。

设备

镜子或灯、展示手部连带动作的海报，以及同伴技能考核表。

活动

学生在镜子前或灯光下展示手部连带动作。学生展示这个动作时，搭档检查其姿势是否与海报所示相符。学生借助镜子或灯光观察自己的动作。一旦学生能向搭档展示正确的手部连带动作，搭档二人互换角色，随后练习整套技能。

强化整体反弹传球和胸前传球技能的高级活动建议

在强调准确性之前，学生应该先掌握技能的关键要领。如果过早强调准确性，学生就会开始瞄准目标，而忽视技能的关键要领。此外，目标应该足够大，这样才能让学生实施技能的关键要领，并成功击中目标。在反弹传球和胸前传球技能初始学习过程中，一堵空白墙是最理想的目标。

个人活动

颜色目标

目标

击中特定的目标，提高传球的准确性。

设备

将用不同颜色的美术纸制作的目标（用每种颜色做 8 ～ 12 个目标）贴在活动区域的地面上，每个学生 1 个球（塑料球或泡沫球）。制作 1 个彩盒，里面放入各种颜色的美术纸，美术纸的数量要多于学生的人数。

活动

1. 挑选 1 个学生从彩盒里抽取 1 张美术纸。
2. 学生抽中的颜色即为目标的颜色，学生必须在地面上找到这个颜色的目标，并用反弹传球击中这个目标。
3. 在你发出停止指令之前，学生不断地向选定的颜色的目标传球。
4. 所有学生都从彩盒里抽过美术纸后，活动停止。

对于胸前传球，目标应该放置在墙上，而不是地面上。向墙传球的距离应适中，这取决于学生的能力和安全因素。

拓展活动

- 除了抽不同颜色，学生也可以从形状盒里抽不同的形状，从字母盒里抽不同的字母，或是从单词盒里抽不同的单词。

- 2 个学生搭档。搭档选择不同的颜色、形状、字母或单词作为目标。传球人必须尝试击中这个选定的目标。搭档之间轮流挑选目标并且练习传球。目标随意放置在活动区域内，搭档可以接住传球。

- 目标可以放在地面上或是墙上，这样学生就能站在适当的距离，通过反弹传球击中地面上或墙上的目标。

拼单词

目标

通过反弹传球或胸前传球击中字母，拼写单词。

设备

每个学生 1 个球（泡沫球或塑料球）。4 套完整的字母，散放或贴在活动区域的墙上。准备纸和铅笔或白板和记号笔，用作建立词库。

活动

1. 开始指令发出后，学生通过反弹传球或胸前传球击中目标字母，拼写单词。

2. 一旦学生拼出 1 个单词，就去词库写下这个单词。最好多准备几个词库，这样学生就不必排队等待写单词。

3. 每个单词只能写 1 次。

4. 如果学生击中的某个字母不能用来拼写单词，那么他必须再次击中这个字母来将其删除。

拓展活动

- 2 个学生搭档。一个学生击中字母，拼出单词；另一个学生记录单词，并评估传球者的传球技巧。传球人只有技能动作正确，才可以使用击中的字母。学生拼出 1 个单词后，搭档互换角色。

- 2 个学生搭档，将纸和铅笔分给他们。他们用纸和铅笔来记录击中的字母及他们拼出的单词。每个学生必须通过传球击中 1 个元音字母和 2 个辅音字母，直到他们拥有 6 个字母来组成单词。两人尝试使用击中的 2 个或更多字母来拼出 6 个单词。一旦完成 1 个单词的拼写，就在词库里删除这个单词。如果学生击中的字母无法使用，就必须再次击中这个字母来删除它。

合作活动

棘手的问题

目标

通过胸前传球让球穿过圆环，提高传球的准确性。

设备

在一个篮筐上或两根立柱之间系一条绳子，在绳子上挂一个呼啦圈，每组配备一个球。

活动

1. 两个搭档分别站在悬挂的呼啦圈两侧。

2. 开始指令发出后，两人利用胸前传球让球穿过呼啦圈。

3. 在一定的时间内，在传球动作正确的前提下，搭档互相记录球穿过呼啦圈的次数。

拓展活动

- 活动没有时间限制，没有速度要求，你可以特别强调正确的技能表现。

- 使用两张网代替悬挂的呼啦圈，一张网悬挂在网球网的高度，另一张网悬挂在排球网的高度，让学生通过胸前传球让球穿过两张网中间的空隙。

后退

目标

通过增加搭档之间的距离，提高传球技能。

设备

每组配备一个球（塑料球或较轻的橡胶球）。

活动

1. 两个学生面对面来回传球。

2. 如果能轻松地完成传球和接球，那么学生各自后退一步，再次练习来回胸前传球。

3. 每次成功传球和接球后，学生再各自向后退一步。

4. 当两人的距离过大而不能传接球，或者不能正确完成动作时，停止活动。此时，学生回到起始位置，活动重新开始。

拓展活动

- 测量学生能够传球的最远距离，记录测量结果，并将其与全班其他人的结果或搭档二人的后续结果做对比，也可以将结果制成图表展示在公告栏中。

- 如果能轻松地完成传球和接球，那么抛球的学生向后退一步。每次成功地接球与传球后，抛球人都要向后退一步。当两人的距离过大而不能传接球时，停止活动。此时，两人回到起始位置，活动重新开始。

源自：Based on Bryant and McLean Oliver（1974）.

挑战赛

目标

在各种环境下练习传球。

设备

每组配备一个球（塑料球、轻的橡胶球或篮球）及若干挑战卡。不同类型的挑战或许需要额外的器材。

活动

1. 每个学生选择一张挑战卡。

2. 学生完成挑战卡上的任务。

3. 挑战可能包括以下任务。

- 大力（轻力）传球。
- 对着搭档进行胸前传球。
- 传的球击打墙面并反弹回来时接球。
- 传球击打墙上的目标，目标位于胸部高度。
- 传球穿过搭档手持的、位于胸部高度的呼啦圈，或者悬挂的呼啦圈。

拓展活动

- 在活动区域内或者墙面上（胸部高度）放置一些各种颜色的目标（呼啦圈、标志筒或者水桶），搭档指定传球人要击中的目标。
- 设置两根游戏立柱或者排球立柱，在立柱之间系一根绳子。在绳子上悬挂不同颜色的目标，让学生挑战击中目标。可能的目标包括呼啦圈、铝质餐盘、容量为 2 升的空瓶。
- 制作一个永久性的目标。可以把目标画在场馆的墙上，在不用时用翻滚垫把它们覆盖住。
- 搭档互相记录正确的传球数，你记录班级正确传球的总数。下次课上让全班挑战增加正确传球的次数。

移动和传球

目标

提高运动中传球的准确性。

设备

每组一个球（塑料球、排球或篮球）。

活动

1. 搭档两人面对面来回传球。

2. 第二次传球后，两人开始运动（朝同一方向），停下来后再次传球。

3. 可以在整个场馆的范围内重复这项活动。

拓展活动

- 不停地移动传球。
- 搭档两人面对面，一人运两次球，再传给另一人。第二次传球后，两人开始运动（朝同一方向），停下来，再次运球并传球。可以在整个场馆的范围内重复这项活动。

过网传球

目标

传球穿过目标，提高传球的准确性。

设备

每组配备 2 根排球立柱、1 张排球网、1 个呼啦圈、若干绳子和线（用来将呼啦圈固定在网下）1 个塑料球。网挂在正常的排球网高度，呼啦圈挂在网下。

活动

1. 搭档两人分别站在呼啦圈的两侧。
2. 搭档两人必须来回传球，使球穿过呼啦圈。
3. 必须让球弹一次才能接球。
4. 学生记录传球穿过呼啦圈的次数。

拓展活动

- 学生记录整个组完成的传球次数，可以将结果制成图表。
- 学生每次传球过圈后就向后退一步，直到无法再传球过圈，活动重新开始。

团体活动

循环 / 再循环

目标

提高运动中传球的准确性。

设备

两根排球立柱、两张排球网，每个学生一个塑料球。网挂在正常的排球网高度。

活动

1. 全班分为两组。
2. 两组分别站在网的两侧。
3. 开始指令发出后，每个人利用反弹传球把球从网下传到对方场地。
4. 学生记录网下传球成功的次数。

对于胸前传球，在立柱之间挂第二张网，高度为网球网的高度，学生在两张网之间进行胸前传球。

拓展活动

- 学生记录整组成功传球的次数，可以将结果制成图表，以展现班级的进步情况。
- 每次学生从网下（或两网之间）成功传球，就绕过立柱加入对方组。

源自：J.A. Wessel, PhD, *Project I CAN*（Northbrook, IL: Hubbard, 1974）.

创建自己的活动

目标

让学生自己创建活动，以提升传球技巧。

设备

每组 1 张纸和 1 支笔，你预先确定允许学生在活动中使用的器材（如保龄球瓶、标志筒、绳子、塑料球或轻橡胶球）。

活动

1. 2 ~ 5 个学生一组。你可以为学生分组，或者让学生自己建组。
2. 每组将传球（反弹传球或胸前传球）作为基本技能设计活动。要求学生（包括所有组员）制定活动规则，促进正确展现技能，以及考虑安全问题。
3. 每个组在纸上写下组员的名字、活动规则、所需器材，随后向你展示活动。
4. 经你同意后，小组领取所需器材，活动开始。
5. 你必须同意学生对活动的合理改编。

拓展活动

- 各组可以将自己组的活动教给其他组。
- 各组可以将自己组的活动教给全班其他学生。
- 可以将活动录制下来，全班分享。此外，也可以与其他班级或在家庭晚会上分享这些录制的视频。

三角传球

目标

通过团体练习，提高传球的熟练程度。

设备

3 人一组，每组 2 个塑料球。

活动

1. 3 个学生站成三角形，A 和 B 各拿一个球。
2. A 反弹传球给 B，B 反弹传球给 C。
3. 在 B 反弹传球给 C 的时候，C 同时反弹传球给 A。

拓展活动

- 用胸前传球进行该活动。

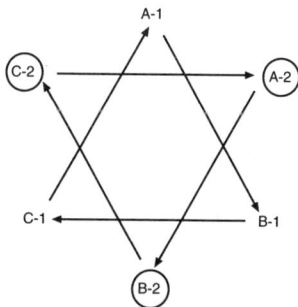

图 6.5　"三角传球"拓展活动布局图

- 由 2 个组组成 2 个重叠的三角形。每个三角形内的学生只能向同组组员传球。即第一组的学生只能用反弹传球把球传给本组组员，第二组的学生只能用胸前传球把球传给本组组员（如图 6.5 所示）。

星形传球

目标

通过团体练习，提高传球的熟练程度。

设备

球的数量比小组学生人数少 1 个。

活动

1. 学生围成圆形，其中 1 个学生手持 1 个球。

2. 持球的学生说出 1 个学生的名字，并反弹传球给他，不能将球传给自己相邻的 2 个学生。

3. 接到球的学生说出另一个学生的名字，并把球传给他，同样不能将球传给相邻的 2 个学生。

4. 大家循环传球，直到球回到第一个传球的学生手中，结束循环。

5. 一旦游戏轮转了 2 次，第一个传球的学生再多拿 1 个球。

6. 完成 2 个球的轮流传球后，第一个传球的学生再多拿 1 个球。当球的数量比学生人数少 1 个时，游戏结束。

拓展活动

- 用胸前传球进行该活动。
- 搭配使用反弹传球和胸前传球进行该活动。

源自：Based on Fluegelman（1981）.

胸前传球问题解决表

问题	解决方法
1. 没有目视目标	·让学生把球传到指定的目标上 ·让学生把球传到墙上不同颜色的目标上 ·用铝质餐盘作为目标
2. 手放在球上的位置不正确	·在球上画出手的位置 ·让学生在手上涂满婴儿爽身粉，让手指印留在球上 ·使用印有手印的球
3. 传球时不向前迈步	·让学生传球时向前迈步，踩在垫子或毯子上 ·让学生站在一条线旁（可以用绳子或者地板胶带代表线），传球时必须让脚跨过这条线 ·将泡沫垫贴在地面上，让学生传球时向前迈步，踩在上面发出声响

续表

问题	解决方法
4. 传球时手臂没有完全伸展	• 让学生练习向外伸手去抓一个距离身体一臂远的物品 • 在学生面前悬挂一个铝质餐盘，让他进行胸前传球向外推球时，尝试击打这个盘子
5. 球出手时，双手不转动，因此手掌彼此相对，拇指朝外	• 让学生徒手练习正确的动作，搭档观察或学生使用镜子观察动作是否准确
6. 做手部连带动作时身体姿势不正确	• 告诉学生在做手部连带动作时，身体正对目标 • 保持手部连带动作时，让搭档检查并确认传球人的胸部与迈步脚持平
7. 推球击中目标时，高度太高或者太低	• 在两根游戏立柱之间系上两根绳子，绳子分别位于颈部和腰部高度，以便学生从两根绳子之间传球击中目标 • 让学生练习传球击中墙上的目标 • 对学生来说，球可能太重或太轻。给学生重量更合适的球，或者让学生距离目标更近（或更远）

促进社交与情感健康

• 学生首先从面墙传球开始，然后加入搭档来接球。提醒学生在传球前喊出搭档的名字，并且仅使用适合搭档接球的力量。

• 学生应希望其搭档能够接住球。强调合作，学生与搭档应朝着一个共同目标而努力。

• 搭档的反馈应该从学生做得好的方面开始。搭档应避免说"不错""好""做得漂亮"之类的话，这些话不利于提高练习者的技能表现。

• 询问学生应该如何帮助其搭档做得更好。

• 提醒学生需要做大量的练习才能取得成功。

小结

篮球现已成为美国最流行的运动之一。在很多职业篮球队中，不论是男孩还是女孩，所有学生都能充当重要的角色。学生在家里、青年训练营或者校园内打篮球，他们会模仿职业运动员打球。然而，如果没有正确的指导，学生便无法学习并实施正确的技能动作，之后要想修正错误动作将困难重重。

在场上把球传下去最有效的方法之一是传球。学生要想在篮球运动中取得成功，将球准确地传给队友非常重要。一旦学生了解了传球的方式和时机，他们就能够有效地运用反弹传球和胸前传球。传球时保持正确的身体姿势，向前迈步，向前推球，这些都是学生在成功传球之前必须掌握的关键要领。

教师通常是学生所能触到的，通过传授关键要领及提示词来给予学生指导的第一人。我们应该认真把握这个机会。如果我们帮助学生成为成熟的运动员，那么他们可能会更有兴趣参与体育教学课程之外的体育运动。

反弹传球课程计划

（第 1 节课）

年龄组
小学一年级学生。

教学重点
传球人向外推球。

教学次重点
力量和方向的运动概念（向下或向外）。

教学目标
运用反弹传球向外推球（**提示词：***推球*），球弹向距离接球人更近的位置，而不是距离传球人更近的位置。同伴观察评估。

材料和设备
1 个塑料球、1 个呼啦圈，每个学生 1 个目标。每组配备 1 个圆顶标志筒（或者其他能够在地面上推动的物体）。

提前准备
在场馆内墙的四处放置目标。目标可以是呼啦圈、美术纸或其他物体。每个学生都需要 1 个目标。目标距离地面不超过 3 英尺。在距离目标约 8 ～ 10 英尺处贴上地板胶带（或美术胶带）。

组织和管理
学生在个人空间内接受指导和进行热身练习后，在场馆内找到自己的学习站点。

说明和热身活动
*今天我们将学习一些传球的方向概念并练习如何运用。表示方向的词有**向上、向下、离开和靠近**。音乐开始，你们按照我喊出的移位运动技能，在场馆的公共空间内运动。音乐停止后，我会要求你们到达指定地点，按要求让双臂**向上、向下、离开和靠近**身体。你们明白这些指令了吗？*

音乐开始，喊出慢跑、垫步跳、马步跳、行走或滑步。音乐停止，再喊出向上、向下、离开和靠近这些表示方向的词。观察并纠正学生的运动技能表现，以及纠正其方向错误。

*停止不动。现在你们假装手里拿着 1 个球，向我展示怎样让球**向下、向上、离开和靠近**。很好！现在我们将再次使用运动技能，当音乐停止时你们停止不动，按照我说的指令想象传球的方向。你们明白这些指令了吗？*（音乐开始）

观察并纠正学生的运动技能表现，以及纠正其方向错误。

*停止不动。找到个人空间并坐下。这次我们将使用塑料球来练习对这些方向的运用。先学习反弹传球。完成这个技能时，先起立，双手持球置于胸前，**向前迈步并向下推球**，使球远离身体。让球远离身体这一点非常重要。注意看我如何在墙边完成反弹传球。*（在墙边向学生示范反弹传球）

*注意看我是如何让球在地面反弹并且击中墙上的目标的。为了达到这个效果，我必须把球**推离**身体。要想保持身体平衡，传球时必须单脚向前迈步。无论哪只脚向前迈步都可以。这样做的目的是什么呢？*（**保持平衡**）*很棒。*

大家看场馆的墙上贴着很多美术纸，还挂着很多球。你们每个人选定自己的目标来练习反弹传球。你们选好想击打的目标，并且坐在目标前面的胶带上了吗？开始。

拿起 1 个球，站在正对墙上目标的胶带上。面对目标，做好准备姿势，向前迈步，向外推球，使球远离身体，尝试击中目标。拿回你的球，站回胶带处。（重复几次）

学生要和你一起反复念提示词。如果他们能自己说出提示词（推开），就可以单独练习了。

观察学生练习向外推球的过程。

停止不动。如果你们能够连续击中目标 3 次，就向后退一大步。无论什么时候你连续击中目标 3 次，都可以再向后退一大步。你们明白这些指令吗？开始。

观察学生练习向外推球的过程，经常重复提示词"推开"。

停止不动。原地坐下。如果你能轻松完成反弹传球，就可以尝试下一个挑战任务了。（一边说明一边示范动作）*把一个呼啦圈放在离墙一步远的地方，你需要将球掷向呼啦圈内的地面，并使球弹起击中墙上的目标。你们明白这些指令吗？有谁已经做好准备了？请举手。*（为学生分组，各组配呼啦圈。）*所有人回到自己的目标位置。开始。*

观察学生练习向外推球的过程，经常重复提示词"推开"。

停止不动。每个人找个搭档并坐下。你们准备好尝试下一个挑战任务了吗？你和搭档只需要 1 个球和 1 个圆顶标志筒。你们二人一个人拿着呼啦圈把它放在桩上，然后捡起标志筒，另一个人把球传给对方。（学生按组领取和放回器材）*非常好。*

*现在注意看我是如何完成这项技能的。我们之间有个标志筒。我们要向后退，距离标志筒 2 步。我要**向外推球**，让球击中标志筒，并让标志筒向你们移动得更近。你们要尝试用反弹传球让标志筒离我越来越近。我说开始后，你和搭档在场馆内找个位置，把你们的标志筒放在地上，各自向后退 2 步。每个人尝试用反弹传球让标志筒远离自己。你们明白这些指令吗？开始。*

观察学生练习向外推球的过程（次要关注点是球是否触及标志筒），经常重复提示词"推开"。

停止不动。时间到。把器材放回原来的位置，排队等候老师。

结束

你们认为在反弹传球时，向下推球和向外推球哪个更重要？（**向外推球**）我们用了很多时间练习向外推球。如果某个学生和我搭档，我反弹传球给他，球落在地上的位置应该离我近还是离学生近？（学生）

下次我们将练习向着运动目标传球。

学生列队离开。

第 7 章

击球

　　击球是很多体育运动中不可缺少的技能。击球有以下几种形式：下手击球，如排球发球；侧面击球，如网球正拍；双手侧面击球，如棒球击球。

　　儿童在第一次尝试击球时，往往是对物体进行无法准确控制地猛击或击打。当技能水平提升以后，儿童才能掌握击球技能。遗憾的是，第一次学习击球时，儿童往往会使出最大的力气来击打物体。这对教师来说是一个挑战，因此教师要提供合适的提示词和练习活动来帮助儿童控制击球动作，这样有助于儿童控制击打的力量，以及击打物体的方向。

　　本章介绍了 3 种基本的击球技能：下手击球（排球发球）、侧面击球（网球正拍）和双手侧面击球（棒球击球）。由于每种击球技能都很复杂，而且涉及借助或不借助器材，因此儿童能够掌握每项技能的年龄并不相同。《美国 K-12 体育教育的国家标准和年级水平学习成果》（SHAPE America，2014）强调了下手击球（S1.E22），即下手截击球，此外还说明了涉及短柄器材（S1.E24）或长柄器材（S1.E25）的击球。然而在本章中，我们讨论的侧面击球和双手侧面击球并没有具体强调器材的长度。本章在相应内容中有针对每个成果的具体说明。

下手击球

　　在排球运动中，下手抛球的关键要领和下手击球和下手发球非常相似。一旦儿童熟练掌握了下手抛球，他就能轻松地学会下手击球。这项技能也适用于羽毛球的发球。

　　《美国 K-12 体育教育的国家标准和年级水平学习成果》（SHAPE America，2014）没有直接提及击球。然而，该文件中提到的下手截击球就是本章中提及的下手击球。

该文件指出：幼儿园儿童能够截击较轻的物体［气球（乳胶过敏者慎用）］，让物体向上运动（S1.E22.K）；一年级学生能够用张开的手掌截击物体，让物体向上运动（S1.E22.1）；二年级学生能够连续截击物体，让物体向上运动（S1.E22.2）；三年级学生能够用下手截击球的方式截击物体，让物体向上运动并越过网、弹向墙面，或越过一条线传给搭档，能展示出熟练下手截击球模式中的5个关键要领的4个（S1.E22.3）；四年级学生和五年级学生能够在运动状态中熟练运用下手截击球技能（S1.E22.4和S1.E22.5）。下手截击球的各年级水平学习成果如表7.1所示。

我们发现，直到三年级或四年级时，学生才能熟练掌握下手击球。但是学生应该从幼儿园就开始学习这项技能。

表7.1　下手截击球的各年级水平学习成果（S1.E22）

	幼儿园	一年级	二年级	三年级	四年级	五年级
S1.E22 下手截击球	截击一个较轻的物体(气球)，让物体向上运动（S1.E22.K）	用张开的手掌截击物体，让物体向上运动（S1.E22.1）	连续截击物体，让物体向上运动（S1.E22.2）	用下手截击球或侧面击球的方式截击物体，让物体向上运动并越过网、弹向墙面，或越过一条线传给搭档，能展示出成熟的下手截击球模式中的5个关键要领的4个（S1.E22.3）	运动状态中熟练运用成熟的下手截击球技能（如2×2、4×4，手球）（S1.E22.4）	运用技能（S1.E22.5）

源自：SHAPE America - Society of Health and Physical Educators, *National Standards & Grade-Level Outcomes for K-12 Physical Education*（Champaign, IL: Human Kinetics, 2014）.

关键要领

准备姿势
面向击球的目标方向，两脚分开至与肩同宽，眼睛注视球，非惯用手持球，持球高度约与腰部齐平。

手臂后摆
击球臂向后摆动至手位于腰部高度。

迈步和摆臂
身体略微前倾，惯用手在身体前方击球的同时，击球手对侧的脚向前迈步。击球高度与腰部齐平。

击球
击球手对侧的脚向前迈步的同时，用手掌根部击打球的下方。

手部连带动作
击球手沿着击球方向继续运动，但不超过肩高。

提示词

在这项技能的每个阶段，你所选的提示词将取决于你所教学生的年龄以及你所强调的方面。下面列出的提示词适用于教授下手击球。你可以单独使用某个提示词，或者根据需要将这些提示词搭配使用。我们发现，学生在练习时大声说出提示词非常有益于技能的学习。

准备——面向击球的目标方向，两脚分开至与肩同宽，眼睛注视球，非惯用手在身体前方持球，持球高度约与腰部齐平。

开始——面对击球方向，两脚分开至与肩同宽，眼睛注视前方。

手放低和伸展手臂——非惯用手在身体前方持球，手臂伸展，持球高度约与腰部齐平。

迈步——击球手对侧的脚向前迈步。

击球——击打球的下方。

手臂后摆——向后摆动击球臂至手位于腰部高度。

迈步和摆臂（迈步和击球）——击球手对侧的脚向前迈步。击球手在身体前方腰部位置触球。用手掌根部击打球的下方。

手部连带动作——击球手沿着击球方向继续运动，但不超过肩高。

> 提示词组 1：准备、迈步、击球
>
> 提示词组 2：手放低、迈步、击球
>
> 提示词组 3：开始、伸展手臂、迈步和摆臂、手部连带动作
>
> 提示词组 4：准备、手臂后摆、迈步、击球、手部连带动作

强化和评估关键要领的活动建议

在教学过程中，重要的是让学生了解怎样观察一项技能，该技能有哪些关键要领，以及怎样正确地实施每个关键要领。在前文中，我们提供了下手击球的图片及文字说明，并把它分为几个关键要领，提供了可以参考的提示词。第 1 章的内容强化了下手击球以及所有运动和操控性技能的概念。下面提供了更多具体的活动来巩固下手击球的每个关键要领。

同伴技能考核

目标

让搭档互相评估技能学习的进程。

设备

同伴技能考核表、笔，每组配备 1 个球。如果学生不识字，可以使用同伴技能考核

表的图片版。

活动

1. 搭档观察对方是否做出正确的准备姿势。

2. 如果准备姿势正确，搭档就在第一个方框里填"Y"；如果准备姿势不正确，则填"N"。对于不识字的学生，如果准备姿势正确，搭档就在第一个方框里放一张笑脸图片，反之则放哭脸图片。

3. 每个关键要领被评估 5 次后，停止评估。

4. 每个学生都要进行同伴技能考核。

拓展活动

- 使用同伴技能考核表来衡量每个学生在技能学习方面的进步情况。
- 把同伴技能考核表和成绩单寄给学生家长。

促进社交与情感健康

- 请记住，在初始技能练习期间，不强求学生击中目标。开始时使用墙壁作为挡弹墙，然后使用大目标，再慢慢地过渡到使用较小目标。
- 搭档的反馈应该从积极的、与技能相关的评价开始。搭档应避免说"不错""好""做得漂亮"之类的话，这些话不会提高练习者的技能表现。
- 询问学生应该如何帮助其搭档做得更好。
- 强调方法比结果更重要。
- 提醒学生需要做大量的练习才能取得成功。

成功构建者活动

成功构建者活动可以帮助你满足学生的个人需求。如果学生在个别关键要领上需要额外的帮助，此处列出的这些活动将提高学生的表现水平。

目标

通过同伴技能考核，搭档之间互相评估并改善不足之处。

设备

详见以下学习站点。建议在每个学习站点放置一面镜子，以及张贴一张印有下手击球关键要领的海报。在活动中，这面镜子非常有用，因为它可以让学生看到自己的动作。最简单的海报制作的方法是直接放大打印本书的插图。给海报塑封可以延长其使用时间。

活动

1. 在教学区域内，为每个关键要领分别设置学习站点。在相应学习站点贴上附有针对具体关键要领说明文字的图片。

同伴技能考核表
技能：下手击球

下手击球者姓名：_____
观察者姓名：_____

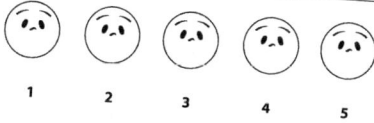

❶ 准备姿势

1　　2　　3　　4　　5

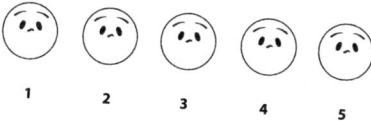

❷ 手臂后摆

1　　2　　3　　4　　5

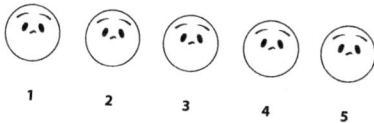

❸ 迈步和摆臂

1　　2　　3　　4　　5

❹ 击球

1　　2　　3　　4　　5

❺ 手部连带动作

1　　2

同伴技能考核表
技能：下手击球

下手击球者姓名：_____
观察者姓名：_____

观察你的搭档，然后给每个关键要领打分。让你的搭档将每个动作做 5 次。如果搭档该次做的动作正确，就在对应次数的方框里填 "Y"；如果搭档该次做的动作不正确，就在对应次数的方框里填 "N"。

开始

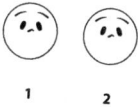

准备姿势
1. 眼睛注视球。
2. 两脚分开至与肩同宽。
3. 非惯用手持球。
4. 持球高度与腰部齐平。

动作

手臂后摆
1. 击球臂向后摆动至手位于腰部高度。

迈步和摆臂
2. 身体略微前倾。
3. 击球手对侧的脚向前迈步。

击球
4. 用手掌根部击打球的下方。

结束

手部连带动作
击球手沿击球方向继续运动，但不超过肩高。

测试

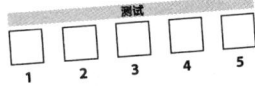
1　2　3　4　5

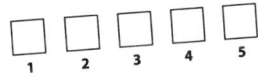
1　2　3　4　5

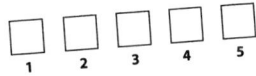
1　2　3　4　5

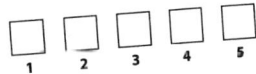
1　2　3　4　5

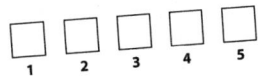
1　2　3　4　5

2.每个学习站点的细节如下。

准备姿势

面向目标，双脚分开至与肩同宽，眼睛注视球，非惯用手在身体前方持球，高度约与腰部齐平。

设备

展示准备姿势的海报、镜子（如果有的话）和同伴技能考核表。

活动1

学生做出准备姿势。搭档检查并观察其姿势是否与海报上展示的一致。学生借助镜子观察自己的姿势。学生模拟击球，搭档发出指令后，学生再次做出准备姿势。一旦学生能向搭档展示正确的准备姿势，学生与搭档互换角色，随后练习整套技能。

活动2

学生有时会在持球时弯曲手臂，这不利于正确击球。在练习时戴上护肘或许能够帮助学生感觉到手肘的弯曲。学生能够保持手臂伸直后，应尽可能不戴护肘练习击球。

手臂后摆

击球臂向后摆动，至手位于腰部高度。

设备

展示手臂后摆的海报。

活动

学生背对墙站立，惯用手向后摆动触墙。与搭档一起练习时，学生可以向后伸臂尝试触碰搭档的手。一旦掌握了这个动作，学生和搭档互换角色，随后练习整套技能。

迈步和摆臂

惯用手摆动至身体前方，在腰部位置击球的同时，对侧脚向前迈步。

设备

展示迈步和摆臂的海报、地板胶带或美术胶带，以及同伴技能考核表。

活动

学生做出迈步姿势，击球手对侧的腿向前迈步，做出假装大步向前的姿势。（如有必要，在地面上贴上地板胶带或美术胶带，或者采用其他能看到的提示方式，提示学生用对侧脚向前迈步。）学生应该先练习这个姿势，然后练习从双脚分到对侧脚向前迈步。一旦学生能够向搭档展示正确的迈步和摆臂动作，学生和搭档互换角色，随后练习整套技能。

击球

击球手对侧的脚向前迈步的同时，用手掌根部击打球的下方。

设备

　　展示击球的海报、塑料球或排球，以及同伴技能考核表。

活动

　　用记号笔在球上画 1 个直径为 3 英寸的圆。让学生练习击球，让他用击球手掌根部击中画在球上的圆。

手部连带动作

　　击球手沿着击球的方向继续运动，但不超过肩高。

设备

　　显示手部连带动作的海报、投影仪、不易碎的镜子，以及同伴技能考核表。

活动 1

　　学生站立在投影仪和墙之间。学生练习时，搭档利用投影仪把他的影子投射在墙上。学生练习下手击球，击球之后，搭档在墙上贴上胶带，标明击球手移动的距离。搭档二人继续练习手部连带动作，直到击球手每次都停在肩膀以下的位置再停止练习。

活动 2

　　学生在无球的情况下，面对镜子练习下手击球。学生从镜子里观察并确定手部连带动作停止的位置。搭档评估其动作。

强化整体技能的高级活动建议

　　在强调技能的准确性之前，学生应该先完全掌握技能的关键要领。如果过早强调准确性，那么学生在练习时将会重点关注瞄准目标，而忽略技能的关键要领。设置的目标要足够大，这样学生才能正确实施技能的关键要领，并成功让球击中目标。

个人活动

颜色目标

目标

　　击打特定的目标，提升下手击球的技能。

设备

　　将用不同颜色和大小的美术纸制作的目标（用每种颜色做 8 ～ 12 个目标）贴在活动区域的墙上，每个学生 1 个球（排球、塑料球或泡沫球）。初始目标应该非常大。制作 1 个彩盒，取每种颜色的美术纸各 1 张，将其作为样本放进彩盒里。美术纸的数量要多于学生的人数。

活动

　　1. 挑选 1 个学生从彩盒里抽 1 张美术纸。

2. 选中的颜色即为目标的颜色，所有学生必须用下手击球击中这个颜色的目标。

3. 在你发出停止指令之前，学生持续击打选中的颜色的目标。

4. 所有学生都从彩盒里抽过美术纸后，活动停止。

拓展活动

- 学生也可以从形状盒里抽选不同的形状，从字母盒里抽选不同的字母，从单词盒里抽选不同的单词，来取代不同的颜色目标。

- 2 个学生搭档练习。搭档选择不同的颜色、形状、字母或单词作为目标。学生必须使用下手击球来击中搭档选定的目标。搭档二人轮流挑选目标并练习击球。

拼单词

目标

使用下手击球击打字母、拼出单词。

设备

每个学生 1 个球（排球、塑料球或泡沫球）。4 套完整的字母，用胶带分散贴在活动区域的墙上。准备纸和铅笔或白板和记号笔用于建立词库。

活动

1. 开始指令发出后，学生通过下手击球击中不同的字母，拼出单词。

2. 一旦学生拼出一个单词，就去词库写下这个单词。最好多准备几个词库，这样学生就不必排队等待写单词了。

3. 每个单词只能写 1 次。

4. 如果学生击中的某个字母不能用来拼写单词，那么他必须再次击中这个字母以删除它。

拓展活动

- 将美术胶带贴在字母周围，以使目标更大。

- 2 个学生搭档。其中一个学生击打字母，拼出单词；另一个学生记录单词，并评估击球人下手击球的动作是否正确。击球人只有下手击球的动作正确，才能使用击中的字母。击球人拼出 1 个单词后，2 个人角色互换。

- 2 个学生搭档，将纸和笔分给他们。他们用纸和铅笔来记录击中的字母及拼出的单词。每个人必须通过下手击球击中 1 个元音字母和 2 个辅音字母，直到搭档二人拥有 6 个字母来拼单词。二人尝试使用击中的 1 个或更多字母来拼出 6 个单词。一旦拼出 1 个单词，就从词库里划去这个单词。如果学生击中的字母无法使用，那么他必须再次击中这个字母来删除它。

合作活动

挑战赛

目标

在不同环境下提升下手击球的技能。

设备

每组一个排球或塑料球及若干挑战卡。

活动

1. 每个学生挑选一张挑战卡。

2. 学生完成挑战卡上描述的任务。

3. 挑战任务包括以下活动。

- 大力（小力）击球。

- 让球击中不同高度（高、适中）的目标。

- 让球击中地面上合适大小的目标。

- 和搭档同时击球。

拓展活动

- 在墙上贴各种颜色的目标，搭档指定一种颜色的目标，击球人击中目标。

- 在两根游戏立柱或者排球立柱之间系上绳子或者挂上排球网。击球人必须通过下手击球使球过网或者越过绳子。网和绳子的高度可以调整。

- 在立柱之间系一根绳子。在绳子上挂各种物体（例如容量为 2 升的空瓶、呼啦圈或铝质餐盘）。学生必须先喊出一个物体，再击球。

对墙击球

目标

击球触墙，提升下手击球的技巧。

设备

每组 1 个球（塑料球或排球）。

活动

1. 搭档二人都站在离墙 15 英尺处。

2. 一个搭档利用下手击球让球击中墙壁。

3. 球触墙弹起落地前，另一个搭档接住球。

4. 搭档接球后，必须在接球点使用下手击球让球击中墙壁。

5. 学生记录轮流击球接球的成功次数。

拓展活动

- 球在地上弹起 1 次再接球。

- 增加学生与墙壁的距离。
- 在墙上放置 1 个目标，学生与搭档比赛用球击中它。

后退击球

目标

增加学生与搭档之间的距离，向搭档击球，提升下手击球技能。

设备

每组 1 个球（如排球、直径为 8 英寸的泡沫球）。

活动

1. 搭档二人面对面站立，相距约 10 英尺。

2. 一个学生向搭档用下手击球传球，搭档必须接住球。

3. 搭档接住球后，再用下手击球把球传回，对方必须接住球。

4. 完成 2 轮击球接球后，一人向后退一步，重复以上活动。

5. 如果击球不正确或接球出现问题，二人必须返回起始位置重新开始。

拓展活动

- 正确击球之后，可以等球弹起一次再接，不用返回起始位置重新开始。
- 可以借助排球网（绳），由学生击球过网，将球传给搭档。

源自：Based on Bryant and McLean Oliver（1974）.

穿过呼啦圈

目标

下手击球穿过呼啦圈，提高下手击球的准确性。

设备

在超过身高的支架（如游戏立柱、篮球板）上悬挂一个呼啦圈，每个学生一个塑料球或排球。

活动

1. 搭档二人分别站在呼啦圈的两侧。

2. 搭档二人轮流尝试下手击球，让球穿过呼啦圈。

拓展活动

- 在规定时间内（例如一分钟内），学生记录球成功穿过呼啦圈的次数。
- 只有下手击球动作正确并且接球成功才能计数。

团体活动

创建自己的活动

目标

为了提升下手击球的技能，让学生自己创建活动。

设备

1 张纸和 1 支铅笔，你预先确定的允许学生在活动中使用的器材（如保龄球瓶、标志筒、绳子、呼啦圈、排球、悬挂的排球网或泡沫球）。

活动

1. 2 ～ 5 个学生一组。你可以为学生分组，或让学生自己建组。

2. 每组学生把下手击球作为基本技能来设计活动。要求学生（包括所有组员）制定规则，促进正确地展现技能，以及考虑安全问题。

3. 每个组在纸上写下组员的姓名、活动规则、所需设备，随后向你展示活动。

4. 经你同意后，各组领取所需的器材，活动开始。

5. 你必须同意各组对活动的合理改编。

拓展活动

- 各组可以将自己组的活动教给其他组。

- 各组可以将自己组的活动教给全班其他学生。

- 可以将活动录制下来，并与其他班级或家庭成员共享。

循环 / 再循环

目标

击球过网，提升下手击球的技能。

设备

两根排球立柱，一张悬挂至排球网高度的网，每个学生一个柔软的球（如超级安全球、皮球、沙滩球或泡沫球）。

活动

1. 全班分为两组。

2. 两组分别站在网的两侧。

3. 开始指令发出后，每个人用下手击球，将球击过网。

4. 让学生记录全班准确击球过网的次数。

拓展活动

- 学生记录整个组正确击球过网的次数，将结果制成图表，以展示班级的进步情况。

- 成功击球过网的学生绕过立柱，加入对方组。

源自：J.A. Wessel, PhD, Project I CAN（Northbrook, IL: Hubbard, 1974）。

下手击球问题解决表

问题	解决方法
1. 没有在身体前方持球	• 在学生的面前放一面镜子，让他能看到胳膊和手的姿势 • 搭档相互配合，学生做出正确的姿势后，搭档再把球放在他手中
2. 手臂后摆距离不足	• 在两根游戏立柱之间挂一张网和一个气球。让学生背对网站立，手臂后摆直到触碰气球。学生也可以背对墙站立，手臂后摆直到触墙 • 在墙上贴一张较大的纸，让学生站在纸的旁边，在上面标记出腰部的高度。学生手臂后摆，搭档在纸上画出他手臂后摆的弧线，以便他观察
3. 没有向前迈步或者迈错脚	• 在对侧腿上系一条围巾 • 在学生前方画一个点或脚印，让学生击球前必须向前迈步踩在点或脚印上 • 在地面贴上泡沫垫，让学生用对侧脚迈步，踩在上面发出声音
4. 击球前，将球抛向空中	• 让搭档抓住学生持球的手臂，并施加足够的阻力，让其手臂保持稳定 • 在两根游戏立柱之间系一根绳子，挂一个气球。让学生手持气球并且击打它。如果学生击球前抛出气球，他会看到绳子变弯曲了
5. 没有使用手掌根部击球	• 在两根游戏立柱之间系一根绳或挂一张网，并在其上挂一块湿海绵。让学生用手掌根部击打湿海绵，检查手掌根部是否有水 • 搭档相对站立，一人伸出手，掌心向下，另一人用较小的力量，以下手击球的动作摆动手臂，用手掌根部击打搭档的手
6. 没有手部连带动作	• 在两根游戏立柱之间挂一张网或系一根绳子，使网或绳子底部到达学生肩膀的高度。让学生在无球状态下摆动手臂，直到手掌根部触网或绳子 • 搭档二人面对面站立。一人掌心向下，向外伸手，到达肩膀高度。另一人用较小的力量，以下手击球的动作摆动手臂，用手掌根部击打第一人的手

小结

对于那些年龄较大且不懂下手击球技能的学生来说，排球运动似乎令人备受挫折，许多人不能完成一次基本的下手发球。我们发现这些学生在触球前往往持球过高，以至于击球后，球垂直飞向高处；另一个主要问题是学生在击球时持球臂弯曲，从而导致击球失败。在小学期间，所有这些动作的问题都很容易解决，但是在小学以后，学生的运动模式就很难改变了。最初指导小学生时，不需要他们挑战击球过网。在学生对墙练习或者与搭档练习时，合理的指导和大量的练习机会必然有助于提高他们的技能水平，也有益于他们高年级阶段的学习。

下手击球课程计划

（第 2 节课）

年龄组

小学三年级学生。

教学重点

非击球臂伸展。

教学次重点

身体部位的弯曲和伸展，对侧脚向前迈步。

教学目标

触球之前，完全伸展非击球臂，老师在一旁观察评估。（**提示词：***伸展手臂，手臂伸直，手放低*）

材料和设备

每人一个超级安全球或沙滩球（或类似的球）。

组织和管理

学生在个人空间进行热身和练习。在墙边放一个球，作为学习站点，在距离墙 15 英尺处设置一条平行于墙的线。

热身活动

今天我们将伴随音乐来热身。音乐开始，你们要在场馆公共空间内慢跑。音乐停止后，原地不动。

注意让学生安全地运动。

（音乐停止）所有人站在原地并看向我。我会教给你们一些词语——弯曲和伸展，加大你们的热身难度。看我怎么弯曲手臂和伸直手臂。你们能弯曲一条腿吗？你们能让腿伸直吗？你们能弯曲手腕吗？你们能让手腕伸直吗？很好。

这一次，我们在热身时将用到刚才所学的词语，热身的难度更大。用我喊出的移位运动进行热身，音乐停止就原地不动，按我所说的身体部位名称进行弯曲和伸展活动。（选两个学生演示跳跃、停止不动、完全伸展手臂）你们明白我们将做什么了吗？开始。

观察学生是否正确完成移位运动，是否按照命令正确地弯曲和伸展身体部位。练习中途可以叫停几次，改变移位运动方式，改变弯曲或伸展的身体部位。

形式

学生找到个人空间，面对教师坐下来。

介绍

今天，我们在练习下手击球时要用到弯曲和伸展两个词语。怎样下手击球？（使用老师教授的技巧，回顾准备姿势、手臂后摆、迈步和摆臂、击球、手部连带动作这些关键要领，特别强调对侧脚向前迈步）很好。所有人起立，想象手里有一个球，完成准备姿势、手臂后摆、对侧脚向前迈步、击球、手部连带动作。（多练习几次）

观察学生对侧脚是否向前迈步和手部连带动作是否正确。

很好。今天我们热身时，练习了身体不同部位的弯曲和伸展。为了正确完成下手击球动作，我们必须完全伸展一条手臂，这是我们今天练习的重点。所有人站在自己的位置上。面对我，击球臂后摆，持球臂在身前向下伸展，让手呈 L 形（如图 7.1 所示）。

持球臂几乎完全伸直，这一点非常重要。很好。

观察学生的持球臂是否在身体前方几乎完全伸直。

假装手里有球。伸展击球臂，让它伸直。你们能前迈步、击球，并且完成手部连带动作吗？让我们想象手里有球，多试几次这些动作。

观察学生是否在身体前方伸展击球臂，是否完成对侧脚向前迈步，以及手部连带动作。

停止，你们做得很好。回忆一下，我是怎么持球的？（手臂伸直）很好。现在你们准备持球练习。先看我如何击球。（演示几次）谁知道我击球的位置在哪里？（下方一半处）很好！你们看到我的脚了吗？（对侧脚向前迈步）那么我持球的手臂呢？（伸展开了）

图 7.1　手呈 L 形

现在开始练习。靠墙处放了很多球，并且前面画有线。当我说开始，你们去找一个学习站点，拿起球，站在线上，面对我。（学生找学习站点）

非常好。我说开始，你们开始对墙击球。记住伸展手臂，把球放低。开始。

观察学生是否伸展手臂是否用对侧脚向前迈步。练习 3～5 分钟。

停止不动。每个人找一个搭档坐在线旁。开始。现在，两人一球，其中一人放回一个球，并回到搭档身旁。开始。

这次你们互相帮助练习技能。你的搭档对墙完成下手击球，你观察他是否开始时把球放低，并且用正确的脚向前迈步。我会告诉你们什么时候交换角色。你们明白这些指令吗？开始。

观察学生是否伸展手臂，是否用对侧脚向前迈步。练习 2～3 分钟，之后互换角色。

停止不动。所有人都做得很好。这次你和搭档要一起完成合作活动——墙面反弹球。注意看我的示范动作。（向学生示范）你需要对墙完成下手击球，当球从墙面弹回来时，由搭档接住球。球在墙上只弹一次就接住就是成功。但是你必须击中墙并让搭档接住球。之后，轮到搭档击球你来接球。你们要记录轮流完成的次数。你们必须和搭档配合。你们明白指令了吗？开始。

观察学生是否伸展手臂，是否用对侧脚向前迈步，以及接球动作是否正确。如果练习时发现问题，练习停止并重新教学。练习 5～7 分钟。

结束

如何用手持球？（手呈 L 形，完全伸展手臂）我击打了球的什么位置？（下方一半

处）我击球时哪只脚向前迈步？（*对侧脚*）下次我们将练习击球打中目标。

学生列队离开。

侧面击球

侧面击球可以通过击球出手来完成动作，例如排球中侧面发球、手球中的反弹球。第一次学习这项技能时，儿童在没有器材时表现较好；取得进展后，就需要增加短柄装备（球棒）。儿童一旦掌握了用短柄装备击球，就可以使用长柄装备（如网球拍）击球了。原则上，儿童应该循序渐进地使用大小合适、重量适中的装备。

增加装备后，侧面击球成为匹克球（短柄装备）或者网球（长柄装备）中的正手击球。然而对年龄较小的儿童来说，用装备击打物体的难度较大。然而，他们却能够熟练地使用侧面击球去击打一个反弹的塑料球。下文将讨论不使用装备的侧面击球技能。之后，当儿童的手眼协调性提高以后，就能用更小的球、球棒、球拍来进行练习。《美国 K–12 体育教育的国家标准和年级水平学习成果》（SHAPE America, 2014）提及了用短柄或长柄装备击球，但没有具体说明侧面击球。

关键要领

准备姿势
身体面对目标，眼睛注视目标，两脚分开至与肩同宽，膝盖弯曲，双手平行，掌心相对，手指朝前，非击球手持球。

T 形
双脚原地旋转，以转动身体，侧面朝向目标，手臂伸展，形成 T 形。击球手掌心朝外，向击球方向相反的方向伸展。非击球手持球朝向目标，松手让球下落。在整个动作过程中，眼睛注视球。

迈步和击球
击球臂对侧的脚向着目标迈步。当同侧髋部和肩膀向目标旋转时，摆动击球臂，让身体正对目标。用手击球。

手部连带动作
击球手继续向击球方向移动。

提示词

你在这项技能的每个阶段所选用的提示词，取决于所教学生的年龄和你强调的方面。下面列出的提示词可用于侧面击球的教学。你可以单独使用一个提示词，或者根据需要将这些提示词搭配使用。我们发现，在学生练习时大声说出提示词，是很有帮助的。

准备——面对目标，两脚分开至与肩同宽，身体重量平均分配在两只脚上，非击球手持球。

开始和落球——两脚分开至与肩同宽，身体重量平均分配在两只脚上。非击球侧朝向目标。击球手后摆到与地面平行。非击球手松手，让球下落。在整个动作过程中，眼睛注视球。

T 形——双脚原地旋转，以转动身体，侧面朝向目标，手臂伸展，形成 T 形。击球手掌心朝外，向击球方向相反的方向伸展。非击球手持球朝向目标，松手让球下落。在整个动作过程中，眼睛注视球。

迈步——击球臂对侧的脚向着目标迈步。当同侧髋部和肩膀向目标旋转时，摆动击球臂，让身体正对目标（可使用提示词"皮带扣"来强化正确的身体姿势）。

摆动——对侧脚向前迈步的同时，摆动击球臂。

迈步和击球——击球臂对侧的脚向着目标迈步。当同侧髋部和肩膀向目标旋转时，摆动击球臂。用手击球。

击球或重击——用惯用手击球。

手部连带动作——击球手继续向击球方向移动。

手抬高——击球手继续向击球方向移动并抬高。

> 提示词组 1：准备、T 形、迈步、手部连带动作
>
> 提示词组 2：开始、摆动、击球
>
> 提示词组 3：落球、摆动、重击
>
> 提示词组 4：开始、迈步和击球、手抬高

强化和评估关键要领的活动建议

在教学过程中，重要的是让学生了解一项技能的形式及关键要领，以及怎样正确地实施每个关键要领。在前文中，我们提供了侧面击球的图片及文字说明，并把它分为几个关键要领，提出了可以使用的提示词。第 1 章中的内容能够强化所有运动和操控性技能的概念。下面提供更多的具体活动来巩固侧面击球特有的每个关键要领。

同伴技能考核

目标

让搭档互相评估技能学习的进程。

设备

同伴技能考核表、铅笔，每组一个球。如果学生不识字，可以使用同伴技能考核表的图片版。

同伴技能考核表
技能：侧面击球

侧面击球者姓名：＿＿＿＿＿＿＿＿＿＿＿＿＿　　观察者姓名：＿＿＿＿＿＿＿＿＿＿＿＿＿

❶ 准备姿势

1　　2　　3　　4　　5

❷ T 形

1　　2　　3　　4　　5

❸ 迈步和击球

1　　2　　3

❹ 手部连带动作

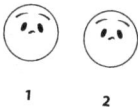
1　　2

同伴技能考核表
技能：侧面击球

侧面击球者姓名：＿＿＿＿＿＿＿＿＿＿＿＿　　观察者姓名：＿＿＿＿＿＿＿＿＿＿＿＿
观察你的搭档，然后给每个关键要领打分。让你的搭档将每个动作做 5 次。如果搭档该做的动作正确，就在对应次数的方框里填"Y"；如果搭档该次做的动作不正确，就在对应次数的方框里填"N"。

开始		测试

准备姿势
1. 眼睛注视目标。
2. 膝盖弯曲。
3. 两脚分开至与肩同宽。
4. 双手平行，掌心相对，手指朝前，非击球手持球。

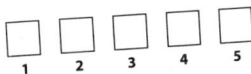
1　　2　　3　　4　　5

动作

T 形
1. 侧面朝向目标。
2. 击球手掌心朝外，向击球方向相反的方向伸展，另一只手朝向目标。

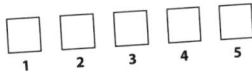
1　　2　　3　　4　　5

迈步和击球
3. 击球臂对侧的脚向目标迈步。
4. 当同侧髋部和肩膀向目标旋转时，摆动击球臂，让身体正对目标。用手击球。

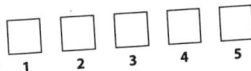
1　　2　　3　　4　　5

停止

手部连带动作
击球手继续向击球方向移动。

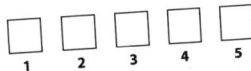
1　　2　　3　　4　　5

活动

　　1. 搭档观察对方的准备姿势是否正确。

　　2. 如果准备姿势正确，则搭档在第一个方框里填"Y"；如果准备姿势不正确，则填"N"。对于不识字的学生，如果准备姿势正确，搭档就在第一个方框里放一张笑脸图片，反之则放哭脸图片。

　　3. 每个关键要领被评估5次后，停止评估。

　　4. 每个学生都要进行同伴技能考核。

拓展活动

　　• 使用同伴技能考核表来测评每个学生技能水平的提高情况。

　　• 把同伴技能考核表同成绩单寄给学生家长。

成功构建者活动

　　成功构建者活动能够帮助你满足学生的个人需求。如果学生在某个关键要领上需要额外的帮助，下面列出的活动将有助于提高学生的表现水平。

目标

　　根据同伴技能考核表的结果，改善不足之处。

设备

　　参见以下各个学习站点。建议在每个学习站点放置一面镜子，以及张贴一张印有侧面击球关键要领的海报。在这项活动中，镜子的用处很大，因为它能让学生看到自己的动作。制作海报最简单的方法是放大打印本书的插图。给海报塑封能延长其使用时间。

活动

　　1. 在教学区域内，为每个关键要领分别设置学习站点。在相应的学习站点张贴附有具体关键要领说明文字的图片。

　　2. 每个学习站点的细节如下。

准备姿势

　　身体面对目标，眼睛注视目标，两脚分开至与肩同宽，膝盖弯曲，非击球手持球。

设备

　　展示准备姿势的海报、镜子（如果有的话），以及同伴技能考核表。

活动

　　学生做好准备姿势，搭档检查其姿势是否与海报所示相符。学生借助镜子观察自己的动作。然后学生模拟击球动作，听到搭档发出的指令后，再次做好准备姿势。一旦学生能够向搭档展示正确的准备姿势，搭档二人互换角色，随后练习整套技能。

T 形

双脚原地旋转，以转动身体，侧面朝向目标，手臂伸展，形成 T 形。击球手掌心朝外，向击球方向相反的方向伸展。非击球手持球朝向目标，松手让球下落。在整个动作过程中，眼睛注视球。

设备

展示 T 形的海报、地板胶带或美术胶带，以及同伴技能考核表。

活动 1

转身，使非击球侧朝向目标，击球手对侧的腿向前迈步，做出迈步姿势（如有必要，在地板上贴地板胶带或美术胶带，或是采用其他他能看见的提示，帮助学生完成对侧脚向前迈步）。手臂伸展成 T 形。学生应该先从这个姿势开始练习；取得进步后从两脚分开（准备姿势）开始，然后旋转身体形成 T 形（准备姿势，T 形）。一旦学生能够向搭档展示正确的准备姿势，搭档二人互换角色，随后练习整套技能。

活动 2

有时学生在击球时会出现手臂弯曲的现象，这可能造成击球动作不正确。在练习中，戴上护肘能够帮助学生感觉到手肘的弯曲。学生能够在击球时保持手臂伸直后，应尽可能鼓励学生不戴护肘练习击球。

迈步和击球

击球手对侧的脚向着目标迈步。当同侧髋部和肩膀向目标旋转时，摆动击球臂，让身体正对目标（使用提示词"皮带扣"有助于保持正确的身体姿势）。用手击球。

设备

展示迈步和击球的海报、镜子底部有防水胶带的餐盘（可以让盘子固定在学生的衬衫上）、3～4 英尺长的塑料管或木钉，以及同伴技能考核表。

活动 1

学生从 T 形姿势开始活动，非击球侧朝向镜子或者搭档双手握住塑料管末端，置于脖子后面。学生旋转髋部和肩膀，让管子与镜子或搭档保持平行。在开始练习整套技能之前，应反复练习几次这个动作。

活动 2

学生把餐盘放在衬衫上，与搭档相互配合。学生从 T 形姿势开始活动，非击球侧朝向搭档。搭档发出开始指令后，学生旋转同侧髋部和肩膀，向前摆动击球臂，学生旋转到餐盘朝向搭档后停止运动。如果使用镜子，镜子应该放在搭档所站的位置。在开始练习整套技能之前，应反复练习几次这个动作。

手部连带动作

击球手继续向击球方向移动。

设备

展示手部连带动作的海报、镜子，以及同伴技能考核表。

活动

学生在无球的状态下，面向镜子，练习侧面击球。学生观察镜子中自己的动作，确定手部连带动作的位置。搭档评估学生的动作。

强化整体技能的高级活动建议

在强调准确性之前，学生应该先掌握技能的关键要领。虽然《美国 K–12 体育教育的国家标准和年级水平学习成果》（SHAPE America, 2014）并没有单独介绍侧面击球，但是在介绍下手截击成果时简单地提到过这项技能。该文件成果说明三年级学生能够使用侧面击球的模式，将一个物体越过网并击中墙壁，或越过一条线传给搭档（S1.E22.3）。

对于所有操控性技能，在强调准确性之前，学生应该先掌握技能的关键要领。当准确性成为首要目标时，学生就会因追求准确性而忽略关键要领。因此，在学生三年级以前不要强调侧面击球的准确性。所用目标应该足够大，这样学生才能正确实施技能的关键要领，并成功击中目标。

个人活动

颜色目标

目标

击中特定的目标，提供更多的机会来练习侧面击球。

设备

将用不同颜色的美术纸制作的目标（用每种颜色做 8 ～ 12 个目标）贴在活动区域的墙上，每个学生一个球（排球、沙滩球或泡沫球）。制作一个彩盒，里面放入各种颜色的美术纸，美术纸的数量要多于学生的人数。

活动

1. 挑选一个学生从彩盒里抽取一张美术纸。

2. 选中的颜色即为目标的颜色，所有学生必须用侧面击球击中这个颜色目标。

3. 在你发出停止指令之前，学生不断地向该颜色的目标击球。

4. 直到所有学生都从彩盒里抽过美术纸后，活动停止。

拓展活动

• 除了抽不同颜色，学生也可以从形状盒里抽出不同的形状，从字母盒里抽出不同的字母，或是从单词盒里抽出不同的单词。

• 两个学生搭档。搭档选择不同的颜色、形状、字母或单词作为目标。学生必须尝试使用侧面击球来击中这个选定的目标。搭档之间轮流挑选目标或击球。

拼单词

目标

通过侧面击球击中字母，拼出单词。

设备

每个学生 1 个球（排球、沙滩球或泡沫球）。4 套完整的字母散放或贴在活动区域的墙上。准备纸和铅笔或白板和记号笔用来建立词库。

活动

1. 开始指令发出后，学生通过侧面击球击中不同的字母，拼出单词。

2. 一旦学生拼出 1 个单词，就去词库写下这个单词。最好多准备几个词库，这样学生就不必排队等待写单词了。

3. 每个单词只能写 1 次。

4. 如果学生击中的某个字母不能用来拼写单词，那么他必须再次击中这个字母来删除它。

拓展活动

- 2 个学生搭档。一个学生击中字母拼出单词，另一个学生记录单词，并评估击球人的侧面击球技能。只有击球人的侧面击球动作正确，才可以使用击中的字母。学生拼出 1 个单词后，二人角色互换。

- 2 个学生搭档，将纸和笔分给他们。他们用纸和笔来记录击中的字母，写下拼出的单词。每个学生必须通过侧面击球击中 1 个元音字母和 2 个辅音字母，直到他们拥有 6 个字母来组成单词。2 个人尝试使用击中的 1 个或更多字母来拼出 6 个单词。一旦完成 1 个单词的拼写，就在词库里划去这个单词。如果学生击中的字母无法使用，就必须再次击中这个字母来删除它。

合作活动

挑战赛

目标

在不同环境下练习侧面击球。

设备

每组配备 1 个球（如塑料球、泡沫球或排球）及若干挑战卡。

活动

1. 每个学生挑选 1 张挑战卡。

2. 学生完成挑战卡上描述的任务。

3. 挑战任务包括以下活动。

- 大力（力小）击球。
- 让球击中不同高度（中和低）的目标。
- 和搭档同时击球。

拓展活动

- 在墙上放置多种颜色的目标（与地面的距离不超过 5 英尺），搭档指定 1 种颜色的目标让击球人击打。
- 在掌握技能后，在 2 根游戏立柱之间系 1 根绳子。在绳子上系上各种物体（例如容量为 2 升的空瓶、呼啦圈或铝质餐盘）。学生必须先喊出 1 种物体作为目标，再用球击中目标。强调正确的技能表现。

后退击球

目标

在不同的距离用侧面击球将球击向搭档。

设备

每组配备 1 个球（如排球、塑料球或泡沫球）。

活动

1. 搭档面对面站立，相距约 10 英尺。
2. 一个学生通过侧面击球把球传给搭档，在球弹起 1 次后，搭档必须接住球。
3. 搭档接住球后，必须通过侧面击球再把球传给第一个学生，他也必须在球弹起 1 次后接住球。
4. 完成 2 轮击球和接球以后，其中一人向后退 1 步，重复以上过程。
5. 如果击球或接球不正确，二人必须返回起始位置重新开始。

拓展活动

- 正确击球以后，可以等球弹起来超过 1 次再接，不用返回起始位置重新开始。
- 可以借助排球网（或绳子），让学生向着搭档击球过网或过绳。

源自：Based on Bryant and McLean Oliver（1974）.

穿过呼啦圈

目标

侧面击球穿过悬挂的呼啦圈，提高侧面击球的准确性。

设备

每组配备 1 个大号呼啦圈和 1 个球（如沙滩球、泡沫球或排球）。呼啦圈要挂在超过头顶高度的支架上（如排球立柱或篮筐），距离地面大约 2 英尺。

活动

1. 2 个搭档分别站在悬挂的呼啦圈两侧。
2. 搭档轮流采用侧面击球让球穿过呼啦圈。

拓展活动

- 在规定时间内（例如 1 分钟内），搭档互相记录成功击球穿过呼啦圈的次数。
- 缩短或加长学生与呼啦圈的距离，确保成功。
- 搭档在击球之前接球成功才能记录次数。

团体活动

创建自己的活动

目标

为了提升侧面击球技能，让学生自己创建活动。

设备

1 张纸和 1 支笔，你预先确定的允许学生在活动中使用的器材（如保龄球瓶、标志筒、绳子、呼啦圈、沙滩球、塑料球、排球、泡沫球或网球）。

活动

1. 2 ～ 5 个学生一组。你可以为学生分组，或让学生自己建组。

2. 每组把侧面击球作为基本技能来设计活动。要求学生（包括所有组员）制定规则，促进正确展现技能动作，并考虑安全问题。

3. 每个组在纸上写下成员的姓名、活动规则和所需设备，随后向你展示活动。

4. 经你同意后，各组领取所需的器材，开始活动。

5. 你必须同意各组对活动的合理改编。

拓展活动

- 各组可以将自己组设计的活动教给其他组。
- 各组可以将自己组设计的活动教给全班其他学生。
- 你可以将活动录制下来，并与其他班级或家庭成员共享。

循环 / 再循环

目标

击球过网，提升侧面击球技能。

设备

两根排球立柱，一张悬挂至网球网高度的网，每个学生一个泡沫球。

活动

1. 全班分为两组。

2. 两组分别站在网的两侧。

3. 开始指令发出后，每个人用侧面击球方式击球过网。

4. 学生记录击球过网的次数。此技能应正确执行。

拓展活动

- 记录整组学生成功完成侧面击球并击球过网的次数，将结果制成图表，以展示班级的进步情况。
- 每次有学生成功击球过网后，该学生绕过立柱，加入对方组。
- 再悬挂一张网至排球网高度，让学生挑战击球穿过两张网之间。

源自：J.A. Wessel, PhD, Project I CAN（Northbrook, IL: Hubbard, 1974）.

保持进行

目标

击球过网，练习侧面击球。

设备

2 根排球立柱，1 张悬挂至网球网高度的网，每组 1 个泡沫球。

活动

1. 4 个学生一组。
2. 用来回穿梭的形式为学生编好队：2 个学生站在网的一侧，前后呈一条线；另外 2 个学生站在网的另一侧，同样前后呈一条线；两侧学生错开站立。
3. 站在最前面的学生开始击球。
4. 第一个学生击球过网后，立刻移动至同侧第二个学生的身后。
5. 球过网从地面上弹起后，网对面的第一个学生把球击打回来。
6. 网对面的第一个学生再移动至同侧第二个学生的身后。
7. 若球弹起一次后无法击打回来，活动结束。

拓展活动

- 学生记录整组正确完成侧面击球的数量，并将结果制成图表，以展示班级的进步情况。
- 6 ～ 8 人一组。每次有学生击球过网后，该学生就绕过立柱，加入对方小组。如果球没有过网，学生可以再次击球。
- 如果有足够的设备，2 个学生可以像网球单打一样跨网进行这项活动。

小结

对于学生来说，侧面击球的最大障碍是他们不能转体以侧身朝向目标。如果忽略第一个动作，那么整套技能的其余动作都难以正确执行。遗憾的是，这一不良运动模式可能是由教学方法不当导致的。在教学的初始阶段，在学生练习其他技能的关键要领的同时，应该让学生对侧面方向有所了解。在学生掌握这些技能的同时，应确保其中包括转身。一旦学生掌握了转身动作，即可增加他们击球所需要移动的距离。这样的练习顺序可以确保学生的技能水平取得合理的进步，也能让练习像游戏一样，更加具有趣味性，还能让学生在以后更好地转入专业运动领域。

教授残障学生

- 对于双手侧面击球，学生开始时可以用双手（不用工具）来完成，而后可以逐渐过渡到使用木板，然后使用短柄工具，最后使用长柄工具（例如球棒）。
- 使用大一些的塑料球棒。泡沫球棒可能更适合某些学生。
- 所有类型的击球都应使用较大、较软的球。球的颜色最好与背景色形成鲜明对比，这对学生练习会很有帮助。
- 在目标处制造声音（如利用蜂鸣器、铃铛、餐盘）。
- 对于侧面击球，大木板更适用。
- 根据学生的能力调整击球距离，使目标更容易或更难完成。
- 若适用，允许学生坐着击球。
- 将球悬挂在头顶支架（如篮球架）上，使学生能够独立练习或与搭档一起练习。
- 将球用绳子系在椅子上，以便学生取回球。
- 将有视觉或听觉障碍的学生安排在前排位置。
- 将容易分散注意力的学生安排在教学区域的一侧练习。
- 忽略与残障学生无关的提示词。

侧面击球问题解决表

问题	解决方法
1. 眼睛没有始终注视着球	• 把一个容量为 2 升的空瓶倒放在标志筒上，让学生尝试用侧面击球把它打下来 • 在球上画一个图案，让学生将视线集中在图案上。如果球上有字，就让学生将视线集中在字上 • 搭档用较小的力量将球反弹传球给学生，学生必须通过移动来让球碰到皮带扣
2. 没有转身以侧面朝向目标	• 当学生做好准备姿势时，在学生双脚前面的地面上画两个相互垂直的箭头，让学生练习通过两个脚掌旋转使身体一侧朝向目标 • 让搭档传球给学生，当球接近学生时，让搭档给出转身的口头提示 • 让搭档给学生传球，学生在接球时必须转身，让球碰到身体的一侧
3. 击球臂没有向击球方向相反的方向伸展	• 让学生转身，用击球手触碰身后的墙 • 搭档站在学生身后，一只手举到击球手应该到达的最高位置。学生转身，击球臂向击球方向相反的方向伸展，直到碰到搭档的手掌

续表

问题	解决方法
4. 没有向着目标迈步	• 在地面上设置一个点或一个足印，用于提示学生在击球时对侧脚应该放在什么位置 • 让学生在击球前用对侧脚跨过一条线或者一个扁平的物体 • 在学生迈步脚的前面放一只"臭虫"（地面上的一个小点），让学生击球时踩这只"臭虫" • 在对侧腿上系一条围巾 • 用胶带把泡沫垫贴在地面上，让学生用对侧脚踩上去发出声音
5. 髋部和肩膀没有旋转到位	• 击球后，让学生检查皮带扣的位置，皮带扣应该朝向目标 • 当学生转动身体时，让搭档使用用橡皮管或者弹力带来增加阻力
6. 击球臂没有伸展到适当位置	• 在两根游戏立柱之间挂一张网或系一根绳子，并在上面挂一个物体（小风铃、床单或餐盘），让学生向前摆动击球臂时触碰这个物体 • 让搭档举着一个物体（呼啦圈、沙包或塑料瓶），让学生向前摆动击球臂，拿走这个物体
7. 没有继续手部连带动作	• 在篮筐上悬挂一个气球。学生完成击球动作后，让他用击球手触摸气球

侧面击球课程计划

（第 1 节课）

年龄组
小学一年级学生。

教学重点
落球并击球。

教学次重点
对侧脚向前迈步，控制力量，接球。

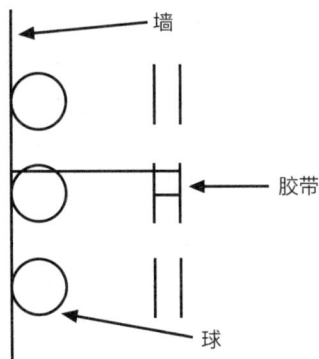

图 7.2　侧面击球课程设置

教学目标：落球，用惯用手击球，5 次练习能正确完成 4 次，老师观察并评估（**提示词**：*落球、迈步和击球*）。对侧脚向前迈步，老师评估动作（**提示词**：*迈步*）。

材料和设备
每个人 1 个沙滩球或泡沫球。

提前准备
如果有可能，为每个学生设置 1 个学习站点。在地面上贴 2 条地板胶带或美术胶带。若学生人数多，就多贴几组胶带。这些胶带应该与墙平行，距离墙 15 英尺，胶带之间的距离约为 1 英尺。这样安排可以让学生有自己的空间进行练习。为了方便分发器材，在每个学习站点放 1 个塑料球或排球（如图 7.2 所示）。

组织和管理
学生在个人空间进行热身和练习。

热身活动

学生进入场馆，找到自己的个人空间。

今天我们将复习 2 个学过的运动技能，快跑和慢跑。先说快跑。谁能给我们示范正确的快跑？（选 2 个学生示范快跑。强调关键要领，如保持一只脚在前，以及非常规的两脚并排）

音乐开始，你们在公共空间内快跑。音乐停止后，等待下一个指令。明白了吗？（音乐开始）

注意学生是否掌握 1 只脚在前或者 2 脚并排的要领。音乐停止。

停止不动。现在，谁能向我们示范慢跑？（选择 2 个学生示范慢跑。强调关键要领，如眼睛注视前方和双臂来回摆动）

音乐开始，你们在公共空间内慢跑。音乐停止，在原地停止不动，等待下一个指令。明白了吗？（音乐开始）

注意学员是否做到眼睛注视前方，正确摆动手臂。音乐停止。

停止不动。快跑和慢跑你们都表现得很好。现在，我们进行一项趣味活动。音乐开始，你们就快跑。音乐停止，你们开始走动。音乐再次开始后，你们开始慢跑。音乐再次停止，你开始快跑。每次音乐停止，你们都要改变运动模式。现在，我们从哪项技能开始？（**快跑**）很好。你们还有问题吗？（音乐开始）

注意学生是否正确完成技能，中间暂停几次音乐，让学生改变运动模式。

介绍

停止不动。每个人找到个人空间并坐下。很好。今天我们要学习侧面击球。现在，假装你在散步，挥手致意。很棒。之前我们学习了如何滚球和抛球，我们把滚球和抛球用的这条手臂称为抛球臂或发力臂。这条手臂也是击球臂。

侧面击球和下手滚球有所不同。这次，我们要转体侧身朝向目标，让击球臂远离墙的方向。（示范动作）

为了实施这个动作，我们必须让身体的一侧对着墙，一手持球，用另一只手击球。用哪一条手臂击球好呢？（**最有力的手臂**）

注意观察场馆内有很多学习站点。每个学习站点有 1 个球，地面上有 2 条胶带。刚才没有用球，现在注意观察我的动作。（站在胶带上，惯用手向后伸展）你们注意观察，我的击球臂是朝着场馆中央区域、远离墙壁的方向摆动的。我的 2 只脚分别踩在胶带上。我的击球臂向后摆动，距离墙更近的脚朝墙壁迈步。当我向前迈步的时候，击球臂向前摆动。（重复几次这些动作和提示词——迈步和击球）。

我需要几名助手。（挑选 5 个学生，其中 1 个是左利手）每个人找 1 个学习站点，站在胶带上，击球臂朝场馆中央摆动。（观察手臂伸展）非常好。现在，你们注意到有 1 个学生的击球臂和其他人不同。很好。重要的是运用你自己的击球臂。你的击球臂不必和其他人相同。

让我们检查一下这些同学的迈步和击球情况。（重复动作 3 次或更多次）

很好。现在所有人开始练习。当我喊出你们衣服上的颜色时，你们要找到 1 个学习站点并站在胶带上，将击球臂朝场馆中央摆动。（在学生到达某个学习站点前，反复喊出这种颜色）确保让自己的击球臂朝场馆中央摆动。

观察学生的手臂伸展姿势是否正确，双脚是否分别踩在 2 条胶带上。

做得非常好。现在，让我们开始练习迈步和击球时。你们和下手滚球和抛球类似，我们必须用迈步脚向前迈步。当我说出提示词迈步和击球时，你们就用离墙最近的那只脚朝墙迈步——这就是你的迈步脚——同时将击球臂向前摆动。（重复提示词迈步和击球，至少 5 次）

观察学生的手臂是否正确伸展，确保学生朝墙迈步。

非常好，我相信你们已经准备好尝试更难的动作了。现在假装你们另一只手里有个球，假装松手让球落下，向前迈步并击球。注意我的示范。（示范动作并说提示词落球、迈步和击球）记住我们必须同时向前迈步和击球。所有人起立，我说提示词，你们做动作。

重复几次提示词——落球、迈步和击球。同时注意学生落球、手臂伸展、朝墙迈步的动作是否正确。

停止不动。我想你们已经准备好把所有动作连贯起来了。注意看我是如何做到一只手持球，并把击球臂向后摆动的。我的 2 只脚分别踩在 2 条胶带上，现在我让球落下（而不是抛出球或者让球弹出），向前迈步，用击球臂击球。

示范几遍，重复提示词——落球、迈步和击球。

让我们看看是不是所有人都准备好了。（挑选 5 个学生练习落球、迈步和击球并重复提示词，注意强调动作姿势）

注意观察，有的球从墙上弹起来的力度过大。我们怎么解决这个问题呢？（击球的力量小一些）正确。事实上有 1 个规则，那就是在接球之前必须让球反弹 1 次。这样你就必须用较小的力量。

当我说开始，你们每个人捡起 1 个放在墙边的球，站在 2 条胶带上，击球臂向后摆动，另一只手持球。先不要落球。你们明白这些指令吗？开始。

注意观察学生击球臂是否伸展，身体一侧是否朝着墙。

现在，当我说开始，你们让手中的球落下，迈步，然后击球，确保在接球前让球反弹 1 次。开始。

观察学生击球臂是否伸展，身体一侧是否朝墙，是否松手让球落下（而不是抛出球或让球弹出），是否用伸展的手臂击球。

停止不动。做得非常好。现在，我要求你们在练习时大声说出提示词：落球、迈步和击球。每次大声说出落球、迈步和击球时，你必须不停地击球、接球、再击球。记住**力量要小**。在接球之前，只能让球反弹 1 次。你们明白这些指令吗？开始。

停止不动。这次我希望你们记录往墙面上击球和接住球的次数。记住球只能反弹 1 次。开始。

观察学生击球臂是否伸展，身体一侧是否朝墙，是否松手让球自己落下（而不是抛出球或让球弹出），是否用伸展的手臂击球。

停止不动。你们中多少人能接住 5 次球？那 8 次呢？ 10 次呢？很好。如果你能接住 10 次球，你就能够练习对墙击球了。找一个搭档。先观察一个学生和我的动作示范。（在讲解的同时示范）我把球击向墙面，它反弹回来，学生接住它。然后学生向墙面击球，轮到我来接球。我们必须让身体的一侧朝墙，用迈步脚向前迈步，让球落下。我们的目的是让搭档能够接住球，所以击球时力量要小。

你如果没有接住 10 次球，那么后面几分钟内依然要自己练习这个动作，所有人都明白指令吗？开始。

观察搭档二人击球臂是否伸展，身体一侧是否朝墙，是否让球自己落下（不是抛出球或让球弹出），是否用伸展的手臂击球。

停止不动。如果你们有人在单独练习，现在可以找个搭档一起练习对墙击球。开始。

练习持续 3 ～ 5 分钟。

停止不动。时间到。把球放回墙边的原来位置。列队。

结束

准备击球时该做什么？（让一个学生进行说明，让另外一个学生按照说明做动作。在学生能正确完成侧面击球动作之前，不断改变动作并提问）

现在，让我们回忆并记住用过的提示词。（**落球、迈步和击球**）很好。下次我们会练习双手侧面击球。

学生列队离开。

双手侧面击球

双手侧面击球常用于球棒击球。在针对儿童的各项活动中，所用器材的大小尺寸和重量应合适，尤其是长柄器材。当儿童使用的球棒过重时，他们会采用横拍握法（双手分开），因此他们挥棒几次后就会感到疲乏。儿童应该用他们能掌控的球棒击球。我们建议儿童初学时使用塑料球棒，动作熟练之后再换用较重的球棒。

练习所有运动技能都要注意安全，尤其是使用球棒时。除了使用塑料球棒，我们建议最好使用纱球、泡沫球、布球或者柔软的橡胶球。标准的垒球和棒球不适用于上体育课。

教学之前一定要教授并练习安全措施。年幼的儿童经常会兴奋地去找回自己击打出去的球，而不注意自己的运动位置。你必须时刻提醒儿童如何安全地握住球棒，挥棒之前观察周围情况，注意自己的运动位置。我们建议在击球人周围设置清晰的标记，防止其他儿童进入击球区域。合适的训练课程能大幅减少学生受伤的风险。

《美国 K–12 体育教育的国家标准和年级水平学习成果》（SHAPE America, 2014）在长柄器材击球（S1.E25）这部分提到了双手侧面击球，这部分内容提到了球棒、高尔夫球棍和曲棍球棒。本书仅讨论有关双手侧面击球的标准成果。这项成果显示，二年级以后学生才适合练习侧面击球，因此建议二年级学生学习正确握棒，适当的侧身击球，以及用球棒把球从球座或标志筒上击落（S1.E25.2）；三年级学生能够正确握棒，用球棒击球，让球向前运动；四年级学生能够用球棒击球，展示出成熟技能模式中 5 个关键要领（握棒、准备姿势、身体朝向、挥棒和手部连带动作）的 3 个（S1.E25.4）；五年级学生能够运用成熟的技能模式（S1.E25.5a），用球棒击中投球，并在小型比赛中综合运用击球、接球和运球技能（S1.E25.5b）。双手侧面击球技能需要反复练习，我们所推荐的练习和活动都要用到球座。

关键要领

脚的位置
找一个合适的站立位置，前脚与球座在一条线上。伸展双臂，让球棒最粗的部位触到球座。学生朝与击球目标相反的方向迈出一小步。身体的非惯用侧朝向目标方向。

准备姿势
握棒时，惯用手放在另一只手的上面，与腋下平行，手肘抬高。下巴在肩膀上方，看向击球飞行的方向。球棒在肩膀后面，远离目标，后面的上臂与地面平行。

迈步和挥棒
惯用手对侧的脚向前（击球方向）迈步，后脚不动，当髋部和肩膀旋转时，重心从后脚移至前脚。

击球
伸展手臂，前脚与球在一条线上，在身体的前方，用球棒的前半部分击球。

手部连带动作
球棒继续越过击球点，后肩移至下巴下方，双手继续握住球棒。

源自：Albemarle County Physical Education Curriculum Revision Committee（2008）.

提示词

你在技能学习的每个阶段所选择的提示词，取决于学生的年龄和你强调的重点。在此列出的提示词可以用于教授双手侧面击球。你可以单独使用一个提示词，或者根据需要将这些提示词搭配使用。我们发现，在学生练习时，大声说出提示词非常有益。

准备和球棒后摆——站立，非惯用侧朝向目标方向。握棒时，惯用手放在另一只手的上面，与腋下平行，手肘抬高。下巴在肩膀上方，看向击球飞行的方向。球棒在肩膀后面，远离目标，后面的上臂与地面平行。

迈步和挥棒——惯用手对侧的脚向前迈步，后脚不动，当髋部和肩膀开始旋转时，重心从后脚移至前脚。

迈步——靠近目标的一只脚向前迈步。

挥棒——髋部和肩膀旋转时，球棒向前挥动击球。双臂完全伸展。

迈步和击球——靠近目标的一只脚向前迈步，髋部和肩膀旋转，球棒触球。

击球——伸展双臂，前脚与球在一条线上，在身体前方，用球棒的前半部分击球。

手部连带动作——球棒继续越过击球点，后肩移至下巴下方，双手继续握住球棒。

肩膀——球棒继续越过击球点，后肩移至下巴下方，双手继续握住球棒。

挥棒击球——靠近目标的一只脚向前迈步，髋部和肩膀旋转，球棒击打球的中心。球棒继续越过击球点，后肩移至下巴下方，双手继续握住球棒。

提示词组 1：准备、迈步和挥棒、击球、手部连带动作
提示词组 2：准备、迈步、挥棒
提示词组 3：球棒后摆、迈步和击球、肩膀
提示词组 4：准备、挥棒击球

强化和评估关键要领的活动建议

在教学过程中，重要的是让学生了解一项技能的形式及关键要领，以及怎样正确地实施每个关键要领。在前文中，我们提供了双手侧面击球的图片及文字说明，并把它分为几个关键要领，提出了可以使用的提示词。除了第 1 章中的内容可以强化所有运动和操控性技能的概念，下面将提供更多的具体活动来巩固双手侧面击球特有的关键要领。

同伴技能考核

目标

让搭档互相评估技能学习的进程。

设备

同伴技能考核表、铅笔，每组一个球棒和球。如果学生不识字，可以使用同伴技能考核表的图片版。

活动

1. 搭档观察对方的准备姿势是否正确。
2. 如果准备姿势正确，搭档在对应的方框里填"Y"；如果准备姿势不正确，搭档则在对应的方框里填"N"。对于不识字的学生，如果准备姿势正确，搭档就在对应的方框里放一张笑脸图片，反之则放哭脸图片。
3. 每个关键要领被评估 5 次后，停止评估。
4. 每个学生都要进行同伴技能考核。

拓展活动

- 使用同伴技能考核表来测评每个学生技能水平的提高情况。
- 把同伴技能考核表同成绩单寄给学生家长。

成功构建者活动

成功构建者活动能够帮助你满足学生的个别需求。如果学生在某个关键要领上需要额外的帮助，那么下面列出的活动将有助于提高学生的表现水平。

目标

根据同伴技能考核表的结果，改善不足之处。

同伴技能考核表
技能：双手侧面击球

双手侧面击球者姓名：_____

观察者姓名：_____

 ① 脚的位置

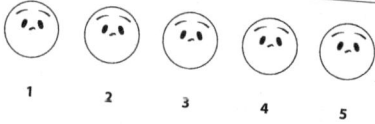
1　　　2　　　3　　　4　　　5

 ② 准备姿势

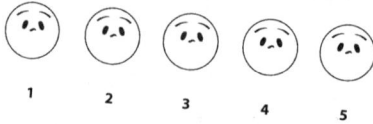
1　　　2　　　3　　　4　　　5

③ 迈步和挥棒

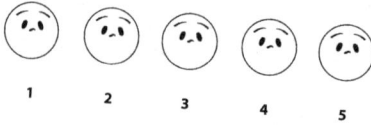
1　　　2　　　3　　　4　　　5

④ 击球

1　　　2

⑤ 手部连带动作

1　　　2

同伴技能考核表
技能：双手侧面击球

双手侧面击球者姓名：_____

观察者姓名：_____

观察你的搭档，然后给每个关键要领打分。让你的搭档将每个动作做 5 次。如果搭档该次做的动作正确，就在对应次数的方框里填 "Y"；如果搭档该次做的动作不正确，就在对应次数的方框里填 "N"。

开始

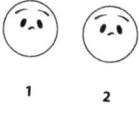

脚的位置
前脚与球座在一条直线上。

测试

□ □ □ □ □
1　2　3　4　5

准备姿势
1. 身体非惯用侧朝向目标方向。
2. 下巴在肩膀上方。
3. 双手握棒。
4. 手肘抬高。

□ □ □ □ □
1　2　3　4　5

动作

迈步和挥棒
1. 一只脚向前（击球方向）迈步。

□ □ □ □ □
1　2　3　4　5

击球
2. 用球棒的前半部分击球。
3. 伸展手臂。

□ □ □ □ □
1　2　3　4　5

结束

手部连带动作
后肩移至下巴下方。

□ □ □ □ □
1　2　3　4　5

设备

见以下各个学习站点。建议在每个学习站点放置一面镜子，以及张贴一张印有双手侧面击球关键要领的海报。在该活动中，镜子的用处很大，因为它能让学生看到自己的动作。制作海报最简单的方法是放大打印本书的插图。给海报塑封能延长其使用时间。

活动

1. 在教学区域内，为每个关键要领分别设置学习站点。在相应的学习站点张贴附有具体关键要领说明文字的图片。
2. 让学生找一个合适的站立位置，使前脚与球座在一条线上，伸展双臂，让球棒最粗的部位触到球座。学生朝与击球目标相反的方向迈出一小步，身体的一侧朝向击球区域。
3. 每个学习站点的细节如下。

准备姿势

身体非惯用侧朝向目标方向。握棒时，惯用手放在另一只手的上面，与腋下平行，手肘抬高。下巴在肩膀上方，看向击球飞行的方向。球棒在肩膀后面，远离目标，后面的上臂与地面平行。

设备

展示准备姿势的海报、球棒、镜子，以及同伴技能考核表。

活动

学生做好准备姿势，搭档检查其姿势是否与海报所示相符。学生借助镜子观察自己的动作。搭档要求学生把球棒放下开始准备，反复练习准备姿势，直到学生能够连续5次完成这个动作。学生成功完成准备姿势后，搭档二人互换角色，随后练习整套技能。

迈步和挥棒

惯用手对侧的脚向前迈步，后脚不动，当髋部和肩膀旋转时，重心从后脚转移至前脚。

设备

展示迈步和挥棒的海报、球棒、地板胶带，以及同伴技能考核表。

活动

学生站在胶带上，双脚分开至与肩同宽，非惯用侧朝向目标；听到搭档的指令后，前脚向着目标迈步，踩在贴在地面适当位置的胶带上；此动作做正确后，开始练习挥棒。学生做好准备姿势，手握球棒，听到搭档的指令后，向着目标迈步并挥棒。

击球

伸展手臂，前脚与球在一条线上，在身体前方击球，用球棒最粗的部位击球。

设备

展示击球的海报、球座、塑料或泡沫球棒、布球，以及同伴技能考核表。

活动

为了击打到球座的顶端，学生要靠近球座，伸出球棒，找到适合站立的位置。搭档评估其准备姿势、迈步和挥棒动作后，学生再击打球座的顶端。搭档提供反馈，学生找到击打球座的合适位置。当学生能够连续正确完成 5 次这个动作，可以用布球进行练习，搭档继续观察评估。当学生能够连续正确完成 5 次这个动作，搭档二人互换角色，随后练习整套技能。

手部连带动作

球棒继续越过击球点，后肩移至下巴下方，双手继续握住球棒。

设备

展示手部连带动作的海报、球棒，以及同伴技能考核表。

活动

学生在无球的情况下，面向镜子，练习挥棒。学生集中注意力，用球棒击球，球棒继续移动，直到后肩移至下巴下方。学生连续正确完成 5 次这个动作后，搭档二人互换角色，随后练习整套技能。

强化整体技能的高级活动建议

在教授任何技能时，安全问题至关重要，它是双手侧面击球的最优先事项。练习应该是系统性的，学生在等待和击球时必须位于指定的位置。小组之间应该保持足够的距离。户外练习便于保持更大的间距。没有你的击球信号，任何人不能击球。球棒应该为塑料或泡沫材质。球应该柔软轻便，实际上垒球或棒球是不适合练习的。组织工作对于儿童的学习和安全来说至关重要。

在强调准确性之前，学生应该先掌握双手侧面击球的关键要领。然而在双手侧面击球技能中，调整步伐虽然是一项必要的技能，但是不能取代双手侧面击球的其他关键要领。对于有目标的活动，所用目标应该足够大，这样学生才能正确掌握技能的关键要领，并成功击中目标。

个人活动

击球挑战

目标

击打球座上的球，提升双手侧面击球技能。

设备

每组需要 1 个击球球座（或交通标志筒）、1 根球棒、1 个威浮球（或纱球）以及 3 个固定在墙上的目标。

活动

球座固定在大约距离墙壁 15 英尺处，学生尝试对墙击球。学生要利用球座正确完成以下动作。

- 对墙击球，不触碰球座。
- 让球击中正对球座前方、固定在墙上的目标。
- 调整站姿，以让球击中 3 个固定在墙上的目标的之一。

拓展活动

- 在 2 根游戏立柱之间悬挂 1 张网。让学生尝试击球穿过网。出于安全考虑，所有学生应位于网的同侧。
- 在 2 根游戏立柱之间系 2 根绳子，2 根绳子的间距大约为 2 英尺。让学生尝试击球穿过 2 根绳子之间的空隙。

重击

目标

击打一个悬挂的球，提升双手侧面击球技能。

设备

一根球棒；在超过头顶高度的支架（如篮筐）上，用粗绳悬挂一个威浮球。球应当悬挂在学生的击球区域内。

活动

1. 球应当静止不动。
2. 学生在击打威浮球时，要注意准备姿势、迈步和挥棒、击球、手部连带动作这些关键要领。
3. 使用较大的球，可以使用放在塑料袋内的轻质球或泡沫球。
4. 使用较大的塑料球棒。

拓展活动

- 搭档互相评估双方的动作技术。
- 当球朝他们摆动时，学生应当尝试击球。

合作活动

挑战赛

目标

在不同环境下练习双手侧面击球技能。

设备

每组 1 个球、2 根塑料球棒和 1 个球座（或交通标志筒）及若干挑战卡。

活动

1. 每个学生挑选 1 张挑战卡。
2. 学生完成挑战卡上描述的任务。
3. 可能的挑战任务包括以下活动。

- 大力击球（或轻轻击球）。
- 让球击中不同高度（高、中和低）的目标。
- 让球击中放在不同方位（击球人的前方、左侧和右侧）的目标。

拓展活动

- 在墙上并排固定 3 个目标（最好是不同颜色的美术纸）。搭档之间互相挑战，击中指定的目标。
- 增加学生与目标之间的距离，让学生挑战击打不同方位的目标。

摇摆的目标

目标

击打搭档摇动的球。

设备

1 根塑料球棒和 1 个系着绳子的威浮球。

活动

1. 这项活动只适用于技能熟练的四年级或五年级学生。在活动中提醒学生注意掌控塑料球棒和摇摆的球。
2. 搭档在学生的击球区域内，在头顶上方摆动球（如用套索）。
3. 学生尝试击打这个球。
4. 击打 5 次后，改变位置。

拓展活动

- 使用软布球。
- 将 1 个轻质球放入塑料袋中并系上 1 根绳子。如果需要，可使用较大的球。
- 记录击球人连续击球的次数。搭档统计总共击球数，并且将其加到班级总数中。

团体活动

创建自己的活动

目标

为了提升双手侧面击球的技能，让学生自己创建活动。

设备

每组 1 张纸和 1 支铅笔，你预先确定的允许学生在活动中使用的器材（如布球、碎布球、塑料球棒、标志筒、绳子、呼啦圈、泡沫球或威浮球）。

活动

1. 2 ～ 5 个学生一组。你可以为学生分组，或让学生自己建组。
2. 每组学生把双手侧面击球作为基本技能来设计活动。要求学生（包括所有组员）制定规则，促进正确展现技能，并考虑安全问题。

居家练习

- 设备
  - ◆学生家里的任何球（如网球、垒球、泡沫球）都可以用于户外练习。
  - ◆对于下手击球，学生可以使用小木板和纸球、袜子卷成的球或气球（乳胶过敏者慎用）。他们还可以击打枕头或毛绒玩具。
  - ◆泡沫条（一分为二）、扫帚柄或纸巾卷可以作为球棒的替代品。
  - ◆在选择目标时，学生应从大目标开始，然后过渡到小目标。一个不错的目标是浴巾，每次击球成功时，可以将它对折一次，让目标越来越小。一旦学生掌握了这项技能，纸板也是很好的目标。
  - ◆交通标志筒是球座的良好替代品，不过许多人家里可能没有。学生可以使用椅背来替代球座（如果使用的是真正的球棒或其他物体，可能会损坏椅子）。
- 活动
  - ◆在户外，在事先获得许可的情况下，学生可以将没有窗户的外墙作为击球目标。
  - ◆如果学生使用的球易于弹跳，则墙壁非常适合作为侧面击球的目标。
  - ◆让学生创建新的活动，以帮助他们记住每项技能的关键要领。要求他们在下一次在线课堂上教授其创建的活动（或分享视频）。

---

3. 每个组在纸上写下组员的姓名、活动规则、所需设备，随后向你展示活动。

4. 经你同意后，各组领取所需的器材，活动开始。

5. 你必须同意各组对活动的合理改编。

拓展活动

- 各组可以将自己组的活动教给其他组。
- 各组可以将自己组的活动教给全班其他学生。
- 你可以将活动录制下来，并与其他班级或家庭成员共享。

小结

越来越多的软式垒球队、青少年棒球队和垒球队都开始认识到，对于低龄儿童而言，击球技能（双手侧面击球）相当重要。作为教师，我们在开展技能教学时，不可避免地会与私人教练、孩子的父母或者祖父母产生一些意见冲突。我们可能会遇到想要使用较重球棒（比他们实际使用的要重）的孩子，或者那些想模仿一流运动员的孩子。这些外部因素会给我们的教学带来困难，而我们应当致力于使用合理的动作模式。

与团队娱乐活动相比，对课程计划进行合理的组织，孩子会在体育课上得到更多的机会来练习双手侧面击球。在体育场馆里可以评估击球技能，可以为孩子以后在职业运动领域中取得成功打下坚实的基础。

双手侧面击球问题解决表

问题	解决方法
1. 后面的上臂没有与地面平行	• 让学生做准备姿势（不用球棒），如果有必要，教师或者搭档把学生的肘部抬至正确的位置 • 放置一面镜子，让学生对着镜子做准备姿势
2. 脚没有放在与球座相对应的合适位置	• 在地面上贴胶带，让学生踩上去 • 放置一条跳绳，与球座的延长线平行。学生在击球之前，必须站在绳子后边
3. 前脚没有向前迈步	• 在学生应当向前迈步的位置设置一个足印或者贴上胶带 • 让学生练习几次挥棒动作，搭档计算脚没有迈步的次数，目标是0次 • 在对侧腿上系一条围巾 • 在地面上贴上泡沫垫，让学生用对侧脚踩上去发出声音
4. 髋部和肩膀没有旋转到位	• 让学生检查皮带扣的位置。击球过后，皮带扣应当指向目标方向 • 击球人站在击球位置，不拿球棒，双脚双手姿势正确。击球人手持橡皮管或者弹力带的一端，搭档拿着另一端，以在击球人挥棒时增加阻力。这样做能增加击球人肩膀旋转的意识
5. 双臂没有完全伸展	• 在两根游戏立柱之间挂一张网或者系一根绳子，并在上面挂一个物体（小风铃、床单或餐盘）。学生双臂向前摆动时触碰这个物体 • 让搭档举着一个物体（呼啦圈、沙包、塑料瓶）。学生双臂向前摆动时拿走这个物体
6. 在挥棒时头部移动，或者眼睛没有看球	• 在学生头顶上放一只垒球手套。学生挥动球棒，挥棒时头不能动，使手套稳定在头顶不能掉落 • 准备若干直径为6英寸的球，半数球是一种颜色，另一半球是另一种颜色（可以使用记号笔或美术笔涂色）。学生击中一个投出或者抛出的球后，告诉教师或搭档，他击中球的颜色
7. 没有继续做手部连带动作	• 让学生用球棒练习挥棒动作。学生应当保持头部稳定，旋转肩膀，旋转过程为从前面的肩膀处于下巴下方，转到后面的肩膀处于下巴下方

双手侧面击球课程计划

（第2节课）

年龄组

小学三年级学生。

教学重点

掌握水平挥棒。

教学次重点

正确迈步。

教学目标

挥棒时，5次中有3次做到在同一横断面上挥棒。教师评估动作（**提示词**：*挥棒击球*）。

材料和设备

每个学生1根塑料球棒或者1段塑料管、2个交通标志筒、1个呼啦圈、1个小泡沫球。

提前准备

如果有条件，为每个学生设置 1 个学习站点。在距地面 3 英尺的墙上贴 1 张美术纸作为目标。在离墙大约 10 英寸的地方放 1 个交通标志筒，在高度为 26 英寸的交通标志筒上平稳放置 1 个泡沫球。另外 1 个交通标志筒放在墙边备用。呼啦圈散放在场馆内，用于热身。每个呼啦圈内放置 1 根塑料球棒或 1 段塑料管（直径为 1 英寸，长度约为 3 英尺）。

组织和管理

学生在个人空间进行热身和练习。提前准备环节已经说明了学习站点的设置。

热身活动

今天我们将复习 2 项学过的运动技能——快跑和跳跃。先说快跑。谁能给我们示范正确的快跑？（选 2 个学生示范快跑。强调保持一只脚在前和非常规的两脚并排的）

很好。音乐开始后，你们要在公共区域内快跑。后面会用到呼啦圈，现在围绕呼啦圈快跑。你们明白这些指令吗？开始。

观察并确定学生是否正确表现技能，确保他们合理利用公共区域。

*（音乐停止）停止不动。原地站立，保持安静。现在，我们开始复习跳跃。这是**双脚跳和单脚跳**。*（挑选 2 个学生示范跳跃）*音乐开始，你们要在公共区域内跳跃。音乐停止，你们就快跑。表示再次停止时，又开始跳跃。现在，我们从哪项运动技能开始？*（跳跃）*很好。*（音乐开始，中途音乐停止几次，学生变换运动技能）

观察学生是否正确执行动作。

（音乐停止）停止不动。你们表现得很好。你们找 1 个离自己最近的呼啦圈，坐在圈里，把器材放在圈外。开始。

介绍

昨天我们学习了怎样正确手握球棒。握球棒时手应该怎么放？（**惯用手放在另一只手上面，两只手握住球棒的末端**）

假设我是投球人或者你的目标，你们所有人站在自己的呼啦圈内，捡起球棒（或塑料管）并将其正确地握住，让身体侧面朝向我。开始。

观察学生双手在球棒上的位置是否正确，纠正身体朝向错误。

我的双手应该后摆到什么位置呢？（**它们应该与腋下保持水平**）*很好。所有人将球棒摆到正确位置。*

在场馆内走动检查，确定学生正确握棒。表扬动作正确的学生。

所有人现在站在呼啦圈外。（发出指令时示范动作）*球棒后摆，双手与腋下保持水平。向前迈步的同时向前挥棒。记住，这和上手投掷的动作非常类似——我们用迈步脚（惯用手对侧的脚）向前迈步，确保以后脚为轴旋转身体，把"臭虫"压扁。*

*当我重复提示词**准备、迈步和挥棒**时，所有人开始做挥棒动作。记住要站在自己的呼啦圈外，而不是站在呼啦圈里。这样我们就能更完全地伸展，而不被呼啦圈绊倒。*

一边观察学生手的位置、迈步和挥棒动作，一边重复提示词——准备、迈步和挥棒。

*停止不动。这一次你在挥棒时，我想让你们思考一下如何才能让球棒保持水平挥动。你必须**挥棒击球**。注意看我示范水平挥棒。*（示范水平挥棒）*我这样挥棒和刚才的水平挥棒有什么区别？*（示范向上挥棒）*如果我这样挥棒击球，那么球会飞向哪里？*

*（上面）没错。我再示范水平挥棒。（再次示范）现在，如果我向下挥棒猛击（示范），球飞向何处？（向下）没错。我想要水平挥棒。我需要*挥棒击球*。所有人开始自己练习并思考*挥棒击球动作*。开始。*

观察学生技能动作是否正确。

停止不动。我想你们已经准备好进行下一项练习了。当我说出你们服装的 1 种颜色后，你们就带上自己的球棒，找 1 个远离墙壁的交通标志筒并坐在旁边。（根据服装颜色让儿童散开）

这次你们要把球从交通标志筒上击下来。注意看我把球放在交通标志筒上，我需要站起来，让身体一侧朝向目标。我把球棒后摆，向前迈步，开始挥棒。如果我站的位置距离交通标志筒太远，我还能完成水平挥棒吗？（示范）（不行）我需要站起来，让我的前脚（离交通标志筒最近的脚）与交通标志筒处于同一条线上。所有人起立，把球放在交通标志筒上面，做好将要击球却未击球的准备姿势。

四处走动，观察学生是否正确握棒，是否站在交通标志筒旁边合适的位置。如果有必要，在地面上贴胶带以帮助学生找到合适的准备位置。

*很好。现在，我重复提示词，你们跟着我一起说出提示词——**准备、挥棒击球**——把球从交通标志筒上击落下来。*

学生在练习技能动作时，一起重复提示词。此项练习学生至少进行 5 次，练习中你应该告诉学生何时取回球以及何时击球。

你们做得很好。现在你们开始自己练习挥棒。尝试挥棒击球，使球击中交通标志筒前面的美术纸。开始。

学生反复练习大约 3 分钟，你在周围走动观察并纠正错误。3 分钟过后，让学生停止练习，选几个学生示范正确动作。之后重新开始练习。

停止不动。这次，我会在场馆内四处走动，然后给你们每个人分配不同的任务。所以你会发现你和别人在做不同的动作。好，重新开始练习。

帮助每个学生纠正错误。如果一个学生击打球的下部，那就在放有球的交通标志筒后面再放 1 个交通标志筒，让学生在挥棒时必须保持水平。如果学生向下击球，那么在交通标志筒前面再放 1 个交通标志筒（靠近墙壁）。如果学生表现很好，在第一个交通标志筒前面再放 1 个交通标志筒，在上面也放上球，让学生挑战击打 2 个球。

停止不动。所有人把手中的器材放回原地，把球棒放在呼啦圈里，交通标志筒和球靠墙放置，之后列队。

结束

现在我假装用球棒击球。我会请几位同学判断我的动作是否正确。（握棒的双手位置对调，用错误的脚迈步，握棒太高或太低，向下击球，等等）这样对吗？（学生纠正每个错误）

现在告诉我今天练习双手侧面击球时用过的提示词。（准备、挥棒击球、击球、手部连带动作）很好。明天我们将加大交通标志筒与墙的距离，继续练习击打目标。

学生列队离开。

第 8 章

截击

在许多运动（如篮球、橄榄球、足球掷界外球）中想取得成功，需要精准传球。通过精准传球，传球人可以把球传给其他人。然而在截击技能中，球是别人击打过来的，传球人必须向来球移动，通过短暂的触球把球传给队友，或者传过网。在接球和击球技能中，接球人的动作深受来球的影响。

本章的重点是排球运动中的前臂截击（传球）和头上截击（传球）。虽然儿童在小学低年级就开始学习用气球（乳胶过敏者慎用）练习击球，但是前臂截击（传球）和头上截击（传球）的技能要求更高，儿童应该在小学中年级阶段开始学习截击。

我们发现沙滩球非常适用于练习截击技能。沙滩球较大，速度较慢，不扎手，也很便宜。如果资金充足，在儿童的训练过程中，排球会是更好的选择。排球比沙滩球的速度稍快，也更耐用。泡沫球、皮球或者超级安全球也能作为替代用球。然而，真正的标准排球适用于中学生。

《美国 K–12 体育教育的国家标准和年级水平学习成果》（SHAPE America, 2014）没有提到前臂截击（传球），但却包含适合四年级和五年级学生学习的头上截击（传球）（S1.E23）内容。我们认为前臂截击（传球）也是一项基本技能。

前臂截击（传球）

前臂截击（传球）专门用于排球运动。幼儿园儿童在开始学习击球技能时，会学习前臂截击（传球）的基本动作（双手同时击球）。然而，这项技能却相当复杂，因为涉及双臂和双腿的协调性，并要求学生能及时对运动的来球做出反应。四年级以前的学生无法掌握这项技能的大多数关键要领。四年级以后，学生才能运用前臂截击（传球）将球传至指定位置。

关键要领

向来球方向移动
向来球方向移动，让双臂位于球的下方。

准备姿势
眼睛注视来球，两脚分开至与肩同宽，膝盖弯曲，一只脚在另一只脚的前面，双手并拢，双臂与大腿几乎平行。

伸展双臂击球
等球从中间高度下落至较低的高度，用前臂的前端触球。应当在肩膀以下高度让球与手臂接触。触球时，双腿伸展发力。

手部连带动作
双手依然并拢，双臂不高于肩膀。

提示词

你在技能学习的每个阶段所选择的提示词，取决于学生的年龄和你强调的重点。下面的提示词可以用于指导前臂截击（传球）。你可以单独使用一个提示词，或者根据需要将这些提示词搭配使用。我们发现，在学生练习时，大声说出提示词非常有益。

向来球方向移动——向来球方向移动，让双臂位于球的下方。

准备姿势——眼睛注视来球，两脚分开至与肩同宽，膝盖弯曲，一只脚在另一只脚的前面，双手并拢，双臂与大腿几乎平行。

手放在球的下方——向来球方向移动，让双臂位于球的下方。

伸展双臂击球——等球从中间高度下落至较低的高度，用前臂的前端触球。应当在肩膀以下高度让球与手臂接触。触球时，双腿伸展发力。

抬手或触球——球与前臂的前端接触，在肩膀以下高度让球与手臂接触。触球时，双腿伸展发力。

手部连带动作——双手依然并拢，双臂不高于肩膀。

> 提示词组 1：向来球方向移动、准备姿势、伸展双臂击球、手部连带动作
>
> 提示词组 2：向来球方向移动、准备姿势、抬手
>
> 提示词组 3：向来球方向移动、准备姿势、触球
>
> 提示词组 4：手放在球的下方、抬手

★ 原书示意图手形如此。

正确手形的教学方法

对于前臂截击（传球）技能而言，正确的手形非常重要。以下两个方法有助于学生学习正确的手形（如图 8.1 所示）。

第一种方法——一只手握拳，拇指在上；另一只手包裹住第一个拳头，拇指在上。两根拇指并拢。向下伸展双臂，形成接球的平面。

第二种方法（传统法）——把非惯用手放在惯用手上面，两只手交叉形成 X 形。两只手弯曲，两根拇指并拢（图中未展示）。向下伸展双臂，腕部外翻，形成接球的平面。

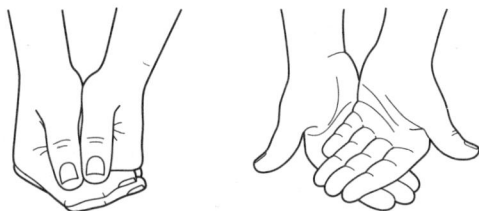

图 8.1　正确手形

强化和评估关键要领的活动建议

在教学过程中，重要的是让学生了解一项技能的形式和关键要领，以及怎样正确地实施每个关键要领。在前文中，我们提供了前臂的图片及文字说明，并把它分为几个关键要领，提出了可以使用的提示词。除了第 1 章中的内容可以强化所有运动和操控性技能的概念，下面将提供更多的具体活动来巩固前臂截击（传球）特有的关键要领。

同伴技能考核

目标

让搭档互相评估技能学习的进程。

设备

同伴技能考核表、铅笔，每组配备 1 个球。如果学生不识字，可以使用同伴技能考核表的图片版。

活动

1. 搭档观察对方的准备姿势是否正确。
2. 如果准备姿势正确，搭档在对应的方框里填"Y"；如果准备姿势不正确，则填"N"。对于不识字的学生，如果准备姿势正确，搭档就在对应的方框里放 1 张笑脸图片，反之则放哭脸图片。
3. 每个关键要领被评估 5 次后，停止评估。
4. 每个学生都要进行同伴技能考核。

同伴技能考核表

技能：前臂截击（传球）

前臂截击（传球）者姓名：_____ 观察者姓名：_____

① 向来球方向移动

② 准备姿势

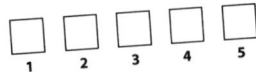

③ 伸展双臂击球

④ 手部连带动作

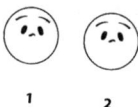

同伴技能考核表

技能：前臂截击（传球）

前臂截击（传球）者姓名：_____ 观察者姓名：_____

观察你的搭档，然后给每个关键要领打分。让你的搭档将每个动作做5次。如果搭档该次做的动作正确，就在对应次数的方框里填"Y"；如果搭档该次做的动作不正确，就在对应次数的方框里填"N"。

开始	测试
向来球方向移动 1. 向来球方向移动，让手臂位于球的下方。	1 2 3 4 5
准备姿势 2. 眼睛注视来球。 3. 膝盖弯曲。 4. 两脚分开至与肩同宽。 5. 一只脚在另一只脚的前面。 6. 双手并拢。 7. 双臂与大腿几乎平行。	1 2 3 4 5
动作 **伸展双臂击球** 1. 等球从中间高度下落至较低的高度，用前臂的前端触球。 2. 在肩膀以下高度让球与手臂接触。 3. 触球时，双腿伸展发力。	1 2 3 4 5
停止 **手部连带动作** 1. 双手依然并拢。 2. 双臂不高于肩膀。	1 2 3 4 5

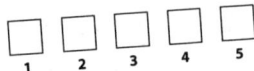

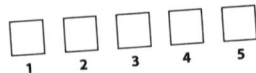

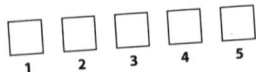

拓展活动

- 使用同伴技能考核表来测评每个学生技能水平的提高情况。
- 把同伴技能考核表同成绩单寄给学生家长。

成功构建者活动

成功构建者活动能够帮助你满足学生的个别需求。如果学生在某个关键要领上需要额外的帮助，下列活动将有助于提高学生的表现水平。

目标

根据同伴技能考核表的结果，改善不足之处。

设备

见以下各个学习站点。建议在每个学习站点放置一面镜子，以及张贴一张印有前臂截击（传球）关键要领的海报。在这项活动中，镜子的用处很大，因为它能让学生看到自己的动作。制作海报最简单的方法是放大打印本书的插图。给海报塑封能延长其使用时间。

活动

1. 在教学区域内，为每个关键要领分别设置学习站点。在相应的学习站点张贴附有具体关键要领说明文字的图片。
2. 每个学习站点的细节如下。

手形

对于前臂截击（传球）技能而言，主要有两种方法来准备手形。教师应当采用最适合学生的方法。两种方法如图 8.1 所示。

设备

展示第一种方法（更适合初学者）的海报、镜子（如果有的话），以及同伴技能考核表。

活动

学生两只手交叠，示范正确的手形，搭档检查其动作是否与海报所示相符。学生借助镜子观察自己的动作。学生放开双手，搭档发出指令，学生再次做出正确的手形。一旦学生能够向搭档示范正确的手形，搭档二人互换角色，随后练习整套技能。

向来球方向移动

向来球方向移动，让双臂位于球的下方。

设备

展示向来球方向移动的海报、同伴技能考核表，以及用胶带在地板上贴出边长为 10 英尺的方框。

活动

学生做好准备姿势。搭档从大约 10 英尺远的位置向空中抛球。学生必须接住球。

学生接 3 次球后，搭档再抛出 1 个球，这时学生必须移动接球。所有的接球都要求学生在边长 10 英尺的方框内完成。一旦学生能够向搭档示范向来球方向移动，搭档二人互换角色，随后练习整套技能。

准备姿势

眼睛注视来球，两脚分开至与肩同宽，膝盖弯曲，一脚在另一只脚的前面，双手并拢，双臂与大腿几乎平行。

设备

展示准备姿势的海报、镜子（如果有的话），以及同伴技能考核表。

活动

学生做好准备姿势，搭档检查其姿势是否与海报所示相符。学生借助镜子观察自己的动作。学生假装传球，搭档发出指令，学生再次做好准备姿势，一旦学生能够向搭档示范正确的准备姿势，搭档二人互换角色，随后练习整套技能。

伸展双臂击球

等球从中间高度下落至较低的高度，用前臂的前端触球。应当在肩膀以下高度让球与手臂接触。触球时，双腿伸展发力。

设备

展示伸展双臂击球的海报、在篮筐上悬挂的一个球（高度与学生的腰部齐平）、沙滩球，以及同伴技能考核表。

活动 1

搭档双臂完全伸展，双手放松地持球于腰部高度。学生尝试触碰球，并且从搭档手中将球击落。

活动 2

悬挂一个球，学生站在球旁，让两只手臂位于球的下方。触球时利用双腿提供大部分的爆发力。搭档观察学生是否由双腿提供大部分的爆发力，双臂不能挥动。一旦学生能够正确完成动作，搭档二人互换角色，随后练习整套技能。

手部连带动作

双手依然并拢，双臂不高于肩膀。

设备

展示手部连带动作的海报、投影仪，以及同伴技能考核表。

活动 1

学生站在投影仪与墙壁之间。学生练习时，墙上应当有投影。在墙上略低于学生肩部的位置贴一条胶带。学生开始练习前臂截击（传球），搭档在墙上粘贴一片胶带，标示他在传球后双手到达的位置。学生连续做到保持双手在肩膀以下高度时停止运动。

活动 2

学生面对镜子，在无球的情况下练习前臂截击（传球）。学生借助镜子确定手部连带动作停止的位置。搭档进行评估。一旦学生能够正确完成手部连带动作，搭档二人互换角色，随后练习整套技能。

个人活动

自己练习前臂截击（传球）

目标

反复向空中击球，提升前臂截击（传球）技能。

设备

每个学生一个沙滩球或其他软质球（例如排球、皮球或泡沫球）。

活动

1. 学生在场馆内寻找一个开放区域。

2. 将球抛到空中。

3. 学生尝试连续击球，不让球落地，同时保持正确的姿势。

拓展活动

· 学生可以让球在地面反弹一次再继续击球。

· 学生可以计算自己连续完成的击球次数。他们可以对墙击球。

· 学生必须在特定区域（边长为 10 英尺的正方形区域）内击球。

设置目标

目标

通过击中指定的目标来提升前臂截击（传球）技能。

设备

胶带（用于制作较大的三角形、矩形或者其他形状的目标，贴在活动区域的墙上），每个学生 1 个球（如沙滩球、泡沫球或皮球）。用胶带制作的目标距离地面至少 9 英尺，以接近排球网的高度，比网高 1 ～ 1.5 英尺。

活动

1. 学生必须使用前臂截击（传球）对墙击球，让球击中目标。

2. 学生尝试连续击中 5 次目标。

拓展活动

· 除了以不同的几何图形为图标，学生也可以尝试击中不同颜色的目标。

· 球在地面反弹 1 次后，学生再继续击球。

· 在活动区域四周都贴上目标，学生连续击中某个目标 5 次后，可以移动到下一个目标。

· 在活动区域的地面上贴上目标。学生尝试让球落在目标上。

合作活动

搭档之间传接球

目标

提高前臂截击（传球）的准确性。

设备

每组配备 1 个球（沙滩球、泡沫球或排球）。

活动

1. 2 个学生相距 10 英尺站立。

2. 1 个学生向搭档抛球。

3. 接球人使用前臂截击（传球）技能把球传给抛球人。

拓展活动

- 搭档记录连续完成传接球的次数。

- 1 个学生站在呼啦圈内，把球抛给搭档，搭档必须使用前臂截击（传球）技能把球传回抛球人。如果抛球人双脚站在呼啦圈内，并且接住了球，这对搭档得 5 分。如果抛球人单脚伸出圈外，并且接住了球，这对搭档得 3 分。如果抛球人 2 只脚都出圈了，并且接住了球，这对搭档只能得 1 分。如果抛球人没有接住球，这对搭档得 0 分。学生记录分数。

连续传球

目标

搭档之间来回传球，提高前臂截击（传球）技能。

设备

每组配备 1 个球（沙滩球、泡沫球或排球）。

活动

1. 搭档之间相距大约 10 英尺站立。

2. 其中 1 个学生向搭档抛球，搭档使用前臂截击（传球）技能把球传回抛球人。

3. 最初抛球的人继续用前臂截击（传球）把球传回去，尝试保持连续传球。

拓展活动

- 接球前允许球在地面上反弹 1 次。

- 让搭档记录他们连续传球的次数。

- 每次成功传球后，各向后一步，通过加大传球距离来增加挑战难度。

- 在 2 根游戏立柱之间挂 1 张排球网，让搭档二人来回过网传球。

对墙击球

目标

对墙击球，提升前臂截击（传球）技能。

设备

每组配备 1 个泡沫球或排球，在距离地面 10 英尺的墙上贴 1 条线。

活动

1. 2 个学生都站在离墙 10 英尺的地方。

2. 1 个学生使用前臂截击（传球）技能对墙击球。

3. 在球从墙上弹起、落地前，搭档接住这个球。

4. 搭档接住球后，必须在接球位置使用前臂截击（传球）技能，使球击中墙壁。如此连续进行传接球。

5. 搭档记录连续传接球的次数。

拓展活动

- 在墙上设置 1 个目标，让学生挑战击中它。
- 搭档不接球，让学生连续将球传到墙上。
- 记录学生正确完成的传球次数。

后退

目标

增加搭档之间的距离来提升前臂截击（传球）技能。

设备

每组配备一个球（沙滩球、泡沫球或排球）。

活动

1. 学生面对面站立，使用前臂截击（传球）技能来回传球。

2. 完成两次传接球以后，两人各后退一步，重复前臂截击（传球）。

3. 直到学生不能正确完成技能，或者距离太远时，停止练习。学生返回起始位置，活动重新开始。

拓展活动

向学生说明测量概念，让学生放置一个标志筒或者其他物体，以此来表示他们能够达到的最远距离。他们也可以使用胶带来测量并判定准确的距离。记录测量的结果并和其他小组比较。你可以将结果制成班级总分图表，并在公告栏中展示。

源自：Bryant and McLean Oliver（1974）。

团体活动

移动身体接球

目标

移动身体截击来球，提升前臂截击（传球）技能。

设备

每组两个球。

活动

1. 把全班分成 3 人小组。每个小组中 2 个人分别持 1 个球。这 2 个人面对第 3 个人（接球人）站立。小组成员相距大约 10 英尺。

2. 使用下手抛球，搭档 1 把球抛给接球人，接球人使用前臂截击（传球）把球传回搭档 1。

3. 接球人随后转向搭档 2。搭档 2 把球抛给接球人，接球人再通过前臂截击（传球）把球传回搭档 2。

4. 直到 2 个搭档抛出 3 次球后，3 个人交换位置，让每个人都有机会成为接球人。

拓展活动

- 击球前允许球在地面反弹 1 次。

- 减少传球时间，让接球人动作更连贯。

- 让搭档记录他们连续传接球的次数。

- 每次成功传接球后，每人各后退 1 步，通过加大传球距离来增加挑战难度。

源自：B.L. Viera and B.J. Ferguson, *Volleyball: Steps to Success*（Champaign, IL: Human Kinetics, 1989）.

围绕成圈

目标

击球传给搭档来提升前臂截击（传球）技能。

设备

每组 1 个球（沙滩球、泡沫球或者排球）。

活动

1. 4 ～ 6 人一组，把全班分为多个小组。各小组成员围成 1 个圈，成员之间相距大约 6 英尺。

2. 学生使用前臂截击（传球）技能转圈传球，每位成员都应当触球。

3. 出于安全考虑，学生应当在击球前喊出"我来击球"。

拓展活动

- 在球落地前，学生记录整组正确传球的次数。

- 调整并确定顺序，让学生每次传球给同一个人。

二人成组

目标

努力得分的同时练习前臂截击（传球）。

设备

每组配备 1 个球及边长为 20 英尺的有标记的正方形活动区域，区域内设 1 条中线。

活动

1. 学生 4 人一组，两两搭档。

2. 2 对搭档分别站在中线两侧。

3. 1 个学生把球抛给搭档，接球人要使用前臂截击（传球）把球击过中线传回对方。

4. 对方必须也使用前臂截击（传球）把球击打回来。

5. 如果对方击球过界或者没有接住球，本方得 1 分。

6. 各组之间交换组员，重新开始活动，或者搭档可以改变场地的大小并挑战其他组。

拓展活动

· 增大（或减少）活动区域的面积，以增加（或降低）组员挑战的难度。

· 这项活动也适合 6 个人进行，每方 3 人。

小组击球

目标

在努力得分的同时，练习前臂截击（传球）。

设备

每组 1 个球（沙滩球、泡沫球或者排球）、2 个 28 英寸高的标志筒、1 条 16 英尺长的绳子。

活动

1. 用绳子和标志筒创建 1 个小场地。把绳子两端分别系在 2 个标志筒的顶端，把标志筒散开放置，让绳子拉直。

2. 学生 4 人一组，两两搭档。

3. 2 对搭档分别站在绳子两侧。

4. 1 个学生使用下手击球把球传给搭档，接球人使用前臂截击（传球）把球击过绳子传给对方。

5. 对方必须也使用前臂截击（传球）把球击打回来。

6. 如果对方击球过界或者没有接住球，本方得 1 分。

7. 各组之间交换组员，重新开始活动，或者每对搭档得到 5 分之后，交换场地，挑战其他组。

拓展活动

· 增大活动区域的面积，以增加组员挑战的难度。

· 这项活动也适合 6 个人进行，每方 3 人。

· 这 6 个人的角色与前面的活动有所不同。2 个人手持 1 条 10 英尺长的绳子，举在空中。另外 4 人分成 2 个组，分别站在绳子两侧，用前臂截击（传球）来回传球过绳。完成 10 次前臂截击（传球）后，更换持绳的人，让每个人都能持绳。

· 完成前面的拓展活动，但是在组员来回击球的过程中，让持绳子的人在 1 个圆圈内移动，这样组员就需要移动击球。移动击球时，始终让身体的正面朝向绳子。

创建自己的活动

目标

为了提升前臂截击（传球）技能，让学生自己创建活动。

设备

每组 1 张纸和 1 支铅笔，你预先确定的允许在活动中使用的器材（如保龄球瓶、标志筒、绳子、呼啦圈、沙滩球或泡沫球）。

活动

1. 2 ～ 5 个学生一组。你可以为学生分组，也可以让学生自己建组。

2. 每组把前臂截击（传球）作为基本技能来设计活动。要求学生（包括所有组员）制定规则，促进正确展现技能动作，并考虑安全问题。

3. 每个组在纸上写下成员的名字、活动规则、所需设备，然后向你展示活动。

4. 经你同意后，小组领取所需器材，开始活动。

5. 你必须同意小组对活动的合理改编。

拓展活动

- 各组可以将自己组的活动教给其他组。
- 各组可以将自己组的活动教给全班其他学生。
- 你可以将活动录制下来，并与其他班级或家庭成员分享。

前臂截击（传球）问题解决表

问题	解决方法
1. 手形不正确	• 教授第一种方法：一只手握拳，拇指在上；另一只手包裹住第一个拳头，拇指在上。两根拇指并拢。向下伸展双臂，形成接球的平面 • 在手掌中斜放一条胶带（作为手掌的对角线），让学生把另一只手放在上面。双手弯曲，上面那只手的小指应该沿着胶带边缘放置
2. 手肘弯曲（双臂没有伸展或平行）	• 搭档站在学生旁边。学生做出正确的手形，并把自己的手放在搭档的手中。搭档向学生抛球，学生进行前臂截击（传球） • 在篮筐上悬挂一个沙滩球，球与学生的腰部齐平。学生伸展手臂尝试传球，但要保持手臂伸直
3. 双臂摆动至高于肩膀	• 在学生前面的墙上贴一张纸，在略低于学生肩膀的地方画一条与地面平行的线。让学生手拿记号笔，手向外伸展，在纸上画平行线 • 在两根游戏立柱之间系一根绳子，高度略低于学生的肩膀。向学生抛球，学生击球，当双臂触到绳子时，停止摆动
4. 双脚没有分开站立	• 在地面贴上两条胶带，提示学生应该把脚放在什么位置 • 让学生四处走动，当你说"现在开始"时，学生在合适的位置做出双脚分开站姿，准备前臂截击（传球）
5. 没有抬腿	• 学生做出分腿站姿，同时膝盖弯曲，手臂放在合适的位置。在你发出指令后，学生伸展双腿，双臂微微抬起 • 在两根游戏立柱之间系一根绳子，略高于学生头部。当学生触球时，必须双腿伸直，让头顶触绳
6. 手没有位于球的下方	• 学生双臂保持合适的姿势，移动身体，用伸展的双臂去接抛来的球 • 学生在前臂涂着婴儿爽身粉，移动至球的下方，尝试触球，让粉末印在球上

小结

　　因为前臂截击（传球）只用在排球运动中，所以这项操控性技能不适合年龄小的学生。开始教前臂截击（传球）时，要强调正确的手形。学生手指交叉会形成错误的动作习惯。如果学生无法掌握传统法，那么就鼓励学生使用第一种方法，直到他们能掌握传统法为止。

　　这项技能的另一个难点就是要借助大腿发力。前面练习的一些击球技能中，主要是由手臂发出力量使球运动。因此，对于前臂截击（传球）技能，教师必须强调大腿伸展发力，而不是挥动手臂发力。

　　我们不鼓励进行排球比赛活动，而更建议教师在小任务中给予学生一定的指导，让他们掌握这项技能的关键要领。不论是单独练习还是搭档配合，合理的指导和大量的练习机会将有助于提升技术水平，为学生以后参与正式比赛奠定基础。

前臂截击（传球）课程计划

（第 1 节课）

年龄组
小学四年级学生。

教学重点
确保手形正确。

教学次重点
用前臂下半部分触球，双腿伸展发力。

教学目标
确保前臂截击（传球）的手形正确，5 次动作有 4 次能做到用前臂的下半部分触球，双腿伸展发力。教师观察评估。（**提示词**：*手呈 X 形、双手弯曲、利用前臂、双腿伸直*）

材料和设备
每个学生 1 个泡沫球或者沙滩球（或其他类似的球），2 条相距约 10 英尺的线。2 条线应当等于场馆的长度。场馆内四处张贴前臂截击（传球）关键要领的海报。

组织和管理
学生在个人空间进行热身和练习。

热身活动
今天我们将伴随音乐来热身。音乐开始，你们要在公共空间内慢跑。音乐停止，你们原地不动。

提醒学生在运动中注意安全。

（音乐停止）所有人站在原地并看向我。我们来回顾弯曲和伸展的概念，让热身更有挑战性。注意看我是怎么弯曲手臂和伸直手臂的。你们能弯曲膝盖吗？你们能伸直双腿

吗? 你们能弯曲手腕吗? 你们能伸直手腕吗? 很好。这一次，我们在热身时将用刚才提到的词语来增加热身的难度。按我所说的移位运动指令进行运动，音乐停止，原地不动，用我所说的身体部位进行弯曲和伸展。你们明白我们将做什么了吗? 开始。

观察学生是否正确完成运动动作，是否按要求弯曲和伸展身体部位。练习中途可以随时叫停，以改变运动动作和弯曲或者伸展的身体部位。

形式

学生在场馆内找到个人空间，面朝教师。

介绍

今天，我们在练习前臂截击（传球）时要加入弯曲和伸展两个动作。这项技能只用在排球运动中。"volley"这个词指的就是不让球落地，也就是双方来回击球而不让球落地。前臂截击（传球）技能和腰部以下接球技能有一些相似之处。所有人起立，站在个人空间里。我们先回顾一下腰部以下接球技能。

预备姿势——面向目标，两脚分开至与肩同宽，膝盖弯曲，眼睛注视来球，手肘弯曲、靠近体侧，双手举在身前。

迈步并伸手——朝掷球人迈步，伸直手臂，2 手小指并拢，双手迎接来球。（观察学生是否向前迈步、伸直手臂，2 手小指是否并拢接球）很好。你们把接球技能记得很正确。

今天我们要学习前臂截击（传球）。你们认为我们要用身体哪个部位来触球呢? 没错! 就是前臂。所有人请指着自己的前臂。我们并不是要用前臂来接球，而是借助前臂触球让球反弹出去。要正确完成这个动作，需要同时使用双臂；要同时使用双臂，两只手就要握在一起。

把经常写字的手（惯用手）举在体前，掌心朝上，另一只手叠加在上面，同样掌心朝上。双手交叉呈"X"形。（四处走动确认学生正确做出动作）现在双手弯曲，拇指并拢。（再次检查学生的动作）如果感觉不舒服，可以让两只手交换位置，换一只手放在下面。注意要让两只手臂形成一个平坦的平面来击球。你们谁能想出一个更好的方法让双臂更平坦呢? 你们应该让手肘指向地面，这是基本手形。好，双手分开。你们能再次恢复正确的手形吗? 再次分开，再次恢复。让搭档检查你的手形是否正确。

做准备姿势时，一只脚在另一只脚的前面。如果你想让手臂形成击球的平面，那么你就要伸直手臂，使背部挺直、膝盖弯曲、臀部下降。

观察学生是否在体前伸直手臂。

假装有个球朝你飞来。双手呈 X 形，用前臂击球，双腿伸直。重复练习几次该动作。（每次练习前，让学生双臂分开）停止不动。你们做得很好。回想一下：双手应该做怎样的动作? **（双手呈"X"形，弯曲双手）**很好。现在你们已经准备好进行带球练习了。（选 1 个学生，让他抛给你个沙滩球）观察我如何击球。（示范几次）谁知道我用的哪个部位击球? **（前臂的前端）**很好。那我的双脚应该怎样? **（一只脚在另一只脚的前面）**击球的力量来自我的双臂还是双腿? **（双腿）**你们需要借助双腿来发力。如果我摆动手臂击球，那么球不会飞向我设想的位置。我的双臂不能高于肩膀。动作开始时双臂靠近大腿，结束时双臂接近肩膀。现在开始与搭档配合练习。墙边有很多球和标记线。当我说开始，你们去寻找 1 个搭档，并且和他背靠背站立。开始。

很好。你们搭档中的一个应该站在场馆的中线上，另一个挑选 1 个球，站在离门更近的线上，你们二人面对面。开始。站在场馆中线上的搭档首先练习前臂截击（传球）。当我说开始，你的搭档会向你抛球，你必须用前臂截击（传球）技能把球击回给他。球在空中飞行时要达到篮筐的高度，不要太高，也不要太低。抛球人随后练习。现在，站在场馆中线上的学生开始练习前臂截击（传球）。记住正确的手形，双腿发力。开始。

观察学生的手形是否正确，以及是否用双腿发力。搭档之间练习 3～5 分钟后交换位置。如果可能，找出几个能够准确掌控传球并用双腿发力的学生。

停止不动。坐在原地。复习一下双手动作和正确的传球技能。这次我会增加练习难度。你需要选 1 个搭档帮助你。比如我的搭档站在呼啦圈内，距离我约 10 英尺。他向我抛出 1 个球，我要用前臂截击（传球）把球击回给他。如果他能够在圈内把球接住，那么我们得 5 分。如果他的单只脚伸出圈接住球，那么我们得 3 分。如果他的双脚都伸出圈，但是接住了球，那么我们得 1 分。5 次抛球传球后，我们交换位置。传球过程中要让球达到篮筐的高度。（示范几次）持球的学生找到一个较大的活动区域；无球的学生取一个呼啦圈，并把它放置在距离搭档约 10 英尺远的地方。我们现在开始。（每个人准备就绪，开始练习）

观察学生的手形是否正确，球的高度是否达标，以及是否借助双腿发力。学生练习 2～3 分钟。在练习中，如果学生出现任何技术问题，全班暂停练习，教师重新讲解正确的前臂截击（传球）的关键要领。

停止不动。你们都做得很好。这次要重新分组，3 人一组练习。（安排学生分组，收回多余的呼啦圈和球）墙上有很多展示前臂截击（传球）标准姿势的海报。你们继续使用前臂截击（传球）技能，把搭档抛过来的球传回给搭档。第 3 个人在一旁观看你们是否正确表现出所有的关键要领。每人练习 3 次传球。之后观察者报告你的哪个关键要领做得好，哪个关键要领需要继续练习。之后你要针对不足之处练习 3 次以上。随后交换角色，每人依次抛球、接球和观察。你们明白这些指令吗？开始。

观察学生的手形是否正确，双臂是否伸直，以及是否借助双腿发力。学生练习 5～7 分钟。

结束

所有人向我展示前臂截击（传球）的手形。我要用手臂的哪个部位击球？（**前臂**）身体的哪个部位能提供最大的力量？（**双腿**）下一次我们将练习与搭档之间来回传球。

学生列队离开。

促进社交与情感健康

- 学习排球需要队员之间互相信任。接球者必须相信传球者会使用适当的力量，并且在自己做好准备时才发球或抛球。教师要求搭档在传球前喊出接球者的名字，强调两者是合作关系：传球者希望其搭档能够成功接球，鼓励双方合作与交流。
- 搭档的反馈应该从学生做好的方面开始。搭档应避免说"不错""好""做得漂亮"之类的话，这些话不会提高练习者的技能表现。
- 询问学生应该如何帮助其搭档做得更好。
- 提醒学生需要做大量的练习才能取得成功。

头上截击（传球）

　　和前臂截击（传球）相比，头上截击（传球）更像一种击球技能，而不是抛球技能。在头上截击（传球）中，球与手指只是短暂接触，就直接飞向队友或者过网。头上截击（传球）对高度和准确性有要求。

　　一般情况下，在排球运动中，头上截击（传球）是在接球时的第二次击球。因为发球需要用很大的力，所以不建议在一开始就用手指触球，然而前臂截击（传球）却能缓冲力，之后引导球进行第二次击球。第二次击球的目的是把球传给队友，以备进攻（扣杀或者吊球）。《美国 K–12 体育教育的国家标准和年级水平学习成果》（SHAPE America, 2014）在四年级以前没有提到这项技能；四年级学生能够使用头上截击（传球）模式，用双手向上传球，并且能够展示出成熟技能模式中 5 个关键要领的 4 个（S1.E23.4）；五年级时，学生能够利用头上截击（传球）技能向上传球，并击中目标（S1.E23.5）。头上截击（传球）的各年级水平学习成果如表 8.1 所示。

表 8.1　头上截击（传球）的各年级水平学习成果（S1.E23）

	幼儿园至三年级	四年级	五年级
S1.E23 头上截击（传球）	四年级才开始出现头上截击（传球）第一阶段的成果，动作水平逐步提高	利用头上截击（传球）模式，用双手向上传球，表现出成熟技能模式中 5 个关键要领的 4 个（S1.E23.4）	用头上截击（传球）技能向上传球，并击中目标（S1.E23.5）

源自：SHAPE America – Society of Health and Physical Educators, *National Standards & Grade–Level Outcomes for K–12 Physical Education* (Champaign, IL: Human Kinetics, 2014).

关键要领

向来球方向移动
移动身体，让身体位于球的下方。

准备姿势
双脚分开至与肩同宽，膝盖弯曲，头部后仰。

手形
双手位于前额上方，手肘弯曲，拇指和食指形成窗口，从窗口观察来球。

伸展双臂击球
用拇指和其他手指触碰球的后侧偏下位置，伸展双臂和双腿发力。触球时，手腕轻轻一抖。

手部连带动作
手背相对，拇指指向目标，双臂和双腿伸直。

提示词

　　你在技能学习每个阶段所选择的提示词，取决于学生的年龄和你要强调的重点。下面的提示词可以用于教学头上截击（传球）。你可以单独使用一个提示词，或者根据需要将这些提示词搭配使用。我们发现，在学生练习时，大声说出提示词非常有益。

向来球方向移动——移动身体，让身体位于球的下方。

移动至球的下方——向来球方向移动，使头位于球的下方。

准备——两脚分开至与肩同宽，膝盖弯曲，头部后仰。双手举在前额上方，拇指和食指形成一个窗口，从窗口观察来球。

伸展双臂击球——用拇指和其他手指触碰球的后侧偏下位置，伸展双臂和双腿发力。触球时，手腕轻轻一抖。

手部连带动作——手背相对，拇指指向目标，双臂和双腿伸直。

弯曲——双手位于前额上方，手肘弯曲，拇指和食指形成窗口，等待来球时，膝盖也要弯曲。

使用"取景器"观察——双手位于头顶上方，手肘弯曲，拇指与食指形成窗口，从窗口观察来球（如图8.2所示）。

图 8.2　使用"取景器"观察

双手向外推——手背相对，拇指指向目标，双臂和双腿伸直。

伸直——触球时，双臂和双腿伸直发力，把球推离。

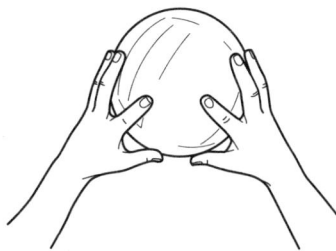

提示词组 1：向来球方向移动、准备、伸展双臂击球、手部连带动作

提示词组 2：移动至球的下方、使用"取景器"观察、伸展双臂击球、双手向外推

提示词组 3：弯曲、伸直

提示词组 4：移动至球的下方、伸展双臂击球

强化和评估关键要领的活动建议

在教学过程中，重要的是让学生了解一项技能的形式和关键要领，以及怎样正确地实施每个关键要领。在前文中，我们提供了头上截击（传球）的图片及文字说明，并把它分为几个关键要领，提出了可以使用的提示词。除了第 1 章中的内容可以强化所有运动和操控性技能的概念，下面将提供更多的具体活动来巩固头上截击（传球）特有的关键要领。

同伴技能考核

目标

让搭档互相评估技能学习的进程。

设备

同伴技能考核表、铅笔，每组配备一根球棒和一个球。如果学生不识字，可以使用同伴技能考核表的图片版。

活动

1. 搭档观察同伴的准备姿势是否正确。
2. 如果同伴的准备姿势正确，搭档在对应的方框里填"Y"；如果同伴的准备姿势不正确，则填"N"。对于不识字的学生，如果同伴的准备姿势正确，搭档就在对应的方框里放一张笑脸图片，反之则放哭脸图片。
3. 每个关键要领需连续评估 5 次。
4. 每个学生都要进行同伴技能考核。

拓展活动

- 使用同伴技能考核表来测评每个学生技能水平的提高情况。
- 把同伴技能考核表同成绩单寄给学生家长。

居家练习

- 设备
  - 学生可以在室内或室外使用气球（乳胶过敏者慎用）。
  - 对于室内练习，学生可以使用毛绒玩具、袜子或报纸卷成的球。塑料袋可用于制作一个较大的球。
- 活动
  - 在户外，在事先获得许可的情况下，学生可以将没有窗户的外墙作为传球目标。
  - 学生可以与家庭成员一起传接球，并且教他们提示词。
  - 让学生创建新的活动，以帮助他们记住每项技能的关键要领。要求他们在下一次在线课堂上教授其创建的活动（或分享视频）。

成功构建者活动

成功构建者活动能够帮助你满足学生的个别需求。如果学生在某个关键要领上需要额外的帮助，下面列出的活动将有助于提高学生的表现水平。

目标

根据同伴技能考核表的结果，改善不足之处。

设备

见以下各个学习站点。建议在每个学习站点放置一面镜子，以及张贴一张印有头上截

同伴技能考核表
技能：头上截击（传球）

头上截击（传球）者姓名：_____
观察者姓名：_____

① 向来球方向移动

| 1 | 2 | 3 | 4 | 5 |

② 准备姿势

| 1 | 2 | 3 | 4 | 5 |

③ 手形

| 1 | 2 | 3 | 4 | 5 |

④ 伸展双臂击球

| 1 | 2 |

⑤ 手部连带动作

| 1 | 2 |

同伴技能考核表
技能：头上截击（传球）

头上截击（传球）者姓名：_____
观察者姓名：_____

观察你的搭档，然后给每个关键要领打分。让你的搭档将每个动作做 5 次。如果搭档该次做的动作正确，就在对应次数的方框里填 "Y"；如果搭档该次做的动作不正确，就在对应次数的方框里填 "N"。

| 开始 | 测试 |

向来球方向移动
1. 移动身体，让身体位于球的下方。

| 1 | 2 | 3 | 4 | 5 |

准备姿势
2. 两脚分开至与肩同宽。
3. 膝盖弯曲。
4. 头部后仰。

| 1 | 2 | 3 | 4 | 5 |

动作

手形
1. 双手位于前额上方，手肘弯曲，拇指和食指形成窗口。
2. 从窗口观察来球。

| 1 | 2 | 3 | 4 | 5 |

伸展双臂击球
3. 拇指和其他手指触碰球的后侧偏下位置。
4. 伸展双臂和双腿发力。
5. 触球时，手腕轻轻一抖。

| 1 | 2 | 3 | 4 | 5 |

结束

手部连带动作
1. 手背相对。
2. 拇指指向目标。
3. 双臂和双腿伸直。

| 1 | 2 | 3 | 4 | 5 |

击（传球）关键要领的海报。在这项活动中，镜子的用处很大，因为它能让学生看到自己的动作。制作海报最简单的方法是放大打印本书的插图。给海报塑封能延长其使用时间。

活动

1. 在教学区域内，为每个关键要领分别设置学习站点。在相应的学习站点张贴附有具体关键要领说明文字的图片。
2. 每个学习站点的细节如下。

向来球方向移动

移动身体，让身体位于球的下方。

设备

镜子、展示向来球方向移动的海报、用地板胶带或美术胶带在地板上贴出的一个圆圈，以及同伴技能考核表。

活动

搭档用手把球举在空中。学生移动至球的下方，通过双手形成的窗口观察球。搭档检查学生动作是否与海报所示相符。学生借助镜子观察自己的动作。一旦学生能够向搭档正确展示这个动作，搭档二人互换角色，随后练习整套技能。

准备姿势

两脚分开至与肩同宽，膝盖弯曲，头部后仰。

设备

展示准备姿势的海报、镜子（如果有的话），以及同伴技能考核表。

活动

学生做好准备姿势，搭档检查其是否与海报所示相符。学生借助镜子观察自己的动作。然后学生在场馆内四处走动，听到搭档发出指令后，再次做好准备姿势。一旦学生能够向搭档正确展示准备姿势，搭档二人互换角色，随后练习整套技能。

手形

头部后仰，双手位于前额上方，手肘弯曲，拇指和食指形成窗口，从窗口观察来球。

设备

展示手形的海报、镜子（如果有的话），以及同伴技能考核表。

活动

学生展示正确的手形，搭档检查其是否与海报所示相符。学生借助镜子观察自己的动作。然后学生在场馆内四处走动，听到搭档发出指令后，再次做出正确的手形。一旦学生能够向搭档展示正确的手形，搭档二人互换角色，随后练习整套技能。

伸展双臂击球

用拇指和其他手指触碰球的后侧偏下位置，伸直双臂和双腿发力。触球时，手腕轻轻一抖。

设备

展示伸展双臂击球的海报、镜子、投影仪（或者用其他向学生打光的方法），以及同伴技能考核表。

活动

学生在投影仪前展示伸展双臂击球的动作，搭档检查其动作是否与海报所示相符。学生借助镜子或投影仪观察自己的动作。一旦学生能够向搭档展示正确的伸展双臂击球动作，搭档二人互换角色，随后练习整套技能。

手部连带动作

手背相对，拇指指向目标，双臂和双腿伸直。

设备

展示手部连带动作的海报、镜子、投影仪（或者用其他向学生打光的方法），以及同伴技能考核表。

活动

学生在镜子或投影仪前展示手部连带动作，搭档检查其动作是否与海报所示相符。学生借助镜子或投影仪观察自己的动作。一旦学生能够向搭档正确展示手部连带动作，搭档二人互换角色，随后练习整套技能。

强化整体技能的高级活动建议

在以下所有活动中，让年幼的学生或残障学生使用尺寸较大、速度较慢的球；对于技能水平较高的学生，在适当的时候可以让其使用排球。

个人活动

自己练习传球

目标

连续向空中击球，提升头上截击（传球）技能。

设备

每个学生一个球（如沙滩球、泡沫球、排球等，对于年幼的学生，建议使用气球，但乳胶过敏者慎用）。

活动

1. 让学生在场馆内寻找一个个人空间。

2. 让学生自己把球抛到空中，并且向空中击球。

3. 学生每次击球后要接住球。

拓展活动

如果学生成功完成一次连续的击球和接球，那么就让学生尝试连续两次成功击球和接球，再尝试连续 3 次击球和接球，最终能连续多次向空中击球和接球。

对墙传球

目标

对着墙练习头上截击（传球）技能。

设备

每个学生一个球（如沙滩球、泡沫球或排球）。

活动

1. 让学生在墙上选定一小块区域。

2. 让学生自己抛球，并且向墙上这块区域传球。选定的区域应当距离地面约 10 英尺。

3. 球从墙面弹回来时，学生要接住球。

拓展活动

如果学生成功完成一次连续的击球和接球，那么就让学生尝试连续两次击球和接球，再尝试连续三次击球和接球，最终能连续多次向墙面击球。注意强调关键要领。

合作活动

搭档之间抛球和截击

目标

提升头上截击（传球）技能。

设备

每组配备一个球（沙滩球、泡沫球或排球）。

活动

1. 搭档之间至少相距 10 英尺站立。

2. 其中一人以较高的高度向另一个人抛球。

3. 接球人使用头上截击（传球）技能把球传给抛球人，使抛球人不必移动即可接球。5 次正确传球后，搭档之间互换角色。

拓展活动

- 搭档记录连续成功的传接球次数。

- 让抛球人站在呼啦圈内。如果抛球人能够双脚站在圈内把球接住，获得 5 分。如果抛球人单脚迈出圈外接住球，获得 3 分。如果抛球人双脚都出圈，但是能接住球，获得 1 分。

不间断传球

目标

与搭档不间断传球，提升头上截击（传球）技能。

设备

每组配备一个球（如沙滩球、泡沫球或排球）。

活动

1. 搭档之间相对站立。

2. 其中一个搭档向另一个搭档抛球，另一个搭档必须使用头上截击（传球）来击球。

3. 搭档之间持续来回传球，并记录正确传球次数。

4. 当搭档双方不能使用正确的技术或者没有接住球时，活动停止。

5. 活动重新开始，搭档之间尝试获得更多的击球数。

拓展活动

借助绳子或网，搭档通过传球过网来增加传球的难度。

对墙击球

目标

通过对墙击球来提升头上截击（传球）技能。

设备

每组配备一个球（沙滩球、泡沫球或者排球）。在墙上贴一条线，距离地面约 10 英尺。

活动

1. 两个搭档都站在离墙 10 英尺处。

2. 其中一个搭档使用头上截击（传球）对墙击球。

3. 当球在墙上弹起、落地前，另一个搭档要接住这个球。

4. 该搭档接住球后，必须在接球点使用头上截击（传球）对墙击球。

5. 搭档记录连续成功的传接次数。

拓展活动

在墙上挂一个较大的目标，让学生挑战击中它。

后退

目标

通过增加搭档之间的距离来提升头上截击（传球）技能。

设备

每组配备一个球（如沙滩球、泡沫球或排球）。

活动

1. 搭档面对面站立，使用头上截击（传球）技能来回传球。

2. 完成两次传接球以后，两人各向后退一步，重复头上截击（传球）。

3. 随后每次双方成功传接球后，各自后退一步。

4. 直到学生不能正确完成技能，或者距离太远无法传接球时，停止活动。学生返回起始位置，活动重新开始。

拓展活动

向学生解释测量概念，让学生放置标志筒或其他物体，来表示他们能够达到的最远距离。他们也可以使用胶带来衡量并判定准确的距离，可以记录测量结果，并和其他小组比较。你可以将结果制成班级总分图表，并在公告栏中公示。

源自：Based on Bryant and McLean Oliver（1974）.

挑战赛

目标

在不同环境下练习头上截击（传球）技能。

设备

每组配备1个球（沙滩球、泡沫球或排球）及若干挑战卡，不同类型的练习或许需要其他器材。

活动

1. 搭档挑选1张挑战卡，读出上面的任务。

2. 学生接受挑战后，必须正确完成挑战卡上的任务。

3. 任务可能包括以下活动。

- 搭档之间来回传球4次、8次或10次，而不让球落地。
- 搭档之间可以看到在球不碰到头顶上方的物体的情况下相互传球的高度。
- 其中一个搭档向空中抛球，另一个搭档移动至球的下方，并且把球传给抛球人。

拓展活动

- 在活动区域内或者墙上（距离地面约10英尺）设置各种颜色目标（呼啦圈、标志筒或者桶），选定目标，让搭档传球击打。
- 设置2根游戏立柱或者排球立柱，在立柱之间系1根绳子或挂1张网，让搭档之间进行1项迷你排球赛。
- 让搭档记录正确传球次数。创建班级总分。下次上课时，让全班学生挑战增加正确接球的次数。

团体活动

传球过网

目标

在改进的游戏中使用头上截击（传球）技能。

设备

每组 1 个沙滩球或者重量较轻的球、1 根 10 英尺长的绳子。

活动

1. 6 人一组，把全班分为多个组。

2. 2 个学生拿着绳子的两端，尽可能将其举到最高。

3. 其他同学是传球人。

4. 绳子的两边各站 2 个同学。

5. 游戏开始，1 个学生开始头上截击（传球）。双方组员使用头上截击（传球）来回击球，球必须越过绳子。

6. 当对方击球过界或者没有接住球，本方获得 1 分，轮到下一个学生用头上截击（传球）开球。

7. 一方得到 5 分后，绳子一侧的 2 个学生与手举绳子的学生互换角色，举绳子的 2 个学生到绳子的另一侧，另外 2 个人也换到场地一侧。这样做可以让每对搭档在每轮循环中都有 2 次练习机会和 1 次举绳子的机会。

拓展活动

• 当绳子两侧的学生进行传球练习时，举绳子的人在一个圆圈内缓慢走动，迫使传球人跟着移动。

• 绳子两侧可以分别增加一些学生。

击中方格

目标

使用头上截击（传球）技能击中对方区域内的方格。

设备

8 ～ 10 个沙滩球或重量较轻的球、排球网、地板胶带。

活动

1. 把全班分为人数相同的 2 个组，让 2 个组的人分别站在网的两侧。

2. 在网的两侧，用地板胶带各围成 3 个边长为 5 英尺的方格。

3. 给每个学生 1 个球。你发出开始指令后，学生开始传球过网。

4. 球过网后，接球方必须让球击中地面。此时离球最近的学生可以接到这个球，并传球过网。学生不能过网接球。

5. 每次传过网的球落入对方区域的方格内，本方得 1 分。

拓展活动

其中一组得 10 分，活动结束。

"清场行动"

目标

通过头上截击（传球）把所有的球击到对方区域内。

设备

8 ～ 10 个沙滩球或重量较轻的球、1 张排球网。

活动

1. 把全班分为人数相同的 2 个组，让 2 个组的人分别站在网的两侧。

2. 每组场地放置 4 ～ 5 个球，开始活动。

3. 持球的学生把球抛向空中，通过头上截击（传球）技能把球传到对方区域内。

4. 鼓励学生移动击打任何一个球。

5. 你发出停止指令，活动停止。

6. 各组记录落到自己区域内的球数。

7. 球数更多的组要做一个练习，随后开始新一轮的活动。

拓展活动

设置 2 个活动场地，减少用球。

源自：J. A. Wessel, *Project I CAN*（Northbrook, IL: Hubbard, 1974）.

击中目标

目标

击中特定目标，提高头上截击（传球）的准确性。

设备

将不同颜色的美术纸作为目标，贴在距离地面 10 ～ 15 英尺的墙上。每个学生 1 个球（如沙滩球、泡沫球或排球）。制作 1 个彩盒，在里面放入各种颜色的美术纸。

活动

1. 在墙上设置目标，颜色和盒子里的样本相同。

2. 挑选 1 个学生从盒子里抽出 1 张美术纸。

3. 所有学生必须使用头上截击（传球）技能击中选定颜色的目标。

4. 你给出结束指令后，学生停止向选定颜色的目标击球。

拓展活动

- 学生和搭档配合练习。一个搭档选定目标，另一个搭档必须尝试击中这个目标。搭档之间轮流选定目标和击球。

- 目标应该散布在活动区域内，搭档应当接住传球。

创建自己的活动

目标

为了提升头上截击（传球）技能，让学生创建自己的活动。

设备

每组 1 张纸和 1 支铅笔，你预先确定的允许学生在活动中使用的器材（如呼啦圈、标志筒、绳子、沙滩球或泡沫球）。

活动

1. 2～6 个学生一组。你可以为学生分组，或让学生自己建组。

2. 每组学生把头上截击（传球）作为基本技能来设计活动。要求学生（包括所有组员）制定规则，促进正确展现技能动作，并考虑安全问题。

3. 每组在纸上写下组员的姓名、活动规则及所需器材，随后向你展示活动。

4. 经你同意后，各组领取所需的器材，活动开始。

5. 你必须同意各组对活动的合理改编。

拓展活动

· 各组可以将自己组的活动教给其他组。

· 各组可以将自己组的活动教给全班其他学生。

· 你可以将活动录制下来，并与其他班级或家庭成员共享。

头上截击（传球）问题解决表

问题	解决方法
1. 双手举在头顶上方时没有用手指形成窗口	· 玩一种叫"我是侦探"的游戏，学生利用拇指和其他手指形成窗口，从窗口向上看，发现指定的物体。这些物体位于头顶上方，可以是永久固定在场馆内的装置（如篮筐，天花板上的特定物体）
2. 没有移动至球的下方	· 从天花板上投下光束，让学生移动至光束下方 · 向学生抛出一个球，学生必须移动至球的下方，并且在头顶上方接住球
3. 在完成头上截击（传球）动作后失去平衡	· 在地板上用胶带设置一条线，让学生站在线后。学生向搭档传球后，做手部连带动作时不能越过线
4. 用手掌击球，而不是用手指击球	· 在学生从双手形成的窗口向上看时，把球放在学生的手指上 · 向学生抛球，让他尝试击打这个球而不发出声音
5. 向下推球，而不是向上或向外传球	· 让学生传球并观察自己手的姿势 · 让学生尝试使用头上截击（传球）技能使球穿过篮筐
6. 击球时，双臂和双腿没有伸展	· 让学生在无球状态下练习准备姿势，再伸展双臂和双腿做出击球动作 · 让学生向天花板击球，但是不能让球触碰天花板

小结

排球是一项非常流行的休闲运动。对于想在运动中获得成功的学生，向搭档或者队友传球是一项相当重要的技能。一旦学生和其他业余爱好者理解了完成这项重要技能的方式和时机，他们就能够有效地运用头上截击（传球）技能。学生在熟练掌握这项技能之前，必须掌握以下几个关键要领：保持身体姿势正确、移动至球的下方、触球时身体伸展。

教授残障学生

- 在球上添加声音（如利用蜂鸣器、铃铛）。
- 使用较大、较软、速度较慢的球，如沙滩球或气球（乳胶过敏者慎用）。
- 根据学生的能力调整搭档之间的距离，使目标更容易或更难完成。
- 根据需要调整目标或网的高度。
- 让学生接球后再传球。
- 让有视觉或听觉障碍的学生靠近老师。
- 将容易分散注意力的学生安排在教学区域的一侧。
- 提供一些额外的口头和视觉提示。
- 使用标记来确定个人安全空间。
- 忽略与残障学生无关的提示词。

头上截击（传球）课程计划

（第 1 节课）

年龄组
小学四年级学生。

教学重点
移动至球的下方触球。

教学次重点
移动至球的下方的概念。

教学目标
移动至球的下方完成前臂传球，5 次练习中有 4 次限定球与手指接触的时间，教师观察并评估。（提示词：*移动至球的下方，双手向外推*）

材料和设备
每组配备 1 个沙滩球或者泡沫球。

组织和管理
学生在个人空间进行热身和练习。

热身活动
学生进入场馆，找到属于自己的个人空间。

今天我们将复习关于方位的运动概念，尤其是上和下这两个概念。音乐开始，我要你们在公共空间内快跑。音乐停止，等待下一步指示。明白吗？（音乐开始）

观察学生跑动时是否做到 1 只脚在前和 2 只脚并排。音乐停止。

停止不动。你们能够移动至篮筐下方吗？开始。让你的双手形成 1 个三角形窗口，通过这个窗口向上观察。［示范头上截击（传球）的双手动作］你们到目标下方了吗？头要往后仰，拇指和食指相互触碰。很好。

音乐开始，你们在公共空间内进行滑步运动。音乐停止后，你们站在原地不动，等待下一步指示。明白吗？（音乐开始）

观察学生的眼睛是否直视前方，双脚是否交叉。音乐停止。

停止不动。移动至灯光的正下方。开始。再次通过双手形成的窗口观察，确定自己位于灯光的正下方。你们快跑和滑步的表现很好。这次你们要在公共空间内慢跑。音乐停止后，你们站在原地不动，等待下一步指示。开始。（音乐开始）

观察学生跑动时是否保持距离。音乐停止。

停止不动。移动至目标的正下方。再次通过双手形成的窗口观察，确定自己位于目标的正下方。

介绍

停止不动。每个人找到自己的个人空间并坐下。

上节课我们学习了如何用前臂截击（传球）来击打排球。今天我们将学习怎样完成头上截击（传球）。完成这个动作需要用到手指，还要移动至球的下方，这和前面练习的动作相同。事实上，该动作的难点是移动至球的下方，并且通过双手形成的窗口观察。你们已经了解这个动作，下面注意观察我示范完整动作。先移动至球的下方。双臂举过头顶，手肘弯曲，双手形成窗口，从窗口向上观察。伸直双臂，用拇指和其他手指短暂触球，双手向外推。不是用整个手掌接球，而是用拇指和其他手指撞击球。（示范几次动作，强调移动到球的下方）

技能提升

请大家站在个人空间内。让我们先进行几次无球练习。移动至球的下方，使用"取景器"观察，伸展双臂击球，双手向外推。（强调触球后双手外推）

停止不动。你们做得很好。尝试头上截击（传球）动作时，我们要让球在空中飞得高。为什么高度很重要呢？（**能够让队友有时间移动至球的下方**）所以球飞行的距离和飞行的高度并不是同等重要的。那我们如何发力让球达到合适的高度呢？（**通过伸直双臂和双腿发力击球，随后完成手部连带动作**）

让我们在无球状态下再复习几遍提示词：移动至球的下方，使用"取景器"观察，伸展双臂击球，双手向外推。（强调运用双臂和双腿伸展发力，以及手部连带动作）

现在你们已经准备好用球来练习了。在我数完 5 个数之前，找 1 个搭档并与他面对面站立。如果有人没找到搭档，就站在我旁边。（完成学生的搭档配对）

其中一个搭档去拿 1 个沙滩球，另一个搭档寻找开放的活动区域。开始。

*2 个搭档之间相距 3 大步。很好。拿球的学生是抛球人，另一个是传球人。抛球人要把球抛到一定高度，让球恰好到达传球人的头顶上方。传球人要使用头上截击（传球）技能把球传给抛球人。再次说出提示词。（**移动至球的下方，使用"取景器"观察，伸展手臂击球，双手向外推**）直到我让你们停下，抛球人和传球人的角色保持不变。有问题吗？开始。*

教师在练习区域内四处走动，观察学生是否正确完成技能。如果某组表现非常好，教师让全班暂停练习，让该组向全班其他学生展示。3 ～ 4 分钟后，让学生暂停，互换角色进行练习。

*停止不动。将球放在地上。在排球运动中，球并不总是落在我们所站的位置，所以我们必须朝球的落点方向移动。这次练习中，抛球人要让传球人稍稍移动一点距离才能接住球。你们怎么做才能让搭档轻松接住球呢？（**如果你把球抛得更高，那么搭档就有更多时间移动至球的下方来接球**）再次说出提示词。（**移动至球的下方，使用"取景器"观察，伸展手臂击球，双手向外推**）直到我让你们停下，抛球人和接球人的角色保持不变。有问题吗？开始。（3 ～ 4 分钟后，让学生互换角色再练习。如果某组搭档表现非常好，让他们使用超级安全球练习）*

停止不动。将球放在地上。这次你和你的搭档要尝试实战的传接球。其中一个搭档抛出 1 个球，随后你们使用头上截击（传球）技能来回传球。先看我和 1 个学生示范一遍。注意观察我们没有移动很大的距离。你们要让球飞得高，而不是让球飞得远。有任何问题吗？开始。

观察学生的姿势是否正确。表扬能够控制球的方向的学生。让练习持续 2 ～ 3 分钟。当学生准备好后，让学生使用超级安全球练习。

*停止不动。把球放在脚下。这次你们记录自己和搭档使用头上截击（传球）技能连续成功的传球数。如果动作不正确，则不能记数。再次说出提示词。（**移动至球的下方，使用"取景器"观察，伸直手臂击球，双手向外推**）有问题吗？开始。（让学生练习 3 ～ 4 分钟）*

停止不动。我需要你们其中一人把球放回合适的地方。所有人列队。

结束

准备头上截击（传球）时应该做什么？〔按照学生的指令做动作。要求其他学生也按照要求做出动作。在一旁不断纠正动作，并向学生提问，直到他们正确完成头上截击（传球）〕

*现在让我们回忆一下使用过的提示词。（**移动至球的下方，使用"取景器"观察，伸直手臂击球，双手向外推**）很好。下次我们将练习利用头上截击去击中目标。*

学生列队离开。

第 9 章

踢球与踢悬空球

当孩子学会走路之后，他们就开始用脚踢物品，有时候是在地上踢，有时候会把东西拿起来踢（也就是踢悬空球）。以后他们会在各种活动中用到踢球和踢悬空球的技能，比如踢易拉罐、皮球、橄榄球和足球。没有正确的指导，孩子往往会用错误的脚的部位来踢球，或者形成不良的动作，这样他们便不可能形成成熟的动作模式。

《美国 K–12 体育教育的国家标准和年级水平学习成果》（SHAPE America, 2014）指出，应该从幼儿园开始教授儿童踢球技能，但直到四五年级才能让儿童涉及踢悬空球技能。

促进社交与情感健康

- 搭档的反馈应该从积极的、与技能相关的评价开始。搭档应避免说"不错""好""做得漂亮"之类的话，这些话不会提高练习者的技能表现。
- 询问学生应该如何帮助其搭档做得更好。
- 学生应该在踢出球之前喊出搭档的名字。
- 在学习的初始阶段应强调应力力学随距离或高度的变化。
- 提醒学生需要做大量的练习才能取得成功。

踢球

孩子开始踢球时需要站在原地去踢静止的物品。《美国 K–12 体育教育的国家标准和年级水平学习成果》（SHAPE America, 2014）提供了合理的踢球技能发展进程：幼儿园儿童应该能够站在原地踢出静止的球，并表现出成熟踢球模式中 5 个关键要领的 2 个（S1.E21.K）；一年级学生应该能朝静止的球移动并向前踢出，能表现出成熟踢球模式中 5 个关键要领的 2 个（S1.E21.1）；二年级学生应该能够向球移动的同时踢运动中的球，同时表现出成熟踢球模式中 5 个关键要领的 3 个（S1.E21.2）；如果上述任务都能完成，三年级学生应该既能沿着地面踢球，也能朝空中踢球，同时表现出成熟踢球模式中 5 个关键要领的 4 个（S1.E21.3a），之后他们可以开始学习如何提高踢球的准确性（S1.E21.3b）。遗憾的是，教师有时会在学生还没完全掌握基础技能前，就开始强调技能的准确性。踢球技能的各年级水平学习成果如表 9.1 所示。

表 9.1　踢球技能的各年级水平学习成果（S1.E21）

	幼儿园	一年级	二年级	三年级	四年级	五年级
S1.E21 踢球	原地踢出静止的球，并表现出成熟踢球模式中 5 个关键要领的 2 个（S1.E21.K）	朝静止的球移动并向前踢出，并表现出成熟踢球模式中 5 个关键要领的 2 个（S1.E21.1）	向球移动的同时踢运动中的球，并表现出成熟踢球模式中 5 个关键要领的 3 个（S1.E21.2）	持续向球运动的同时，有目的地沿地面踢球或朝空中踢球，并表现出成熟踢球模式中 5 个关键要领中的 4 个（S1.E21.3a）；持续向球运动的同时踢出静止的球，并能准确踢中目标（S1.E21.3b）	用成熟的动作模式沿地面踢球或朝空中踢球，以及踢悬空球（S1.E21.4）	在小场地训练任务中，用成熟的动作模式踢球和踢悬空球（S1.E21.5）

源自：SHAPE America - Society of Health and Physical Educators, *National Standards & Grade-Level Outcomes for K-12 Physical Education*（Champaign, IL: Human Kinetics, 2014）.

在本部分，我们会强调踢静止球时的一些关键要领，并且规定了儿童向球运动时的动作步骤（方式）。我们还在适当的地方针对儿童和球的运动，提供了一些拓展活动。

为了在增加练习时间的同时提升安全性，我们希望你在每次活动中都能采用以下建议。

- 使用充气不足的球，避免儿童因踢球后追球浪费过多时间。
- 让两个儿童搭档活动，但要确保他们之间保持安全的距离，避免儿童踢球时因过度用力而造成损伤。
- 利用墙壁或围栏辅助练习。

当然，现在的体育教育目录中有各种各样更软、踢起来也更安全的球。其他选择还包括商店可买到的平价塑料球和泡沫球。你的器材预算和设施决定了你能够采取的安全措施。

关键要领

准备姿势	迈步	跳跃	踢球	连带动作
站在球的后方，膝盖弯曲，面朝球，双脚分开至与肩同宽，眼睛注视球。	踢球脚向前迈步，为踢球发力。	非踢球脚向前跃出，落于球旁，身体前倾，踢球脚后摆离地。	用脚背鞋带区域或脚内侧去踢球中心偏下的部位。	踢球腿对侧的手臂向前摆动，同时踢球脚沿踢球方向继续前摆。做连带动作时身体后倾。

源自：Albemarle County Physical Education Curriculum Revision Committee（2008）.

提示词

你在技能学习的每个阶段所选择的提示词，取决于学生的年龄和你强调的重点。下面的提示词可用于教授踢球。你可以单独使用一个提示词，或者根据需要将这些提示词搭配使用。我们发现，在学生练习时，大声说出提示词非常有益。

准备——眼睛注视静止的球。

迈步——踢球脚向前迈步。

接近——目视球并且踢球脚向前迈步。

跳跃——非踢球脚向前跃出。

落脚——非踢球脚落于球旁，同时带动踢球腿向前。

跳跃落脚——非踢球脚向前跳跃并且落于球旁。

腿后摆——踢球腿向后摆。

踢球——用脚内侧（球会沿地面滚动）或脚背鞋带区域（球会飞向空中）去踢球中心偏下的部位。

出球——踢球腿向前摆，并且用脚内侧（球会沿地面滚动）或脚背鞋带区域（球会飞向空中）去踢球中心偏下的部位。

连带动作或高摆——踢球脚沿踢球方向继续前摆，同时踢球脚对侧的手臂向前摆，以保持平衡。

提示词组 1：准备、迈步、跳跃、踢球、连带动作

提示词组 2：接近、跳跃、落脚、踢球、连带动作

提示词组 3：准备、跳跃、踢球、高摆

提示词组 4：准备、跳跃落脚、踢球

提示词组 5：腿后摆、出球

强化和评估关键要领的活动建议

在教学过程中，重要的是让学生了解每一项技能的形式和关键要领，以及怎样正确地理解每个关键要领。在前文中，我们提供了踢球的图片及文字说明，并把它分为几个关键要领，提出了可以使用的提示词。除了第 1 章中的内容可以强化所有运动和操控性技能的概念，下面将提供更多的具体活动来巩固踢球特有的关键要领。

同伴技能考核

目标

让搭档互相评估学习踢球的效果。

设备

同伴技能考核表、铅笔，每组配备一个球。如果学生不识字，可以使用同伴技能考核表的图片版。如果在室内进行评估，应该制定一些合理的安全措施。比如，所有人都要朝一个方向踢球，按照教师的指令踢球，或使用软球。

活动

1. 搭档观察对方的准备姿势是否正确。
2. 如果准备姿势正确，搭档就在第一个方框里填 "Y"；如果准备姿势不正确，则填 "N"。对于不识字的学生，如果准备姿势正确，搭档就在第一个方框里放一张笑脸图片，反之则放哭脸图片。
3. 每个关键要领被评估 5 次后，停止评估。
4. 每个学生都要参加同伴技能考核。

拓展活动

- 使用同伴技能考核表来测评每个学生技能水平的提高情况。
- 把同伴技能考核表同成绩单寄给学生家长。

成功构建者活动

成功构建者活动能够帮助你满足学生的个别需求。如果学生在某个关键要领上需要

同伴技能考核表
技能：踢球

踢球者姓名：＿＿＿＿＿＿＿＿ 观察者姓名：＿＿＿＿＿＿＿＿

❶ 准备姿势

1 2 3 4 5

❷ 迈步

1 2 3 4 5

❸ 跳跃

1 2 3 4 5

❹ 踢球

1 2 3 4 5

❺ 连带动作

1 2

同伴技能考核表
技能：踢球

踢球者姓名：＿＿＿＿＿＿＿＿ 观察者姓名：＿＿＿＿＿＿＿＿
观察你的搭档，然后给每个关键要领打分。让你的搭档将每个动作做 5 次。如果搭档该次做的动作正确，就在对应次数的方框里填"Y"；如果搭档该次做的动作不正确，就在对应次数的方框里填"N"。

开始

准备姿势
1. 眼睛注视球。
2. 膝盖弯曲。
3. 面朝球。
4. 双脚分开至与肩同宽。

测试

1 2 3 4 5

动作

迈步
1. 踢球脚向前迈步。

1 2 3 4 5

跳跃
2. 非踢球脚向前跃出，落于球旁。

1 2 3 4 5

踢球
3. 用脚背带鞋带区域将球踢向空中，或用脚内侧踢球，使球沿地面滚动。
4. 脚踢在球中心偏下的部位。

1 2 3 4 5

结束

连带动作
踢球腿对侧的手臂向前摆动，同时踢球脚沿踢球方向继续前摆。身体后倾。

1 2 3 4 5

额外的帮助，下面列出的活动将有助于提高学生的表现水平。

目标

根据同伴技能考核表的结果，改善不足之处。

设备

见以下各个学习站点。建议在每个学习站点放置一面镜子，以及张贴一张印有踢球关键要领的海报。在这项活动中，镜子的用处很大，因为它能让学生看到自己的动作。制作海报最简单的方法是放大打印本书的插图。给海报塑封能延长其使用时间。

活动

1. 在教学区域内，为 5 个关键要领分别设置学习站点。在相应的学习站点张贴附有具体关键要领说明文字的图片。
2. 每个学习站点的细节如下。

准备姿势

眼睛注视球。

设备

展示准备姿势的海报、镜子（如果有的话），以及同伴技能考核表。

活动

学生做出准备姿势。搭档检查其姿势是否与海报所示相符。随后学生四处走动，搭档发出指令，学生再次做出准备姿势。学生借助镜子观察改正动作。一旦学生多次尝试做出的动作均正确，搭档二人互换角色，随后练习整套技能。

迈步和跳跃

踢球脚向前迈步。非踢球脚向前跃出，落于球旁，身体前倾，踢球脚后摆离地。

设备

展示迈步和跳跃的海报、镜子（如果有的话）、地板胶带或美术胶带，以及同伴技能考核表。用胶带在地板上标记双脚的起始位置，以及迈步和跳跃的位置。

活动

学生从准备姿势开始，双脚要站在胶带标记上。接着学生要分别按相应的迈步和跳跃标记完成迈步和跳跃。搭档观察其动作并给出反馈。一旦该学生能连续正确完成三次动作，就到另一个没有胶带标记的区域完成相应动作。如果该学生能在没有胶带标记的区域正确完成多次动作，搭档二人互换角色，随后练习整套动作。

踢球

脚踢在球中心偏下的部位。

设备

展示踢球的海报、镜子（如果有的话）、充气不足（可以限制球滚动的距离）且标出中线的球、充气不足无标记的球，以及同伴技能考核表。

活动

学生与搭档一起练习。搭档站在学生起始位置旁边略靠前的位置。学生用非踢球脚向前跃出，带动踢球脚向前踢球。学生要踢在球的中线偏下的位置。一旦学生成功完成 3 次动作，就可以尝试用无标记的球进行练习。如果该学生用无标记的球成功完成多次动作，搭档二人互换角色，随后练习整套技能。

连带动作

踢球腿对侧的手臂向前摆动，踢球脚沿踢球方向继续前摆。

设备

展示连带动作的海报、镜子（如果有的话）、充气不足的球，以及同伴技能考核表。

活动

学生和搭档一起练习。学生练习踢球腿前摆，同时带动对侧的手臂前摆。镜子和同伴技能考核表能够提供重要反馈。如果学生能成功完成多次动作，就可以尝试去踢放在地板上充气不足的球。搭档再次检查并确认学生的连带动作是否正确。如果学生能成功完成多次动作，搭档二人互换角色，随后练习整套技能。

强化整体技能的高级活动建议

如前文所讲，学生应该先完全掌握踢球的技术之后再强调动作的准确性。踢球是一项非常复杂的技能，因为它有 4 种不同的执行方式：球和学生都静止、球静止而学生移动、球移动而学生静止，以及球和学生都移动。如果再加上击中目标的难度，学生将更加难以正确地掌握关键要领。正如踢球技能的各年级水平学习成果表所示，学生从三年级开始才应该关注动作的准确性，而且最初阶段要使用静止的球和较大的目标。

个人活动

踢中角落

目标

踢中特定目标，提升踢球的准确性。

设备

每个学生 1 个塑料球或 1 个足球。

活动

1. 让学生排队站在距球门（或其他边界清晰的矩形区域）30 英尺处。

2. 学生练习把球踢进球门的 4 个角落。学生只能根据你的指令依次踢球或捡球（见图 9.1）。

拓展活动

- 学生每次踢球必须喊出要将球踢进哪个角落。
- 排队的第二个学生指示前面的学生踢中哪个角落。如果成功，踢球的学生还能继续挑战；如果失败，就轮到第二个学生踢球。踢 2 球后轮换。
- 你可以让学生挑战将球踢进特定区域。

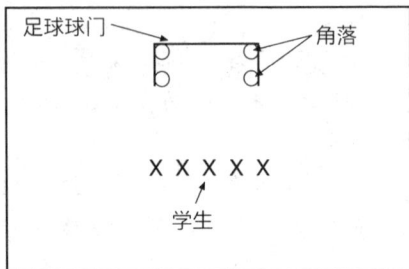

图 9.1 "踢中角落"活动布局图

对墙踢球

目标

踢中 25 英尺远的墙壁，增加学生踢球的距离，而且球触墙前不能触碰其他任何表面。

设备

每个学生 1 个塑料球或足球。

活动

1. 学生 3 人一队，站在距墙壁约 35 英尺的地方。
2. 每队第一个学生前方约 10 英尺处放 1 个球（如图 9.2 所示）。

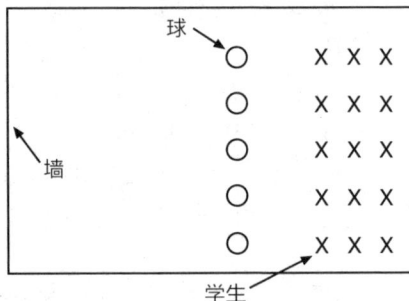

图 9.2 "对墙踢球"活动布局图

3. 根据你的指令，每队学生依次将球踢向墙壁，球击中墙壁前不能触碰其他任何表面。
4. 出于安全考虑，学生只能根据你的指令踢球或捡球。

拓展活动

- 在学生刚开始学习这项技能时，可以缩短学生与墙的距离，以确保成功，但距离也不能太近，否则球反弹后可能会伤人。学生的技能水平提高以后，队伍向后移动，加大距离。
- 每队第二名学生要指出前面学生踢球动作的优点和不足。
- 在室外活动，可以将棒球或垒球的防护网或者围栏作为墙壁。

神奇围栏

目标

练习踢球技能的同时强化跳跃动作。

设备

24 个直径为 6 英寸的标志筒和 12 根跳绳。你也可以用有重量的容量为 2 升的瓶子来架起跳绳。

活动

1. 设置 6 组围栏。每组围栏由 4 个标志筒和 2 根跳绳组成。将 1 根跳绳的 2 个手柄分别拴在 2 个标志筒的顶端。2 个标志筒要尽可能分开，以拉直跳绳。第二根跳绳以同样方式固定。每 2 个围栏相互平行，相距 2 英寸。

2. 在活动区域内分散放置围栏（如图 9.3 所示）。

3. 将全班学生分成 6 组，每组学生分配到不同的围栏处。

4. 听到你的指令后，学生越过围栏。

5. 落地时，学生做出踢球动作。

6. 听到你的停止指令前，学生不断重复以上动作。

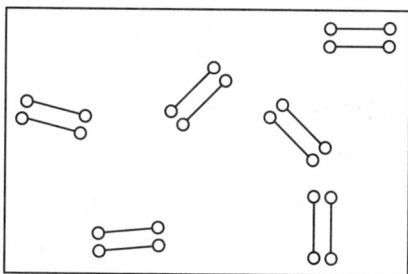

图 9.3　"神奇围栏"活动布局图

拓展活动

- 学生在活动区域内活动，尝试越过所有围栏。

- 使用更长的跳绳以加宽围栏。

- 将所有围栏首尾相接，形成一个长围栏。每个围栏内放 1 个球，但是学生越过围栏时先不踢球，以便他们判断球放在哪里更合适（球的位置是十分重要的安全因素。球必须放在跳跃者的对面。考虑到其他安全因素，每次只允许 1 个学生越过 1 个围栏）。学生越过围栏后，尝试踢球。由同组下一位同学捡回球开始练习。

踢标志筒

目标

练习踢球技能的同时强化跳跃动作。

设备

每个学生 1 个（高度为 6 英寸或重量较轻）标志筒和 3 张脚印图。如果是在室内活动，考虑到安全因素，需要把脚印图贴在地板上。

活动

1. 每个学生放好自己的脚印图和标志筒（如图 9.4 所示）。脚印 1 和脚印 2 的间距要与肩同宽。学生用非踢球脚向前跃出，并落在脚印 3 的位置上。然后把标志筒放在脚印 3 旁边稍微靠右前方的位置。标志筒所在之处就是踢球的位置。

2. 正确设置好器材后，学生用非踢球脚向前跃出，并落于脚印 3 的位置上。

3. 学生用踢球脚踢标志筒。

拓展活动

- 使用泡沫球或充气不足的球代替标志筒。

- 将脚印加入"神奇围栏"活动。

图 9.4　"踢标志筒"活动布局图

合作活动

挑战赛

目标

在各种情况下练习踢球。

设备

配备一个塑料球或一个足球及一些挑战卡。不同类型的挑战任务可能需要额外的器材。

活动

1. 每个学生选一张挑战卡。

2. 学生完成挑战卡上的任务。

3. 可能的任务包括以下活动。

- 大力踢球（或轻踢球）。

- 以中等高度（较低或较高的高度）踢球击中目标。

- 将球踢到空中（或使球沿地面滚动）。

- 和你的搭档同时踢球，使球达到相同的高度且同时落地。

拓展活动

- 在活动区域的墙壁或围栏上放置不同颜色的目标（图片或呼啦圈），让搭档指示踢球的学生踢中哪个目标。

- 放置两个立柱，并在中间系上一根绳子，挂上不同的目标（高度不同），让学生挑战踢中各个目标。目标可以是呼啦圈和较大的铝盘。

2-4-6-8

目标

练习用不同力量踢球。

设备

每对搭档 1 个塑料球或 1 个足球，以及足够多的标志筒。活动区域内设置 5 排标志筒，每排相距约 10 英尺。将绳子放在第一排标志筒前 10 英尺处，作为起始区域（如图 9.5 所示）。

活动

1. 捡球人进入活动区域，踢球人留在起始区域的绳子后面。考虑到安全因素，捡球人应该站在 6 分区。

2. 踢球人先试着将球踢到第一个区域，可得 2 分。活动区域中的捡球人将球踢回去。

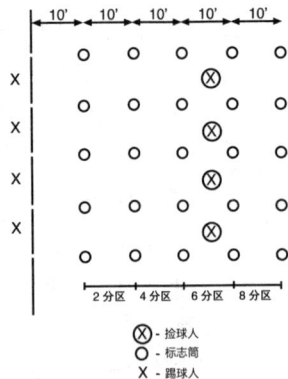

图 9.5 "2-4-6-8" 活动布局图

3. 踢球人接着尝试将球踢向第二个区域（得 4 分）、第三个区域（得 6 分）、最后一个区域（得 8 分）。

4. 如果踢球人正确完成踢球动作，球也落在目标区域，得到的分数就计入这对搭档的总分。

5. 踢 4 轮之后，搭档二人互换角色。

拓展活动

- 学生在 4 轮踢球过程中，尽量将球踢到得分最多的最远区域。

- 每次成功完成踢球任务，每对搭档记录得分。之后，你计算班级总分。

- 每对搭档记录自己正确踢球的次数，而你记录班级正确踢球的总次数。在后续课程中，让学生挑战突破原来的纪录。你可以把数据做成图表来激励学生提升技能。

- 踢球人站在 8 分区将球踢给捡球人，而捡球人站在绳子后面；然后踢球人分别在 6 分区、4 分区和 2 分区将球踢给捡球人。之后二人互换角色。

团体活动

踢出圆圈

目标

练习踢球和停球。

设备

1 块较大的活动区域，1～4 个泡沫球（直径为 8 英寸）或其他较软的球。球的数量取决于学生的技能水平。

活动

1. 将全班学生分为 2 个组。

2. 一组学生在大圈的中心，另一组在大圈外。

3. 你发出开始的指令，圈外的学生将球滚进圈内。圈内的学生必须让球停下，然后将球踢出圈外。

4. 圈外的学生捡球后回到原位，再把球滚进圈内，重复此过程。

5. 1～2 分钟后让 2 个组互换位置。

拓展活动

- 记录每组学生正确踢球的总次数。你可以记录数据或将其做成图表并作为后续课程中学生的挑战目标。

- 记录全班学生正确踢球的总次数。全班学生在每次练习活动时都尝试增加正确踢球的总次数。

- 观察学生的活动。对那些踢球动作不正确的学生，鼓励他们去练习区域找搭档一起练习。

・让学生不停地踢球。

创建自己的活动

目标

让学生自己设计活动来强化踢球技能。

设备

每组学生 1 张纸和 1 支铅笔，以及 1 份提前列出的可用的活动器材（如塑料球、标志筒或呼啦圈）清单。

活动

1. 2～5 个学生一组。可以由你来分组，也可以学生自己分组。

2. 每组学生以踢球为基本技能来设计活动。要求学生（包括所有组员）制定规则，促进正确展现技能动作，并考虑安全问题。

3. 每组学生在纸上写出组员姓名、活动规则和所需器材，然后交给你。

4. 你批准他们的活动后，各组领取所需器材并开始活动。

5. 你必须批准对活动进行的合理改编。

拓展活动

・各组可以将自己组的活动教给其他组。

・各组可以将自己组的活动教给班级的其他学生。

・你可以将活动录制下来，并与其他班级或家庭成员共享。

踢完就跑

目标

练习踢大小不同的球。

设备

各种各样可以踢的球（如大小不同的足球或泡沫球）。每个球都不一样。

活动

1. 学生 3 人一队，每队前面放 1 个球（如图 9.6 所示）。

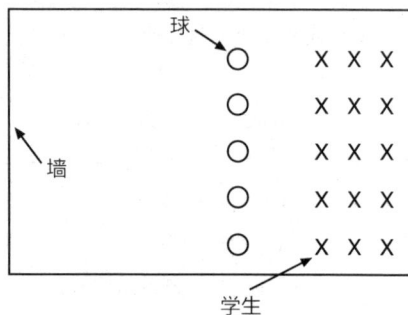

图 9.6　"踢完就跑"活动布局图

2. 开始指令发出后，每队第一个学生朝球移动，并尽力将球踢得更远。考虑到安全因素，每轮都要在指令发出后才开始踢球。

3. 这个学生踢完球后要跑着去捡球，但捡回的不必是自己踢出的球。

4. 学生将捡回的球递给队里的下一个学生。

5. 继续活动，重复几轮。

拓展活动

- 学生要运球归队。
- 学生必须说出捡回的是什么球。如果需要，队里的其他学生可以帮忙捡球。

源自：Based on Bryant and McLean Oliver（1974）.

小结

学生喜欢在地上用脚移动物体。为了掌握各项技能，需要合理安排学习进度。刚开始学习踢球时，学生和球都要静止。学生有能力在静止状态下完成正确的踢球动作之后，才可以开始学习如何在移动状态下踢球，最终掌握奔跑、跳跃和踢球这些运动技能。通过正确的指导与合理的进程，学生就能掌握熟练的踢球技能。

踢球问题解决表

问题	解决方法
1. 眼睛没有注视球	• 在球上画 1 张人脸或写 1 个单词，作为关注的焦点 • 将 3 种不同的球（塑料球、泡沫球和足球）放在学生面前，让学生触球（不是踢）时喊出那个球的名称
2. 踢球脚没有向前迈步，或迈步不够大	• 放 1 个物品（如脚印或彩色圆点）在学生前面，标记要迈步的位置 • 放 1 个物品（如跳绳）在学生前面，要求脚要迈过该物品 • 在非踢球腿上绑一条围巾 • 将泡沫垫贴在地板上，让学生用对侧脚迈步时踩在上面发出声音
3. 非踢球脚只是向前迈步而没有跳跃动作	• 让学生踢球前先练习跳跃动作 • 在地面上平行放置 2 根绳子，让学生跳过去
4. 身体没有前倾	• 让学生通过检查自己的影子，看身体是否前倾 • 让学生想象自己在跑步，身体前倾想要冲刺获胜
5. 非踢球脚没有落在球旁或对角位置	• 将 1 张防滑脚印放在球旁，让学生练习跳跃并将脚落在脚印上 • 让搭档检查学生的踢球脚是否被球挡住一部分
6. 踢球腿后摆时膝盖伸直或没有离地	• 放置 1 个高 6 英寸的标志筒，让学生跳过去，而且踢球腿的膝盖要从标志筒上方经过，脚和腿都不能碰到标志筒 • 让学生观察自己的影子，检查踢球腿的姿势 • 让搭档检查学生踢球腿的姿势
7. 脚踢在球的上部	• 在球的中心部位画 1 条线，让学生试着踢到线的下方 • 在 2 个高 6 英寸的标志筒顶端拉 1 根绳子，让学生把球放到绳子的对面，试着用脚从绳子的下面踢球
8. 踢球腿对侧的手臂没有沿踢球方向继续向前摆动	• 让学生在原地练习踢球腿前摆时碰向外伸展的对侧手指 • 拉 1 根绳子，高度位于学生腰部，让学生在不带球的情况下练习踢球。学生必须做出踢球后的连带动作，踢球脚和对侧的手臂都应该碰到绳子的下方

踢球课程计划

（第 2 节课）

年龄组

小学三年级学生。

教学重点

踢球中的跳跃动作。

教学次重点

技术与力量。

教学目标

通过教师或搭档的观察评估，5 次动作有 4 次能正确完成跳跃动作（**提示词：*单脚跳起，滞空，另一只脚落地***）；教师观察评估，5 次动作有 4 次能正确完成向球移动、跳跃、落脚、踢球动作（**提示词：*接近、跳跃、踢球***）。

材料和设备

每个学生一个塑料球。

提前准备

在地板上贴一条线，将场馆分为两部分。另外，用地板胶带或美术胶带在场馆内分散设置多组不平行的两条线。每组不平行的两条线之间的宽度和长度都应该不同（如图 9.7 所示）。

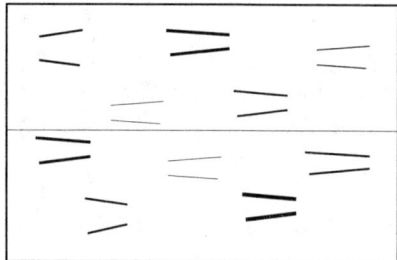

图 9.7　踢球课程计划布局图

组织和管理

学生在个人空间内接受指导，在公共区域做热身活动。之后，学生在场馆里找到自己的练习区域。

热身活动

学生一进场馆就开始播放音乐。他们要按照你的运动指示在公共区域进行热身运动，例如，滑步、快跑、慢跑、走路、跳跃等。然后，让学生在原地停下，进行模拟踢球。热身活动之后，学生找到自己的个人空间，面朝你坐下。

介绍

今天我们继续练习踢球技能。我们需要加入发力或用力踢球的练习，当然在学习的同时也要牢记安全规则。如果想要发力，我们要朝球跑动、跳跃、踢球。注意，我是如何朝球移动的。我不是要去踢球，只是朝它移动。（接近球，用非踢球脚向前跳跃，然后停下）*同学们，我刚才采用了哪项运动技能？*（**跳跃**）*非常好。如果我们想要在正确踢球的同时动用更大的力量，我们就要用正确的方法朝球移动，所以跳跃动作非常重要。*

今天开始踢球之前，我们先练习跳跃。一个完美的跳跃有哪些步骤？（**单脚跳起，另一**

*只脚落地）*没错。我们跑动的时候，就要这么做——单脚跳起，另一只脚落地。那跳跃和奔跑有哪些区别呢？**（跳跃在空中停留时间更长，迈出的步伐更大）**很好。（选两个学生）你们能给大家示范一下跳跃吗？利用你们身边的线，试着从一条线跳到另一条线。想想提示词：单脚跳起，滞空，另一只脚落地。大家都注意观察他们是怎么跳起和落地的。非常好。现在大家再观察他们的手臂动作。注意，是跳跃腿对侧的手臂向外伸展，这能让他们保持平衡。

同学们，当我说"开始"的时候，你们需要找一组线并在那个地方坐下。每组线旁不能超过 3 人。开始。

非常好。你们要轮流跳过这些线。现在假装两条线之间都是水，你肯定不想把自己的脚弄湿。你要从一条线后跳到另一条线后。我们有哪些安全规则？（学生提出想法。他们应该能答出**"轮流开始"**和**"观察教师的动作"**。你还可以限制他们奔跑的距离）我说"开始"，你们就开始。开始。

如果你已经确认学生在安全地进行活动，你就可以观察他们的技能表现情况了。要确保学生单脚跳起，用另一只脚落地。全程重复提示词"单脚跳起，滞空，另一只脚落地"。如果学生跳得不够高，就让他站得离线更远一点，因为距离远就需要跳得更高。

*停止活动。*非常好。你们的跳跃动作做得很好。现在，我想让你们轮流互相帮助。一个学生完成动作，另两个学生观察。观察员要注意这几个动作：单脚抬起，滞空，另一只脚落地，挥动手臂，跳跃腿对侧的手臂向外伸展，以保持平衡。

你们能记住这些要求吗？很好。在你们组的成员跳过线时，你们要能指出他们正确完成的以及需要改进的动作，然后让他们重复练习几次。我会告诉你们什么时候换人。现在选一下谁先来。开始。

观察学生的活动，确认正在练习的学生能正确地完成技能动作，同时观察的学生能给出正确的反馈。大声重复提示词。几分钟之后，学生轮换角色。保证每个学生都有练习的机会，并得到同学的反馈。

*停止不动。原地坐下。*你们的跳跃动作做得非常棒。我说"开始"之后，你们要找到个人空间，然后练习迈步、用非踢球脚跳跃、模拟踢球。你们应该先用踢球脚向前迈步。注意看我的示范。我用右脚踢球，所以我用右脚迈步，用左脚跳跃，然后模拟踢球。有问题吗？开始。

观察学生的动作是否正确。

非常好。现在我们开始带球练习。我喊到哪个组，这个组的每个学生就去拿一个塑料球，然后坐到场馆的中线上，把球放在腿上。现在，因为球在场馆里乱弹乱滚会非常危险，所以我要给它们稍微放一点气。它们仍然可以踢，只是不会在墙上反弹得太厉害。（单独解散某一组）

现在我们要练习接近球和跳跃动作，然后去踢一个真球。注意看我示范：准备、迈步、跳跃、踢球、连带动作。眼睛始终注视球，让踢球脚继续沿着踢球的方向前摆。注意踢球腿对侧的手臂要向前伸展，这能让人保持平衡。

让另一组学生朝反方向的墙壁踢球（如图9.8所示）。

安全规则包括：只有听到开始指令才能踢球，只有让你们去拿球时才能去拿球。明白这些规则了吗？第一次我们先一起踢：准备、迈步、跳跃、踢球、连带动作。

学生练习踢球时，你在旁边大声重复这些提示词，尤其注意接近球的动作和跳跃动作，督促学生踢到球中心偏下部位并做出连带动作。

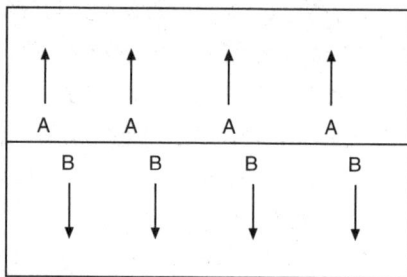

图9.8　两组学生朝反方向的墙壁踢球

让学生捡球，然后再次给出开始指令。此过程至少重复5次。针对学生出现的问题重新教学一遍，点名表扬那些技术正确的学生。

停止活动。现在我要教你们一种新的活动，叫作"对墙踢球"。首先，把充气不足的球放到一边，列成5队坐到场馆后面（如图9.9所示）。

每队学生前面10英尺处放一个充气量合适的球。

我说"开始"，每队第一个人就接近球、迈步、跳跃、踢球和连带动作。我们的目标是让球落地前击中墙壁。第一个人踢完球，要去把球捡回来，把球交给队伍的下一个人，然后站到队伍的最后。第一个踢完球的人可以和前面的人交谈，前边的人会指出他的优点和不足。听我说，观察员们，你们要告诉踢球的人怎么做更好。我们要观察什么？（注意看球，滞空，踢球的下部）大家都明白了吗？开始。

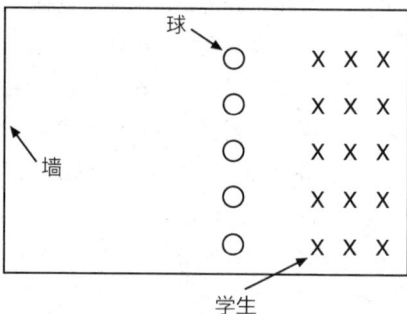

图9.9　"对墙踢球"活动布局图

观察踢球的学生的动作是否正确，观察的学生是否给出了正确的反馈。

停止不动。下课时间到了。请把器材放好，来我这里列队。

结束

学生列队准备离开的时候，可以做扮演教师游戏。

1. *如何跳跃？*（**单脚跳起，滞空，另一只脚落地**）

2. *跳跃和奔跑的区别是什么？*（**滞空时间更长，步伐更大**）

3. *为什么踢球时跳跃非常重要？*（**为了让踢球更有力**）

4. *今天我们还讲到了连带动作。连带动作有哪几个重要步骤？*（**踢球腿的对侧手臂前伸以保持平衡，全程注视球，踢球后踢球腿随球继续前摆**）

你们的接近球、跳跃和踢球动作都做得非常好。明天我们将进一步练习连带动作。

踢悬空球

踢悬空球比踢球更加困难，因为它涉及两种截然不同的动作：让球下落并在球落下时踢出。由于协调这两种动作的难度较大，所以《美国 K-12 体育教育的国家标准和年级水平学习成果》（SHAPE America, 2014）在四年级才开始提及踢悬空球。踢悬空球各年级的水平学习成果表要求四年级学生能够沿地面或朝空中踢球，用成熟的动作模式踢悬空球（S1.E21.4），五年级学生能在小型训练任务环境下展示出成熟的踢悬空球模式（S1.E21.4），如表 9.2 所示。

表 9.2　踢悬空球的各年级水平学习成果（S1.E21）

	幼儿园至三年级	四年级	五年级
S1.E21 踢球（包括踢悬空球）	幼儿园至三年级期间未提及踢悬空球	沿地面或朝空中踢球，用成熟的动作模式踢悬空球（S1.E21.4）	能在小型训练任务环境下展示出成熟的踢球和踢悬空球模式（S1.E21.5）

源自：SHAPE America - Society of Health and Physical Educators, *National Standards & Grade-Level Outcomes for K-12 Physical Education*（Champaign, IL: Human Kinetics, 2014）.

训练踢球技能时，我们希望你在每次活动中都能采用以下建议。

- 如果学生与搭档一起活动，要保证两人之间的距离足够安全，避免学生踢悬空球时因过度用力而使搭档受伤。
- 利用墙壁或围栏辅助练习。
- 确保所有学生都朝一个方向踢悬空球。
- 在最初阶段，要求所有学生在听到你的指令后才能开始踢悬空球。

尽可能在室外练习这项技能，如果要在室内踢悬空球，你必须使用更软的球，比如商店里卖的平价塑料球、泡沫球、软皮球或超级安全球，这样更安全。你的器材预算和设施决定了你可以选用哪种球。

关键要领

准备姿势
以迈步姿势站立，非踢球脚稍微比踢球脚靠前，双脚分开至与肩同宽。体重平均分配在双脚之上，膝盖弯曲（右膝应比图上的更加弯曲），双手在身前持球，位于腰部高度。

跳跃
非踢球脚沿踢球方向向前跳跃，同时踢球脚后摆离地。

落球和踢（悬空）球
在腰部高度松手让球下落。踢球脚前摆，用脚背鞋带区域踢球。踢球时身体后倾，踢球腿完全伸展。

连带动作
踢球腿继续沿踢球方向前摆，对侧手臂前伸，以保持平衡。

提示词

你在技能学习的每个阶段所选择的提示词，取决于你所教学生的年龄和强调的重点。下面的提示词可以用于教授踢悬空球。你可以单独使用一个提示词，或者根据需要将这些提示词搭配使用。我们发现，在学生练习时，大声说出提示词非常有益。

准备——以迈步姿势站立，非踢球脚稍微比踢球脚靠前，双脚分开至与肩同宽。体重平均分配在双脚之上，膝盖弯曲，双手在身前持球，位于腰部高度。

跳跃——非踢球脚沿踢球方向向前跳跃，同时踢球脚后摆离地。

落球和踢（悬空）球——在腰部高度松手让球下落。踢球腿前摆，用脚背鞋带区域踢球。踢球时踢球腿完全伸展。

落球——在腰部高度松手让球下落。

踢（悬空）球或快速猛踢——用脚背踢球，踢球腿完全伸展。

连带动作——踢球腿继续沿踢球方向前摆，对侧手臂前伸，以保持平衡。

> 提示词组 1：准备、跳跃、落球和（悬空）踢球、连带动作
>
> 提示词组 2：准备、落球、踢（悬空）球
>
> 提示词组 3：准备、落球、快速猛踢

强化和评估关键要领的活动建议

在教学过程中，重要的是让学生了解一项技能的形式和关键要领，以及怎样正确地掌握每个关键要领。在前文中，我们提供了踢悬空球的图片及文字说明，并把它分为几个关键要领，提出了可以使用的提示词。除了第 1 章中的内容可以强化所有运动和操控性技能的概念，下面将提供更多的具体活动来巩固踢悬空球特有的关键要领。

同伴技能考核

目标

让搭档互相评估学习踢悬空球技能的进程。

设备

同伴技能考核表、铅笔以及每组一个球。如果学生不识字，可以使用同伴技能考核表的图片版。如果在室内进行评估，应该制定一些合理的安全措施。比如，所有人都要按教师的指令朝相同的方向踢悬空球，使用更软的球等。

活动

1.搭档观察对方的准备姿势是否正确。

同伴技能考核表

技能：踢悬空球

踢悬空球者姓名：_____   观察者姓名：_____

❶ 准备姿势

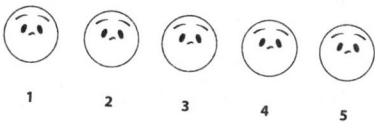

1   2   3   4   5

❷ 跳跃

1   2   3   4   5

❸ 落球和踢（悬空）球

1   2

❹ 连带动作

 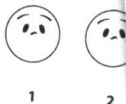

1   2

同伴技能考核表

技能：踢悬空球

踢悬空球者姓名：_____   观察者姓名：_____

观察你的搭档，然后给每个关键要领打分。让你的搭档将每个动作做 5 次。如果搭档该次做的动作正确，就在对应次数的方框里填"Y"；如果搭档该次做的动作不正确，就在对应次数的方框里填"N"。

开始

准备姿势

1. 膝盖弯曲。
2. 双脚分开至与肩同宽。
3. 双手在身前持球，位于腰部高度。

测试

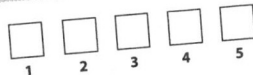

1   2   3   4   5

动作

跳跃

1. 非踢球脚沿踢球方向向前跳跃。
2. 踢球脚后摆离地。

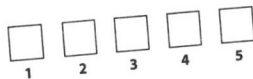

1   2   3   4   5

落球和踢（悬）球

3. 在腰部高度松手让球下落。
4. 用脚背鞋带区域踢球。

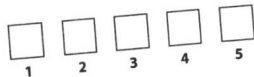

1   2   3   4   5

结束

连带动作

踢球腿继续沿踢球方向前摆，对侧手臂前伸。

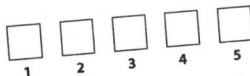

1   2   3   4   5

2. 如果准备姿势正确，搭档就在对应的方框里填"Y"；如果准备姿势不正确，则填"N"。对于不识字的学生，如果准备姿势正确，搭档就在对应的方框里放一张笑脸图片，反之则放哭脸图片。

3. 每个关键要领被评估 5 次后，停止评估。

4. 每个学生都要参加同伴技能考核。

拓展活动

- 使用同伴技能考核表来测评每个学生技能水平的提高情况。
- 把同伴技能考核表同成绩单寄给学生家长。

成功构建者活动

成功构建者活动能够帮助你满足学生的个别需求。如果学生在某个关键要领上需要额外的帮助，下面列出的活动将有助于提高学生的表现水平。

目标

根据同伴技能考核的结果，改善不足之处。

设备

见以下各个学习站点。建议在每个学习站点放置一面镜子，以及张贴一张印有踢悬空球关键要领的海报。在这项活动中，镜子的用处很大，因为它能让学生看到自己的动作。制作海报最简单的方法是放大打印本书的插图。给海报塑封能延长其使用时间。

活动

1. 在教学区域内，为每个关键要领分别设置学习站点。在相应的学习站点张贴附有具体关键要领说明文字的图片。

2. 每个学习站点的细节如下。

准备姿势

以迈步姿势站立，非踢球脚稍微比踢球脚靠前，双脚分开至与肩同宽。体重平均分配在双脚之上，双手在身前持球，位于腰部高度。

设备

展示准备姿势的海报、镜子（如果有的话）和同伴技能考核表。

活动

学生做出准备姿势，由其搭档评估该姿势是否与海报所示相符。接着该学生四处走动，一旦听到搭档的指令，就再次做出准备姿势。如果该学生能多次成功完成动作，搭档二人互换角色，随后练习整套技能。

跳跃

非踢球脚沿踢球方向向前跳跃，同时踢球脚后摆离地。

设备

展示跳跃的海报、镜子（如果有的话）、地板胶带或美术胶带、同伴技能考核表。用胶带在地板上标记出双脚的起始位置，以及迈步和跳跃的位置。起始位置到迈步位置的距离，应该大约是迈步位置到跳跃位置距离的一半。

活动

学生从准备姿势开始，双脚站在胶带标记上。接着学生要分别向前迈步和向前跳跃至相应的胶带位置。搭档观察学生的动作并给出反馈。一旦学生能连续 3 次正确完成动作，就到另一个没有胶带标记的区域完成相应动作。如果该学生能多次成功完成动作，搭档二人互换角色，随后练习整套技能。

落球和踢（悬空）球

在腰部高度松手让球下落。踢球脚前摆，用脚背鞋带区域踢球。踢球时身体后倾，踢球腿完全伸展。

设备

展示落球和踢（悬空）球的海报、镜子（如果有的话）、各种滚动速度较慢的球（例如大号沙滩球、小号沙滩球、排球），以及同伴技能考核表。

活动

学生使手臂前伸，然后松手让球下落。先用大号沙滩球尝试踢悬空球。如果学生能连续 5 次成功完成用脚背踢球，且保持踢球腿伸直，就换用小号沙滩球。之后可以换用排球，再然后是超级安全球（或类似的球）。每次练习搭档都要给出反馈。如果该学生能多次成功完成动作，搭档二人互换角色，随后练习整套技能。

连带动作

踢球腿继续沿踢球方向前摆，对侧手臂前伸，以保持平衡。

设备

展示连带动作的海报、镜子（如果有的话）和同伴技能考核表。

活动

学生练习在踢球脚前摆的同时带动对侧手臂前摆。镜子和同伴技能考核表能够提供重要的反馈。如果学生能多次成功完成动作，就可以尝试去踢沙滩球。搭档检查学生的连带动作是否正确。如果学生能多次成功完成动作，搭档二人互换角色，随后练习整套技能。

强化整体技能的高级活动建议

个人活动

踢球过网

目标

练习用踢悬空球的技能将球踢过球网。

设备

1 个大活动区域，每个学生 1 个球（如泡沫球或泡沫足球），2 个或更多的排球网，2 个带纸笔的写字板。

活动

1. 将全班学生分为 2 个组，让其分别站在球网两侧。在距球网 10 ～ 15 英尺处设 1 条起始线。你发出开始指令，学生尝试从起始线后用踢悬空球的技能将球踢过球网。
2. 如果球能过网，该学生就去指定区域并记 1 分。
3. 该学生继续从原地踢悬空球。

拓展活动

- 如果有滚动速度较慢的软球（如沙滩球或排球），可以在室内用排球网进行活动。
- 学生每次把球踢过球网后，就换到另一侧。（如果另一边空间够大，可以考虑使用围栏、棒球或垒球防护网。）学生必须从球网旁边绕到对面。

合作活动

挑战赛

目标

在各种情境下练习踢悬空球。

设备

每组配备 1 个塑料球及若干挑战卡。不同类型的挑战任务可能需要额外器材。

活动

1. 每个学生选 1 张挑战卡。
2. 学生完成挑战卡上描述的任务。
3. 可能的任务包括以下活动。
   - 大力踢悬空球（或轻力踢悬空球）。
   - 以中等（或较高）高度将球踢向目标。
   - 将球高踢到空中。

- 尽力将球踢得很远。
- 将球踢入 1 个目标区域（比如封闭的网球场）。
- 和你的搭档同时踢悬空球，使球达到相同的高度且同时落地。

拓展活动

- 在活动区域的墙壁或围栏上放置不同颜色的目标（图片或呼啦圈），让搭档指定踢中的目标，学生将球踢到距目标 5 英尺的范围内才算成功。
- 让学生踢球越过距自己 30 英尺的目标，比如排球球网、足球球门或围栏。

不要落地

该活动需要在室外开放区域进行。

目标

将球踢给搭档，提升踢悬空球的准确性。

设备

每对搭档一个塑料球（或其他适用的球）、一张纸和一支铅笔。

活动

1. 搭档二人在开放区域内散开。
2. 搭档二人来回踢悬空球，记录连续成功踢球接球的次数。

拓展活动

- 学生 3 人一组，站成三角形踢悬空球。
- 踢球人尝试踢悬空球，尽量让搭档能轻松地接到球。接球人要在球落地前接到球。
- 搭档记录成功踢悬空球和接球的次数。
- 记录学生连续成功踢球接球的次数，让学生挑战增加成功的次数。

2-4-6-8

目标

练习用不同力度踢悬空球。

设备

每对搭档 1 个塑料球，活动区域内有足够多的标志筒。活动区域内放置 5 排标志筒，各排相距约 10 英尺。将绳子放在第一排标志筒前面 10 英尺处，作为起始区域（如图 9.10 所示）。

活动

1. 捡球人进入活动区域，踢球人留在起始区域的绳子后面。
2. 踢球人采用踢悬空球技能将球踢进第一个区域，可得 2 分。活动区域中的捡球人也用踢悬空球技能将球踢回。

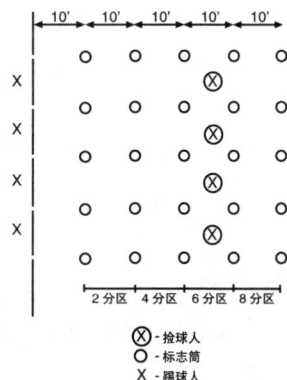

图 9.10　"2-4-6-8" 活动布局图

3. 踢球人接着用踢悬空球技能将球踢进第二个区域（得 4 分）、第三个区域（得 6 分）、最后一个区域（得 8 分）。

4. 如果球能落进目标区域，而且踢悬空球的动作正确，得到的分数就计入这对搭档的总分。

5. 踢 4 轮之后，搭档二人互换角色。

拓展活动

- 学生在 4 轮踢悬空球过程中，尽量将球踢到得分最多的最远区域。

- 每次正确完成踢悬空球动作，每对搭档记录得分。之后，学生计算班级总分。

- 每对搭档记录自己正确完成踢悬空球的次数，而你记录班级正确踢悬空球的总次数。在后续课程中，让学生挑战突破原来的纪录。你可以把数据做成图表来激励学生提升技能。

- 踢球人在 8 分区，用踢悬空球技能将球踢给站在绳后的搭档。然后踢球人分别在 6 分区、4 分区和 2 分区将球踢给捡球人。之后搭档二人互换角色。重点是要将球踢给搭档，并且搭档能接住。

居家练习

- 设备
  - 学生家里的任何球（如网球、垒球、泡沫球）都可以用于户外练习。
  - 学生可以在室内或室外使用气球（乳胶过敏者慎用）、袜子或报纸卷成的球。
  - 学生可以将塑料袋制作成一个较大的球，或者使用一个小枕头或毛绒玩具代替球。

- 活动
  - 在户外，在事先获得许可的情况下，学生可以将没有窗户的外墙作为踢球或踢悬空球的目标。
  - 学生在户外练习时，可以将塑料水瓶或盒子作为踢球目标。
  - 学生可以和家庭成员一起踢球或踢悬空球。学生可以教他们提示词。
  - 让学生创建新的活动，以帮助他们记住每项技能的关键要领。要求他们在下一次线上课堂上教授其创建的活动（或分享视频）。

团体活动

踢球过栏

该活动需要在室外进行。

目标

在不同的距离练习踢悬空球，并使球越过目标。

设备

每个学生一个塑料球。

活动

1. 将全班学生分为两组，分别站在围栏的两侧。

2. 你发出开始指令后，学生尝试用踢悬空球技能将球踢过围栏。

3. 如果球已顺利踢过围栏，另一边的学生要试着接到球，然后原地立定。

4. 你发出指令，接到球的学生在原地用踢悬空球技能将球踢过围栏。要确保围栏附近的学生不会妨碍后面的学生踢球。学生在接球前必须喊出由自己接球。

拓展活动

· 画一条清晰的线，要求学生站在线上踢悬空球，或捡完球要回到这条线上。

· 让学生接到球之后立刻踢悬空球。

· 如果有足够多的滚动速度较慢的球（例如沙滩球、泡沫球、排球），可以在室内借助排球网进行活动。如果有更软的球，可以让学生脱掉鞋再踢。

源自：J.A. Wessel, PhD, Project I CAN（Northbrook, IL: Hubbard, 1974）。

创建自己的活动

目标

让学生自己设计活动来强化踢悬空球的技能。

设备

每组学生 1 张纸和 1 支铅笔，以及 1 份提前列出的可用活动器材（如塑料球、标志筒或泡沫足球）的清单。

活动

1. 2 ～ 5 个学生一组。可以由你来分组，也可以让学生自己分组。

2. 每组学生以踢悬空球为基本技能设计活动。要求学生（包括所有组员）制定规则，促进正确展现技能动作，并考虑安全问题。

3. 每组学生在纸上写出组员姓名、活动规则和所需器材，然后交给你。

4. 你批准他们的活动后，各组领取所需器材，开始活动。

5. 你必须批准学生对活动进行的合理改编。

拓展活动

· 各组可以将自己组的活动教给其他组。

· 各组可以将自己组的活动教给班级其他学生。

· 你可以将活动录制下来，并与其他班级或家庭成员共享。

踢完就跑

该活动最好在室外进行。

目标

练习用各种大小的球踢悬空球。

设备

各种可以用来踢悬空球的球（比如不同大小的足球、泡沫球）。每个球都不一样。

活动

1. 学生 3 人一队，每队前面放 1 个球（如图 9.11 所示）。

2. 开始指令发出后，每队第一个学生开始踢悬空球，将球踢得越远越好。考虑到安全因素，每轮都要听到指令再开始踢球。

3. 这个学生踢完球后要跑着去捡球，但捡回的不必是自己踢出的球。

4. 学生将捡回的球递给队里的下一个学生。

5. 继续活动，重复几轮。

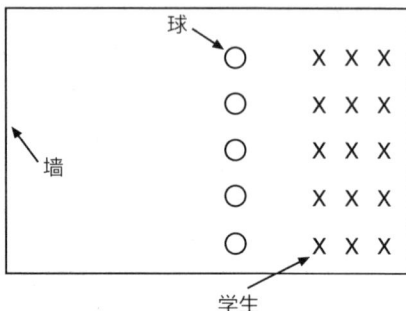

图 9.11　"踢完就跑"活动布局图

拓展活动

- 学生必须说出捡回的是什么球。如果需要，队里的其他学生可以帮忙。

- 让学生 3 人一队。用标志筒围成一个很大的圆圈，每队站在 1 个标志筒后面。每队就像车轮上的辐条。学生踢悬空球，将球踢到圆圈的中心位置。

教授残障学生

- 在球上添加声音（如利用蜂鸣器、铃铛）。

- 使用泡沫球或带有纹理的球来帮助抓握。

- 沙滩球可能更适合某些学生。

- 最初，学生练习踢悬空球时使用皮球可能更容易成功。他们可以在以后慢慢过渡到使用足球。

- 根据学生的能力调整搭档之间的距离，使目标更容易或更难完成。

- 学他刚学踢球时，要从一个静止的球开始，让他自己跑向球；然后让学生踢一个运动的球；最后才让学生跑着踢一个运动的球。

- 学踢悬空球时，先要有人为学生持球，由持球人将球丢向学生；最后，学生可以尝试自己踢悬空球。

- 让有视觉或听觉障碍的学生靠近老师。

- 将容易分散注意力的学生安排在教学区域的一侧练习。

- 忽略与残障学生无关的提示词。

- 将全班学生分为 2 个组。每组学生各站在 1 条控制线后，2 条控制线大约相距 30 英尺。A 组学生先朝 B 组的控制线踢悬空球。教师发出指令后，B 组的学生去捡 1 个自己没踢过的球，然后回到 B 组控制线后，等待教师下令再踢悬空球。学生不能连续 2 次踢同样的球。

源自：Based on Bryant and McLean Oliver（1974）.

小结

当学生踢悬空球时，会再次表现出他们喜欢用脚踢地上的东西。所有技能的学习都要循序渐进，这样才更便于学生掌握，因此，在刚开始教授踢悬空球时，应该只限于松手落球。和踢球一样，如果学生已经能够以原地静止姿势踢悬空球，就可以开始学习在运动状态下踢悬空球，完成跳跃、落脚、踢悬空球的动作。通过正确的指导与合理的递进，学生就能熟练掌握踢悬空球技能。

踢悬空球问题解决表

问题	解决方法
1. 手臂没有伸直	• 让学生向前迈步，伸手把球交给搭档 • 让学生通过观察自己的影子来检查手臂是否伸直
2. 踢球脚没有向前迈步，或迈的步子不够大	• 在学生前面放一个物品（例如脚印、彩色圆点），标记迈步的位置 • 在学生前面放一根绳子，要求学生的脚要迈过绳子 • 非踢球腿上系一条围巾 • 将泡沫垫贴在地板上，让学生向前迈步，踩在上面发出声音
3. 非踢球脚向前迈步而没有跳跃	• 让学生通过踢悬空球前先练习跳跃动作 • 在地面上平行放置两根绳子，让学生跳过去
4. 踢球前身体没有前倾	• 让学生通过观察自己的影子检查身体是否前倾
5. 踢球腿后摆时膝盖绷直，或没有离地	• 放置一个 6 英寸高的标志筒，让学生跳过去，而且踢球腿的膝盖要从标志筒上方经过，脚和腿都不能碰到标志筒 • 让学生通过观察自己的影子检查踢球腿的姿势 • 让学生的搭档检查学生踢球腿的姿势
6. 将球抛到空中	• 让学生原地站立练习落球 • 让学生迈步、跳跃，然后松手让球落进箱子或者呼啦圈里 • 让搭档观察球是落下还是抛出
7. 没有用脚背鞋带区域踢球	• 在球上抹婴儿爽身粉，让学生踢悬空球，然后通过球和脚上的粉末来检查用脚的部位和踢球的部位是否正确 • 在两根游戏立柱间系一根绳子，绳子上悬挂沙包或其他物体，让学生练习用脚背触碰悬挂的物体
8. 踢球腿对侧的手臂没有前摆或踢球腿没有连带动作	• 让学生原地站立，练习踢球腿前摆，去触碰外伸的对侧手的指尖 • 设置一根绳子，位于学生腰部高度，在无球的情况下让学生练习踢悬空球。学生必须做出连带动作，让踢球脚和对侧手臂碰到绳子

踢悬空球课程计划

（第 1 节课）

年龄组
小学四年级学生。

教学重点
完成正确的落球和踢（悬空）球动作。

教学次重点
保留自己的空间。

教学目标
每次踢悬空球能喊出提示词 [**提示词：** *准备、落球和踢（悬空）球、连带动作*]，能用小号沙滩球在 5 次练习中完成 4 次正确的落球和踢（悬空）球动作，教师观察评估（**提示词：** *落球* ）。

材料和设备
每个学生 1 个小号沙滩球。

提前准备
在你的教学区域中间设置 1 条分界线（可以用地板胶带或美术胶带设置）。

组织和管理
学生在个人空间内接受指导和在公共空间做热身活动。之后，学生在场馆中线上找到个人空间进行练习。

热身活动
今天，我们要学习 1 种不同的踢球技能，叫作踢悬空球。练习这项技能之前，我们必须先进行合理的热身活动。音乐开始时，你们自己选 1 项运动技能在公共空间内活动。谁能说出 1 项运动技能？（重复这个问题，直到垫步跳、滑步跳、马步跳、跑步、走路等技能都被提及）

形式
让学生找到个人空间后坐下。

介绍
今天我们要学习的这项特殊技能——踢悬空球会在足球运动、橄榄球运动或游戏中用到。我们今天要练习 3 个部分，分别是准备、落球和踢（悬空）球，以及连带动作。我现在给你们示范一下如何踢悬空球。[让一个学生将你踢的球捡回来。反复示范几次，每次都要重复提示词：准备、落球和踢（悬空）球、连带动作]

现在要说重点了。踢悬空球时最难的部分就是松手让球落下再踢球。你必须用双手持球，并在身前伸展双臂。非踢球脚在前，然后落球、踢球。注意是落球，而不是抛

球。用脚背的鞋带区域踢球，踢球腿用力前摆。

你们现在就可以开始练习了。由于我们是在室内活动，把足球、橄榄球或塑料球到处乱踢是非常危险的，所以我们今天用小号沙滩球练习踢悬空球。注意看我示范先落球，然后用鞋带区域去踢球（如图 9.12 所示）。

我会依次叫到每个组，被叫到的组的每个学生去拿 1 个小号沙滩球，然后坐在场馆中线上，把球放在腿上。（按照踢球的课程计划，让另一组学生面对另一面墙）

安全规则包括：只有听到开始指令后才能踢悬空球，让你去拿小号沙滩球才能去拿。明白这些规则了吗？

图 9.12　球落下时用鞋带区域踢球

先让我们一起踢一次。准备，把球举至身前。下面的动作要快速连贯。记住，分别是落球和踢（悬空）球、连带动作。好，让我们一起大声说出来：**准备、落球和踢（悬空）球、连带动作。**

学生继续练习，教师大声重复提示词，特别注意学生的落球动作和用脚背踢球动作。等学生把球捡回来，再次发出开始指令。这样反复练习至少 10 次。针对有问题的部分重新讲解，并指出哪些学生的动作标准，让其他学生观察并学习。

停止不动。原地坐下。现在你们可以再次练习踢悬空球。这次，你们踢完球以后把球捡回来，不用我喊口令你们就可以继续踢。当然，我希望你们能注意一下自己踢球和跑动的位置。明白这些规则了吗？记住要让球从手中落下，而不是抛球。开始。

注意学生的安全和动作是否正确，尤其注意落球和踢球动作。时常重复提示词——落球。

停止不动。请坐下。大家踢的小号沙滩球与足球或橄榄球的区别是什么？（**小号沙滩球更轻**）没错。轻球比重球落得更快还是更慢？（**更慢**）正确。使用小号沙滩球能让我们有更多时间做出反应并踢到球。你们还能想到什么球比足球落下或者运动得更慢吗？（**软皮球、气球和排球**）很好。

这次你们踢悬空球的时候，我会注意你们落球的动作，确认你们是不是用脚背踢球。你们如果能连续正确地完成 5 次动作，就能把小号沙滩球换成软皮球。在你们完全准备好之前不能换；换句话说，你们踢悬空球要连续成功 5 次才能换球。明白了吗？开始。

学生练习时你在周围巡视，并鼓励那些已经做好准备的学生换软皮球练习。注意强调动作要正确。这项活动持续 5 分钟。

停止不动。现在你们要找到一个搭档，你们用的球要相同（软皮球或小号沙滩球），你们二人背靠背坐下。开始。现在，你们其中一人把球放回，保留另一人的球。开始。

我们现在要利用场馆的整个长度来踢。你和搭档分别站到场馆的两边。（选出一个踢悬空球动作正确的学生）（某学生），我示范的时候能做一下我的搭档吗？（某学生），你站到场馆的另一边。当我说开始，我会用踢悬空球技能把球踢给我的搭档。

（某学生）要接住球，再回到端线。当我再说开始，（某学生）就用踢悬空球技能把球踢回给我。一定要注意你的搭档是如何踢悬空球的。几分钟之后，你要指出搭档动作的优点和不足。注意看我和搭档怎样练习踢悬空球。

告诉学生注意迈步、落球和踢（悬空）球动作，用脚背踢球，以及连带动作，尤其要注意落球和用脚背踢球。你和搭档每人示范 2 次，完成正确的动作，然后停止示范。

同学们，你们有什么问题吗？现在，搭档中的一人拿球站到海报附近的底线上。搭档拿球。（确保学生都分散站开）当我发出开始指令后你们再踢悬空球。开始。

注意学生的迈步、落球和踢（悬空）球动作，是否用脚背踢球，以及是否有连带动作，尤其要注意学生落球和用脚背踢球的动作。每对搭档来回练习 2 次之后，停止练习，让搭档返回，互相探讨出现的问题。让学生再练习 3 轮，然后再次互相给出反馈。

停止不动。同学们，时间到了。拿着球的人走回来放球，然后来我这里排队。开始。其余的人也走过来排队。开始。

结束

学生排队准备离开的时候，可以玩教师扮演游戏。

1. 踢悬空球的提示词有哪些？［**准备、落球和踢（悬空）球、连带动作**］

2. 你们觉得，为什么踢悬空球时是落球而不是抛球？（**更容易踢到，更好控制等**）

3. 踢球腿和踢球脚应该有怎样的动作？（**腿要伸直，脚背部踢球**）

4. 今天我们用了哪些安全措施来保证我们学习踢悬空球时的安全？（**更软的球、只有听到指令才能踢悬空球**）

非常好。下次我们会练习踢悬空球的准确性和连带动作。

第 10 章

运 球

运球这项操控性技能在足球和篮球运动中都会用到，其目的是要控制并移动球。然而，篮球和足球中的运球是两种截然不同的运动。一种用手（篮球运球）完成，另一种用脚（足球运球）完成，两者的共同点是综合了移动与操控技能。《美国 K-12 体育教育的国家标准和年级水平学习成果》（SHAPE America, 2014）规定，高年级学生应该分别学习这两种运球技能，以及如何将运球技能与其他技能相结合。根据综合运用手脚运球技能的各年级水平学习成果（如表 10.1 所示），四年级学生应该能够在其他技能中综合运用手、脚运球技能（如传球、接球和射门）（S1.E20.4）；五年级学生应该能够在各种小型比赛活动中，以成熟的运动模式完成用手或脚运球（S1.E20.5）。

表 10.1　综合运用手脚运球技能的各年级水平学习成果（S1.E20）

	幼儿园至三年级	四年级	五年级
S1.E20 在其他技能中综合运用运球技能	四年级才能开始培养并表现出适宜的技能	在其他技能中综合运用手、脚运球技能（如传球、接球和射门）（S1.E20.4）	在各种小型比赛活动中，以成熟的运动模式完成用手或脚运球（S1.E20.5）

源自：SHAPE America - Society of Health and Physical Educators, *National Standards & Grade-Level Outcomes for K-12 Physical Education*（Champaign, IL: Human Kinetics, 2014）.

用手运球

　　儿童一旦发现球会反弹就会开始拍球玩耍。拍球与篮球运球之间具有明显的关联，对于儿童非常具有吸引力。遗憾的是，儿童正确运球的水平往往落后于其对这项技能的热情。

　　儿童总是想用真正的篮球去练习运球，但篮球对他们的小手而言太大了，他们无法正确地完成运球，因此我们建议使用塑料球或更小的（小号或中号）篮球进行练习。标准大小的篮球可能更适合高中生，因为他们的技能更娴熟，手也更大。

　　用手运球中最具挑战性的内容，就是在原地站立运球和控球时，逐步加入难度更大的动作（比如变换速度或方向）。学生通常不容易做到同时控制球和自己的身体。通过让学生反复练习，并不断加大技能的难度，你就能帮助学生顺利掌握这一技能的关键要领。完全掌握用手运球技能需要多年的练习，因此学生从小学就应该开始学习用手运球。《美国 K–12 体育教育的国家标准和年级水平学习成果》（SHAPE America, 2014）提出了非常具体的技能发展次序：幼儿园儿童应该学会用一只手运球，并尝试做到二次触球（S1.E17.K）；一年级学生应该能用惯用手在个人空间内持续运球（S1.E17.1）；二年级学生应该能用惯用手在个人空间内以成熟的运动模式运球（S1.E17.2a），并且要用惯用手在公共空间内做到走动运球（S1.E17.2b）；三年级学生应该能在公共空间内做到慢速或中速跑动运球，同时控制球和自己的身体（S1.E17.3）；四年级时，这项技能会更加开放，学生应该能够在个人空间内用任意一只手以成熟的动作模式运球（S1.E17.4a），而且能够在公共空间内运球，变换速度，同时控制球和自己的身体（S1.E17.4b）；五年级学生应该能够在一对一练习任务中、在其他技能中综合运用运球技能（S1.E17.5）。用手运球的各年级水平学习成果如表 10.2 所示。

　　刚开始时，学生应该站在一个固定位置，用他们的惯用手开始运球。而后，教师慢慢地在练习中融合各种可变形式，让学生在运球时移动并开始使用他们的非惯用手。随着学生运球技能的不断熟练，教师慢慢要求他们提高运球速度，并督促他们主动用非惯用手练习运球。在下面描述的所有用手运球练习中，都要遵守这种循序渐进的方式。

表 10.2　用手运球的各年级水平学习成果（S1.E17）

	幼儿园	一年级	二年级	三年级	四年级	五年级
S1.E17 用手运球和控球	用一只手运球，尝试二次触球（S1.E17.K）	用惯用手在个人空间内持续运球（S1.E17.1）	用惯用手在个人空间内以成熟的运动模式运球（S1.E17.2a）；用惯用手在公共空间内走动运球（S1.E17.2b）	在公共空间内慢速或中速跑动运球，同时控制球和自己的身体（S1.E17.3）	在个人空间内用任意一只手以成熟的运动模式运球（S1.E17.4a）；在公共空间内运球，变换速度，同时控制球和自己的身体（S1.E17.4b）	在一对一练习任务中、在其他技能中综合运用运球技能（S1.E17.5）

源自：SHAPE America - Society of Health and Physical Educators, *National Standards & Grade-Level Outcomes for K-12 Physical Education*（Champaign, IL: Human Kinetics, 2014）.

关键要领

准备姿势	**手臂动作**	**手指**	**目视前方**	**移动**
膝盖弯曲，运球手对侧的脚准备向前移动，双手持球于身前。	一只手在腰部或其靠下的位置触球，用指腹向下推球的上部（人原地不动）。推球时手腕弯曲，手肘沿推球方向伸展。	用拇指和其余四指的指腹触球。（注意：如果让学生用指尖运球，会因为指尖僵硬而无法培养出手感。）	触球时，双眼平视前方，而不是朝下看球。	原地不动时用指腹用力推压球的上部。移动运球时，触球的位置稍微靠后或在球侧，将球推离双脚。

提示词

你在技能学习的每个阶段所选择的提示词，取决于所教学生的年龄和你强调的重点。下面的提示词可以用于教授用手运球。你可以单独使用一个提示词，或者根据需要将这些提示词搭配使用。我们发现，在学生练习时，大声说出提示词非常有益。

准备——膝盖弯曲，运球手对侧的脚准备向前移动，双手持球于身前。

挥手再见——一只手用指腹在腰部或其靠下的位置触球，用指腹向下推球的上部。手腕弯曲，手肘沿推球方向伸展。

招手——球从地板弹起的同时，手腕弯曲，位于腰部高度。

用挠痒的手指——向学生提问，他们用手的哪个部位去挠别人，而运球就是用这个部位（或者叫挠痒的手指）。确保学生使用手指的指腹去运球。用指腹在腰部或其靠下的位置触球，向下推球的上部。手腕弯曲，手肘沿推球方向伸展。

推——触球后，朝地板上推球，手臂伸展。

> 提示词组 1：准备、挥手再见、招手
> 提示词组 2：用挠痒的手指、推

强化和评估关键要领的活动建议

在教学过程中，重要的是让学生了解一项技能的形式和关键要领，以及怎样正确地实施每个关键要领。在前文中，我们提供了运球的图片及文字说明，并把它分为几个关键要领，提出了可以使用的提示词。由于篮球运球是一种动态技能，很难完全区分为独立的关键要领，因此有必要将几个关键要领进行组合。第 1 章中介绍的活动，可以强化所有运动和操控性技能的概念，下面将提供更多的具体活动来巩固用手运球特有的关键要领。

同伴技能考核

目标

让搭档互相评估学习用手运球技能的进程。

设备

同伴技能考核表、铅笔以及每组一个球。如果学生不识字，可以使用同伴技能考核表的图片版。

活动

1. 搭档观察对方的准备姿势是否正确。
2. 如果准备姿势正确，搭档就在对应的方框里填"Y"；如果准备姿势不正确，则填"N"。对于不识字的学生，如果准备姿势正确，搭档就在对应的方框里放一张笑脸图片，反之则放哭脸图片。
3. 每个关键要领被评估 5 次后，停止评估。
4. 每个学生都要进行同伴技能考核。

扩展活动

- 使用同伴技能考核表来测评每个学生技能水平的提高情况。
- 把同伴技能考核表同成绩单寄给学生家长。

居家练习

- 设备
  - 学生家里的任何球（例如足球、塑料球）都可以用于户外练习。
  - 在室内练习时，学生可以将塑料袋制作成一个较大的球，用于足部运球。学生也可以使用报纸卷成的球。
- 活动
  - 当学生（用手或脚）运球时，可以和家人一起玩"躲避游戏"。学生可以教他们提示词。
  - 让学生创建新的活动，以帮助他们记住每项技能的关键要领。要求他们在下一次在线课堂上教授其创建的活动（或分享视频）。

同伴技能考核表
技能：用手运球

用手运球者姓名：

　　　　　　　　　　　　　观察者姓名：

❶ 准备姿势　　　1　　　2　　　3　　　4　　　5

❷ 手臂动作　　　1　　　2　　　3　　　4　　　5

❸ 手指　　　1　　　2　　　3　　　4　　　5

❹ 目视前方　　　1　　　2

❺ 移动　　　1　　　2

同伴技能考核表
技能：用手运球

用手运球者姓名：　　　　　　　　　观察者姓名：

观察你的搭档，然后给每个关键要领打分。让你的搭档将每个动作做 5 次。如果搭档该次做的动作正确，就在对应次数的方框里填 "Y"；如果搭档该次做的动作不正确，就在对应次数的方框里填 "N"。

开始	测试

准备姿势
1. 膝盖弯曲。
2. 运球手对侧的脚准备向前移动。
3. 双手持球于身前。

□ 1　□ 2　□ 3　□ 4　□ 5

动作

手臂动作
1. 一只手在腰部或其靠下的部位触球。
2. 只用指腹触球；手腕弯曲，手肘沿推球方向伸展。

□ 1　□ 2　□ 3　□ 4　□ 5

手指
3. 只用指腹触球。

□ 1　□ 2　□ 3　□ 4　□ 5

目视前方
4. 双眼平视前方。

□ 1　□ 2　□ 3　□ 4　□ 5

移动
5. 原地不动时用指腹用力推压球的上部。移动运球时，触球的位置稍微靠后或在球侧，将球推离双脚。

□ 1　□ 2　□ 3　□ 4　□ 5

成功构建者活动

成功构建者活动能够帮助你满足学生的个别需求。如果学生在某个关键要领上需要额外的帮助，下面列出的活动将有助于提高学生的表现水平。

目标

根据同伴技能考核的结果，改善不足之处。

设备

见以下各个学习站点。建议在每个学习站点放置一面镜子，以及张贴一张印有用手运球关键要领的海报。在这项活动中，镜子的用处很大，因为它能让学生看到自己的动作。制作海报最简单的方法是放大打印本书的插图。给海报塑封能延长其使用时间。

活动

1. 在教学区域内，为每个关键要领分别设置学习站点。在相应的学习站点张贴附有具体关键要领说明文字的图片。

2. 每个学习站点的细节如下。

准备姿势

膝盖弯曲，运球手对侧的脚准备向前移动。双手持球于身前。

设备

展示准备姿势的海报、镜子（如果有的话）、一个球和同伴技能考核表。

活动

学生做出准备姿势，搭档检查其姿势是否与海报所示相符。学生可以借助镜子观察自己的动作。然后学生开始运球，搭档发出指令后，学生再次做出准备姿势。一旦学生能够向搭档展示正确的准备姿势，搭档二人互换角色，随后练习整套技能。

手臂动作和手指（推球动作）

一只手在腰部或其靠下的位置触球，用指腹向下推球的上部。手腕弯曲，手肘沿推球方向伸展。

设备

展示推球动作的海报、镜子（如果有的话）、一个球和同伴技能考核表。

活动1

在没有球的情况下，让学生用手做出推球动作。手指微屈，用指腹而不是用手掌触球。搭档检查该姿势是否与海报所示相符。学生可以借助镜子观察自己的动作。如果推球动作正确，该学生就可以用球练习。一旦学生能够向搭档展示正确的推球动作（正确运用指腹），搭档二人互换角色，随后练习整套技能。

活动2

学生采用坐姿或跪姿，展示推球动作。通常情况下，缩短球与地板的距离可以提升学生运球时的控球能力。一旦学生能够向搭档展示正确的推球动作（正确运用指腹），搭档二人互换角色，随后练习整套技能。

活动 3

让学生在搭档的帮助下，从准备姿势开始，模拟向下推球（假装有球）。搭档检查该姿势是否与海报所示相符。学生可以借助镜子观察自己的动作。如果手腕弯曲和手肘伸展动作都正确，学生就可以用球练习。一旦学生能够向搭档展示正确的手腕弯曲和手肘伸展动作，搭档二人互换角色，随后练习整套技能。

目视前方

触球时，双眼平视前方。

设备

在移动中运球的正确姿势海报、镜子（如果有的话）、一个球和同伴技能考核表。

活动 1

一个学生运球，搭档在旁边观察。搭档一只手伸出任意几根手指（1、2、3、4、5根手指或不伸手指），运球的学生保持抬头姿势，并说出搭档伸出了几根手指。

活动 2

搭档二人面对面，各拿一个球。一个学生先做出不同的运球动作，另一个学生模仿这些运球动作，其间不能看球或者控球失误。

移动

球应该在身体的斜前方弹起，用手将球推离双脚。

设备

展示移动的海报、镜子（如果有的话）、一个球和同伴技能考核表。

活动 1

学生运球手同侧的腿单膝跪地，另一条腿弯曲，脚踩在地板上，然后开始练习运球。因为一条腿弯曲，所以更容易让球在身体前方弹起。

活动 2

学生运球手对侧的腿在前，做出小幅跨步姿势。学生应该从这个姿势开始练习，然后逐渐递进到一边慢速移动，一边在身前持续运球，推球离开双脚。

强化整体技能的高级活动建议

《美国 K-12 体育教育的国家标准和年级水平学习成果》（SHAPE America, 2014）为学生掌握用手运球技能提供了一套合理的教学进度。用手运球合理的教学进度是从个人空间运球到公共空间内走动运球，之后能熟练运用任意一只手运球，最后可以在后续活动中变换速度运球。学生会十分喜欢这项技能，但是却可能忽视控球和正确的姿势。

教师在后续活动中应该着重强调正确的技能动作与合理的速度。

个人活动

颜色目标

目标

在指定目标上用手运球，提高运球技能。

设备

将用不同颜色的美术纸制作的目标（用每种颜色制作 8 ~ 12 个目标）贴在活动区域的地板上。每个学生 1 个球（例如篮球或塑料球）。制作 1 个彩盒，里面放置各种颜色的美术纸。你准备的美术纸的数量要多于学生的人数。

活动

1. 选 1 个学生从彩盒里抽 1 张美术纸。

2. 抽到的颜色就是目标的颜色，所有学生必须确认并定位同色的目标，并向其运球。

3. 学生一直向选中的颜色的目标前面运球，直到老师发出暂停指令。

4. 活动直到所有学生都从彩盒里抽过美术纸为止。

扩展活动

- 如果不使用颜色来确认目标，学生可以改为从形状盒里选出形状、从字母盒里选出字母、从单词盒里选出单词来确认目标。

- 学生可以和搭档合作。搭档选择用作目标的颜色、形状、字母或者单词，学生向选定的目标运球。搭档二人轮流选择目标或运球。

拼单词

目标

通过在字母上用手运球来拼单词。

设备

每个学生 1 个球（如篮球或塑料球），将 4 套完整的字母表的字母分散贴在活动区域的地板上。准备纸、铅笔或记号笔、白板用作建立词库。

活动

1. 你发出开始指令，学生在不同的字母上运球来拼单词。

2. 球必须在字母上连续弹起 3 次，学生才能使用这个字母。学生必须持续运球，一旦中断运球，则选定的字母作废。

3. 学生前往下一个字母时，需要在地板上持续运球。

4. 如果学生拼出了 1 个单词，就要去词库写下这个单词。最好多准备几个词库，这样学生就不必排队等待写单词了。

5. 每个单词只能写 1 遍。

6. 如果学生运球时砸中的字母在拼单词时用不上，则必须在这个字母上再运球 3 次来删除它。

扩展活动

- 学生与搭档合作。一个学生在字母上运球，拼出 1 个单词，搭档记录下这个单词，并评估其运球动作。如果运球人的动作不正确，在使用该字母前要先纠正自己的动作。当学生拼出 1 个单词后，二人角色互换。

- 学生与搭档合作。将纸和铅笔分给他们。他们用纸和铅笔记录击中的字母，并写下拼出的单词。搭档二人都要通过运球分别击中 1 个元音字母和 2 个辅音字母，那么这对搭档就有 6 个字母可以用来拼单词。二人尝试使用他们击中的 1 个或者更多字母拼出 6 个单词。一旦拼出 1 个单词就从词库上删掉 1 个。如果学生击中的字母无法使用，他们必须再次在这个字母上运球 3 次来删除它。

音乐呼啦圈

目标

提升在移动中用手运球的控球能力。

设备

每个学生 1 个球，音乐、秒表，分散放在场馆内的 15 个以上的呼啦圈。

活动

1. 音乐开始，学生在场馆内走动运球并避开呼啦圈。

2. 音乐一停，学生必须立刻向最近的呼啦圈运球，单脚跨进呼啦圈内继续运球。

3. 给全班学生计时，确定他们全部找到呼啦圈需要多长时间。

扩展活动

- 可以使用多种颜色的呼啦圈，并要求学生在音乐停止时进入特定颜色的呼啦圈。

- 可以要求学生在运球到呼啦圈时使用他们的惯用手，而当他们单脚进入呼啦圈时使用非惯用手运球。

越线

目标

提升任意手运球的技能。

设备

每个学生一个球，音乐。

活动

1. 每个学生在场馆内一边移动一边用单手运球。

2. 如果学生越过场馆地板上标记的边线（篮球、排球或羽毛球场地的边线），必须换只手运球。

3. 该学生继续移动运球，每次越线都要换手运球。

扩展活动

- 播放音乐，音乐停止时，学生必须停止移动，但要继续运球。如果学生运球失败，可以把球捡回来继续练习。
- 播放能变换节奏的音乐，让学生挑战跟随音乐的节奏移动。
- 让学生挑战在移动运球时变换高度和速度，并在越线时换手运球，全程都要保持对球的控制。

跟上节拍

目标

提升学生用任意手运球及变换方向运球时对球的控制能力。

设备

每个学生一个球，音乐。

活动

1. 学生站在个人空间内，面朝教师。
2. 音乐开始，教师一边原地运球一边做动作，其余学生模仿动作。比如，教师一边运球一边挥手，学生必须照做。

扩展活动

- 教师可以举起手指，让学生说出举起的手指数量。
- 加入其他运动。如果教师向后移动，学生就向前移动；如果领队向右移动，学生就向左移动。
- 选一个学生都会的舞蹈，观察他们能否一边运球一边完成舞步。

一席之地

目标

提升学生用手运球时目视前方（不看球）的能力。

设备

每个学生一个球。

活动

1. 每个学生在公共空间内运球。
2. 逐渐缩小学生运球的活动空间，直到学生无法移动。
3. 逐渐扩大学生运球的活动空间。

扩展活动

- 在活动空间缩小时，让学生保持运球的同时变换身体高度。
- 学生从直立姿势开始，然后逐渐向地面降低身体高度，其间保持运球，直到以坐姿运球。学生恢复站姿之前先绕着身体周围运球。

运球难度加倍

目标

同时用手运 2 个球来提升协调能力。

设备

每个学生 2 个大小相同的球。

活动

1. 学生双膝跪地，双手各拿 1 个球。

2. 学生尝试双手同时运球。（提示：要让这项任务更容易完成，需要同时向下推球，并让它们同时弹起。）

扩展活动

- 当学生可以跪着完成运球难度加倍活动之后，就能尝试站着完成这项活动，同时保持控球。

- 如果学生能完成第一个拓展活动，就可以挑战一边同时运 2 个球，一边在场馆内缓慢移动。

- 学生可以挑战换手运球。当右手的球击中地板时，左手的球刚好离开运球者的手。

- 下面几项活动可能需要与搭档一起完成，每对搭档要用 2 个球。

  - 搭档二人呈面对面跪姿。A 完成 5 次运球难度加倍活动之后轮到 B，运球不能停止。B 成功完成活动之后 A 继续。

  - 如果学生能完成上一项活动，他们就可以挑战面对面站立练习。

  - 一个学生原地站立不动，搭档绕着他完成运球难度加倍活动。之后二人互换角色。

合作活动

挑战赛

目标

在各种情境下练习用手运球。

设备

每组配备一个球和若干挑战卡。

活动

1. 每个学生选 1 张挑战卡。

2. 学生完成挑战卡上描述的任务。

3. 任务可能包括下列活动。

- 大力运球（或轻力运球）。

- 一边改变身体高度一边运球。

- 在不同高度（或高或低）运球。
- 一边运球一边走向你的搭档，然后再一边运球一边倒退回起始位置。
- 双脚不动，绕着身体运球。
- 用惯用手运球，再用另一只手运球。
- 呈直线、曲线或 Z 字形运球。
- 同时运 2 个球。

扩展活动

- 在地板上放置不同颜色的目标，由搭档指定目标，学生朝目标运球。
- 使用呼啦圈、跳绳或方毯做 1 个迷宫，让学生运球通过。
- 在游戏立柱或排球立柱之间挂 1 张球网或系 1 根跳绳。学生必须在球网或跳绳的下方运球。调整球网或跳绳的高度，最低距地面 2 英尺，最高距地面 5 英尺。

跟我学

目标

跟搭档学动作的同时提升用手运球技能。

设备

每个学生 1 个球（篮球或塑料球）。

活动

1. 每个学生 1 个搭档。一人领队，另一人模仿。
2. 领队面朝模仿者。模仿者必须紧随模仿领队的动作。1 分钟后，二人互换角色。
3. 领队一边四处走动一边运球，模仿者跟着领队移动。一段时间后，二人互换角色。

扩展活动

- 领队以不同的速度（快或慢）移动。
- 领队在运球时使用不同的移动方式。
- 组成人数更多的队伍（如 4 人组、6 人组和 8 人组），每人轮流当领队。

团体活动

创建自己的活动

目标

让学生自己设计活动来强化用手运球技能。

设备

每组学生 1 张纸和 1 支铅笔，以及 1 份提前列出的可用的活动器材（如保龄球瓶、标志筒、绳子、呼啦圈、篮球和泡沫球）清单。

活动

1. 2 ～ 5 个学生一组。可以由你来分组，也可以让学生自己分组。

2. 每组学生以用手运球为基本技能来设计活动。要求学生（包括所有组员）制定规则，促进正确展现技能动作，并考虑安全问题。

3. 每组学生在纸上写出组员姓名、活动规则和所需器材，向你展示活动。

4. 你批准他们的活动后，各组领取所需器材，开始活动。

5. 你必须批准学生对活动进行的合理改编。

扩展活动

- 各组可以将自己组的活动教给其他组。
- 各组可以将自己组的活动教给班级其他学生。
- 可以将活动录制下来，并与其他班级或家庭成员共享。

你追我躲

目标

在用手运球时避免被捉住。

设备

每个运球的学生 1 个球，每个捉人者 1 根泡沫条。

活动

1. 选出 2 个捉人者。

2. 捉人者开始站在活动区域的中间，其他学生则分散在整个活动区域内。

3. 捉人者数到 5 之前，其他学生在活动区域内四处运球。捉人者数到 5 之后，开始在活动区域内跑动，试着用泡沫条轻轻拍打运球学生。

4. 运球者如果被泡沫条拍中，则成为捉人者，而拍人者则成为运球者。如果学生运球失败，则他们必须去指定练习区域运球 5 次，同时大声说出提示词，然后该学生才可重新加入活动。

扩展活动

- 让捉人者也运球。
- 给每组捉人者设置时间限制，时间结束后换人担任捉人者，重新开始活动。

地雷区

目标

在用手运球时避开障碍物。

设备

每个学生 1 个球（篮球或塑料球），20 个交通标志筒或其他物品（如容量为 2 升的空瓶或跳绳）。

活动

1. 将障碍物分散放置在活动区域内。

2. 每个学生拿 1 个球。

3. 开始指令发出后，学生开始绕着障碍物运球。

4. 如果学生的球碰到障碍物，就必须去指定练习区域运球 5 次，同时大声说出提示词，然后该学生才可重新加入活动。

扩展活动

- 加入运球捉人活动。选 1 个或几个学生作为捉人者。一旦被选为捉人者，该学生即前往指定练习区域，让其他学生评估其运球的关键要领是否做得到位。游戏开始时，你可以选 1 个学生作为指定区域的第一名观察员。当捉人者完成运球动作，如果关键要领做得不到位，即被捉住。第一名观察员就可以回到游戏中，被捉住的学生留在指定区域，成为新的观察员。观察员监督下一个被捉住的学生完成动作后，可以回到游戏中。以此方式循环，直到活动结束。

- 如果同时有几个学生在等着完成动作，那么可以让观察员同时检查 2 个人。要尽量压缩学生的等待时间。

呼啦圈和球

目标

提升学生眼睛目视前方、带球避开对方拦阻的能力。

设备

呼啦圈和球（数量充足，要保证一半学生每人 1 个呼啦圈，另一半学生每人 1 个球）。

活动

1. 将呼啦圈分散放置在活动区域内，让一半学生站在自己的呼啦圈里面。

2. 让另一半学生运球穿过活动区域，同时试着避开呼啦圈。

3. 运球的学生经过呼啦圈时，呼啦圈内的学生尝试去碰球。

4. 如果呼啦圈内的学生成功碰到球，与该运球者互换位置。

扩展活动

- 如果学生技术水平较低，呼啦圈的间距可以更大。当学生水平提升之后，呼啦圈的间距可以更小。

- 允许呼啦圈里的学生朝圈外踏出一步去碰球。

教授残障学生

- 在球上添加声音（如利用蜂鸣器、铃铛）。
- 对于用脚运球的练习，将球放点气，会使它们更容易控制。
- 市面上有售一种系在脚上的球，可使学生在运球时将球保持在近身位置。
- 无论是用脚运球还是用手运球，应确保球的尺寸和重量合适。常规尺寸的球对于小学生来说太大了。
- 对于用手运球的练习，有纹理的球更容易控制（例如，幼儿篮球比塑料球更好）。
- 对于用手运球的练习，如果学生控球有困难，可以先让他们坐在地板上运球，然后是跪着运球，直至最后能够站着运球。强调控制球，首先是缓慢地走着运球，然后不断提高行走速度。
- 学生可以坐在椅子上用手运球。
- 对于某些学生来说，双手运球可能更合适。
- 忽略与残障学生无关的提示词。

用手运球问题解决表

问题	解决方法
1. 球反弹的高度越来越低	· 帮学生回顾力度的概念 · 学生向下推球的上部的同时，你从底部托住球，用力将球向上推，保持连贯动作 · 让学生和搭档一起练习。学生向下推搭档的手，搭档稍微施加阻力
2. 不用指腹而是用手上其他部位运球	· 让学生练习蜘蛛俯卧撑（双手指腹互相挤压，两个手掌逐渐靠近再分开），双手指腹全程接触，如此反复数次 · 学生用指腹向下推球的上部，你从底部托住球，你用力将球向上推，同时观察学生的指腹，保持连贯动作
3. 手腕僵直	· 让学生朝地板练习挥手再见的动作 · 学生向下推球的上部的同时，你从底部托住球，你来掌控球的移动，同时观察学生的手腕 · 在墙上贴一张纸，高度从学生的膝盖延伸到胸前，让学生手拿马克笔站到纸上，通过上下活动手腕在纸上画出线条
4. 向下推球时手臂没有完全伸展	· 让学生不用球单独练习手臂动作 · 在墙上贴一张纸，高度从学生的膝盖延伸到胸前，让学生手拿马克笔站到纸前，通过上下活动手腕和手臂在纸上画出线条

续表

问题	解决方法
5. 总是看着球而不是目视前方	• 让学生将一只手平放在嘴巴上方，与地面平行，借此阻挡看球的视线 • 让学生两人一组活动。一个人运球的同时模仿另一个人的动作。示范动作的学生应该先从走路开始，等运球的人动作逐渐熟练以后再加快移动速度 • 学生运球的同时你举起一张图片或伸出几根手指，持续几秒，学生必须说出他看到的内容 • 将一个垒球手套（或充气不足的球）放在学生的头顶，让学生在运球的时候保证不让手套（或球）掉下来
6. 球因打到脚而弹开	• 让学生站在地板上的某个特定地点，在旁边的地板上贴一块胶带，让学生在这块胶带上运球 • 把一个呼啦圈放在地板上，让学生在呼啦圈内运球（或者让学生站在呼啦圈里，在呼啦圈外运球） • 让学生尝试双膝跪地运球。一旦这项任务能够顺利完成，学生便可以尝试单膝跪地运球
7. 在移动时无法控球	• 让学生在移动时连续运3次球后必须停止，等动作逐渐熟练之后再增加运球的次数 • 在学生运球时播放音乐。音乐停止，学生就必须停止移动，但是要继续在原地运球控球。如果学生不能保持控球，就减慢移动速度

小结

儿童在年龄很小的时候，就喜欢模仿篮球运动员的运球动作，遗憾的是，他们通常都是自己练习运球，而没有接受正确的指导，但改正错误的运球技术往往十分困难。

为了尽量避免这种情况，在儿童上幼儿园时就应该开始教授他们正确的运球技术。你如果能教会儿童运用指腹下压球和流畅的推球动作，就能避免他们形成常见的错误的拍球动作习惯，从而更容易在球场上获得成功。

用手运球课程计划

（第2节课）

年龄组

小学二年级学生。

教学重点

运球时保持抬头。

教学次重点

运球时保持目视前方，而不是低头看球。

教学目标

教师进行观察和评估，学生要在5次运球里至少做到4次抬头（不看球）运球。

（提示词：*目视前方*）

材料和设备

每个学生 1 个塑料球。

组织与管理

学生在个人空间内进行热身活动、接受指导和进行练习。

热身活动

今天我们还是伴随音乐来做热身活动。音乐开始后,你们要在公共空间内慢跑。音乐停止,你们要在个人空间内保持静止。我们在公共空间内移动时要注意哪些安全规则? **(注意移动的方向,互相之间保持距离)**(音乐开始)

观察学生是否安全地移动。

现在,我要提升你们移动的难度。你们只能用跳跃的方式移动,而且只能在场馆这半边移动。(选 2 个学生示范跳跃的动作)你们明白怎么做了吗?开始。

观察学生是否在安全移动的同时正确完成跳跃动作。其间活动暂停几次,以改变学生的移动方式,缩小他们的移动范围。

形式

发出停止活动的指令后,告诉学生在场馆内找到自己的个人空间,面朝你站好。

介绍

我们今天在做热身活动的时候,我一直在缩小活动范围。你们觉得活动范围变小对运动有什么影响? **(必须移动得更慢,注意自己移动的方向)**没错。今天我们要继续练习运球。这项技能也要求你们开始时先慢慢移动,同时注意自己移动的方向。

首先,我们要回顾一下上节课学习的运球动作。运球有哪几个步骤? **(准备,推球,目视前方,球在身前)**没错。

我们要用手的哪个部位运球?(指腹)(避免使用指尖这种说法,因为学生会以为是用指尖推球)

当我喊出你的生日月份(出生月份)时,你去拿 1 个球,然后回到自己的位置上。你要选 1 个自己容易控制的球,所以球不能太大。

按照月份分批让学生去拿球。

我们现在来玩"跟我学"游戏。用你们的指腹去推球,眼睛要一直看着我。你们要模仿我做的所有动作。如果球滚远了,你将球捡回后要回到你的位置。

让学生模仿你的动作。你的动作可以包括以下方面。

- 双膝跪地:(1)先用惯用手运球,然后换手;(2)运球时将球从右手传到左手,运球轨迹在身体前方形成 1 个 V 字。
- 左脚踩地,右膝跪地:(1)用右手运球;(2)先向前方几英尺运球,再运回来。
- 右脚踩地,左膝跪地:(1)用左手运球;(2)先向前方几英尺运球,再运回来。
- 双脚跨步站姿:运球时将球从右手传到左手,运球轨迹在身体前方形成一个 V 字。
- 双脚跨步站姿(左脚在前):用右手运球,左手伸出指定数量的手指。

• 双脚跨步站姿（右脚在前）：用左手运球，右手伸出指定数量的手指。

观察学生的动作是否正确。如果学生难以完成动作，那么你需要帮他们回顾运球技能。

停止不动，坐在个人空间内。如果你在原地用手运球，那么难度不大，但来回移动运球就比较难了。就像我们今天的热身活动一样，来回移动运球时你必须注意自己移动的方向。要做到观察移动方向的同时注意球的情况的确有难度，所以你们要认真感受球的运动，做到心中有数。

音乐开始，你们就站起来运球。你们可以在公共空间内移动，但是要注意自己移动的方向。当然，你们要用指腹推球，将球保持在身体前方。同时你们的移动速度一定要慢。音乐停止，你们在原地停止不动，直到音乐再次开始。你们明白这些要求了吗？（音乐开始）

观察学生是否保持抬头，是否用指腹运球，是否持续控球。其间至少暂停音乐 5 次。

停止不动。非常好。你们都完成得非常好，做到了保持抬头和注意移动方向。现在我要增加难度：你们在运球控球的同时要保持慢速或中速移动。（音乐开始）

停止不动。现在再次加大难度。音乐停止时，你们也停止移动，面朝我继续运球，同时跟我做一样的动作。记住保持目视前方，用手感受球的运动。明白这些要求了吗？（音乐开始）

音乐停止时，用你的非运球手做不同的动作，比如拍头、举手、挥手、挠头、竖拇指等。

停止不动。非常好。我觉得你们已经可以完成更难的活动了。当我说开始的时候，你们每个人找 1 个搭档，并找个位置与搭档背靠背坐下，把球放在腿上。开始。

年纪小的学生作为领队做动作，搭档作为模仿者跟领队学动作，2 个人可以在场馆内慢速移动。但是，如果领队丢球了，模仿者要停下来等领队捡球，然后二人互换角色。（选 1 个学生来模仿你的动作，同时示范如何安全移动，如何目视前方，以及如何轮换角色）*你们明白了吗？开始。*

音乐开始，观察学生是否正确完成技能动作。经常重复提示词目视前方。几分钟之后，暂停音乐。

如果你之前不是领队，这一次可以成为领队，直到我再次停止音乐。明白了吗？开始。

音乐开始，经常重复提示词目视前方。观察学生是否正确完成技能动作。

停止不动。原地坐下，看着（某学生）和我。（某学生）他比我小，所以先做领队。我们彼此面对面，假装我们在照镜子。我要学对方做的所有动作。（动作示范包括用非运球手拍头、换手运球）我们可以稍微移动一下，但是彼此不能距离太远。（和学生示范）我会告诉你们什么时候换领队。明白这些要求了吗？开始。

音乐开始，经常重复提示词目视前方。观察学生是否正确完成技能动作。几分钟之后，让学生互换角色。

停止不动。把你们的器材放回储物箱，来老师这里排队。

结束

同学们，用手运球时有哪些要求？（**目视前方，注意移动方向**）很好。用绷直的手指运球（示范动作）有什么问题？（**很难控制球，你应该用指腹运球**）非常好！你们都已经是很棒的运球手了。下次我们主要练习如何换手运球。

学生列队离开。

促进社交与情感健康

- 搭档的反馈应该从积极的、与技能相关的评价开始。搭档应避免说"不错""好""做得漂亮"之类的话，这些话不会提高练习者的技能表现。
- 询问学生应该如何帮助其搭档做得更好。
- 强调速度力学机制。
- 提醒学生需要做大量的练习才能取得成功。

用脚运球

小学生喜欢足球活动是因为可以一边运动一边用脚运球。练习这项技能不仅可以提高心肺功能，还能促进眼−足协调能力的发展。在学习这项技能时，球的大小至关重要。学生需要一个大小合适的球，以便掌控。小学生难以控制标准（5 号）足球，较小的器材更有利于他们学习，例如 1 号、2 号、3 号或 4 号（号码越小，球越小）足球，直径为 7 英寸或更小的塑料球。某些情况下，充气不足的球将使学生的初始学习更容易。

在最初阶段，学生控球时会用大量的时间去追球捡球。为了减少浪费在追球捡球上的时间，我们建议在学习初期使用充气不足的球。如果场馆是木质或瓷砖地板，还可以用大号沙包代替球。另外，我们建议在教授这项技能时着重强调"轻力"的概念。

学生一旦理解了力的概念，便可能更有兴趣和动力来学习用脚运球。让学生不要只用脚的某个部位运球。在足球运动中，脚的内侧和外侧都能用来运球。用脚的哪个部位运球取决于学生想用球实现什么目的。

两只脚都能运球也是熟练掌握这项技能的关键要求。为了促进这项技能的发展，应该从低年级、也就在学生养成只用惯用脚运球的习惯之前，开始这项技能的教学。《美国 K–12 体育教育的国家标准和年级水平学习成果》（SHAPE America, 2014）规定，小学各年级都要教授用脚运球的动作要领：幼儿园儿童应该能够用脚内侧轻轻把球向前踢（S1.E18.K）；一年级学生应该能够用脚内侧轻踢运球，同时在公共空间内走动（S1.E18.1）；二年级学生应该能够在公共空间内用脚运球，同时控制身体和球（S1.E18.2）；三年级时加入速度要求，学生要在公共空间内慢跑或中速跑动的同时用脚运球，并控制球和身体（S1.E18.3）；四年级学生要在公共空间内用脚运球，加速或变速的同时控制球和身体（S1.E18.4）；五年级学生应该能在一对一练习任务中，将用脚运球和其他技能相结合（S1.E18.5）。用脚运球的各年级水平学习成果如表 10.3 所示。

表 10.3　用脚运球的各年级水平学习成果（S1.E18）

	幼儿园	一年级	二年级	三年级	四年级	五年级
S1.E18 用脚运球 和控球	用脚内侧轻轻把球向前踢（S1.E18.K）	用脚内侧轻踢运球，同时在公共空间内走动（S1.E18.1）	在公共空间内用脚运球，同时控制身体和球（S1.E18.2）	在公共空间内慢跑或中速跑动的同时用脚运球，并控制球和身体（S1.E18.3）	在公共空间内用脚运球，加速或变速的同时控制球和身体（S1.E18.4）	在一对一练习任务中，将用脚运球和其他技能相结合（S1.E18.5）

源自：SHAPE America - Society of Health and Physical Educators, *National Standards & Grade-Level Outcomes for K-12 Physical Education*（Champaign, IL: Human Kinetics, 2014）.

关键要领

准备姿势
球放在头部下方的地面上，双脚分开至与肩同宽，膝盖弯曲，目视前方。

轻轻踢球
用脚内侧或外侧（不是脚尖）反复轻踢球几次。鼓励学生多使用非惯用脚练习。

保持近身
触球时球要位于头部下方，同时尽量目视前方。运球时要将球控制在身前 2～4 英尺的范围内。

带球移动
用脚运球是一项动态活动，运球速度应该快于走路。

源自：Albemarle County Physical Education Curriculum Revision Committee（2008）.

提示词

　　你在技能学习的每个阶段所选择的提示词，取决于学生的年龄和你强调的重点。下面的提示词可以用来教授用脚运球。你可以单独使用一个提示词，或者根据需要将这些提示词搭配使用。我们发现，在学生练习时，大声说出提示词非常有益。

　　抬眼——球放在头部下方的地面上，双脚分开至与肩同宽，膝盖弯曲，目视前方。

　　轻踢——用脚内侧或外侧（不是脚尖）反复轻轻踢球几次。鼓励学生多使用非惯用脚练习。

用脚上平整的部位——用脚内侧或外侧轻轻踢球。

轻踢——用较小的力度踢球。

出发——触球时球要位于头部下方，同时尽量目视前方。运球时要将球控制在身前 2～4 英尺的范围内。运球速度应该快于走路。

保持近身——轻轻踢球，将球控制在身前 2～4 英尺的范围内。

> 提示词组 1：抬眼、轻踢、出发
> 提示词组 2：用脚上平整的部位、轻踢、保持近身

强化和评估关键要领的活动建议

在教学过程中，重要的是让学生了解一项技能的形式和关键要领，以及怎样正确地实施每个关键要领。在前文中，我们提供了用脚运球的图片及文字说明，并把它分为几个关键要领，提出了可以使用的提示词。由于用脚运球是一项动态技能，难以完全区分为独立的关键要领，因此有必要将几个关键要领进行组合。第 1 章中介绍的活动，可以用于强化所有运动和操控性技能的概念，下面将提供更多的具体活动来巩固用脚运球特有的关键要领。

同伴技能考核

目标

让搭档互相评估技能学习的进程。

设备

同伴技能考核表，每组配备一个球。如果学生不识字，可以使用同伴技能考核表的图片版。

活动

1. 搭档观察对方的准备姿势是否正确。
2. 如果准备姿势正确，搭档在对应的方框里填 "Y"；如果准备姿势不正确，则填 "N"。对于不识字的学生，如果准备姿势正确，搭档在对应的方框里放一张笑脸图片，反之则放哭脸图片。
3. 每个关键要领被评估 5 次后，停止评估。
4. 每个学生都要进行同伴技能考核。

扩展活动

- 使用同伴技能考核表来测评每个学生技能水平的提高情况。
- 把同伴技能考核表同成绩单寄给学生家长。

同伴技能考核表
技能：用脚运球

用脚运球者姓名：＿＿＿＿＿＿＿＿

观察者姓名：＿＿＿＿＿＿＿＿

❶ 准备姿势

1 2 3 4 5

❷ 轻轻踢球

1 2 3 4 5

❸ 保持近身

1 2

❹ 带球移动

1 2

同伴技能考核表
技能：用脚运球

用脚运球者姓名：＿＿＿＿＿＿＿＿

观察者姓名：＿＿＿＿＿＿＿＿

观察你的搭档，然后给每个关键要领打分。让你的搭档将每个动作做 5 次。如果搭档该次做的动作正确，就在对应次数的方框里填"Y"；如果搭档该次做的动作不正确，就在对应次数的方框里填"N"。

开始	测试

准备姿势
1. 目视前方。
2. 膝盖弯曲。
3. 双脚分开至与肩同宽。
4. 球放在头部下方的地面上。

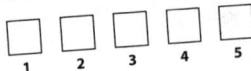

1 2 3 4 5

动作	

轻轻踢球
1. 用脚内侧或外侧轻轻踢球。

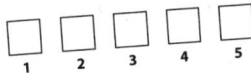

1 2 3 4 5

保持近身
2. 将球控制在身前 2～4 英尺的范围内。

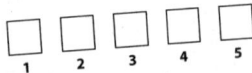

1 2 3 4 5

带球移动
3. 带球移动速度应该快于走路。

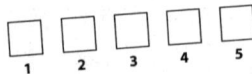

1 2 3 4 5

成功构建者活动

成功构建者活动能够帮助你满足学生的个别需求。如果学生在某个关键要领上需要额外的帮助，下面列出的活动将有助于提高学生的表现水平。

目标

根据同伴技能考核表的结果，改善不足之处。

设备

见以下各个学习站点。建议在每个学习站点放置一面镜子，以及张贴一张印有用脚运球关键要领的海报。在这项活动中，镜子的用处很大，因为它能让学生看到自己的动作。制作海报最简单的方法是放大打印本书的插图。给海报塑封能延长其使用时间。

活动

1. 在教学区域内，为每个关键要领分别设置学习站点。在相应的学习站点张贴附有具体关键要领说明文字的图片。
2. 每个学习站点的细节如下。

准备姿势

球放在头部下方的地面上，双脚分开至与肩同宽，膝盖弯曲，目视前方。

设备

展示准备姿势的海报、镜子（如果有的话）、一个球和同伴技能考核表。

活动

学生做出准备姿势，搭档评估其姿势是否与海报所示相符。学生可以借助镜子观察自己的动作。接着学生开始四处走动，听到搭档发出的指令后，再次做出准备姿势。如果学生能够多次正确完成动作，搭档二人互换角色，随后练习整套技能。

轻轻踢球

用脚内侧或外侧（不是脚尖）反复轻轻踢球几次，适当的时候用非惯用脚练习。

设备

展示轻轻踢球的海报、镜子（如果有的话）、球、同伴技能考核表。

活动

学生在指定区域内移动运球，搭档评估其姿势是否与海报所示相符。学生可以借助镜子观察自己的动作。一旦学生能向搭档正确展示用脚上正确的部位轻轻踢球，搭档二人互换角色，随后练习整套技能。

保持近身

触球时球要位于头部下方，同时尽量目视前方。运球时要将球控制在身前 2～4 英尺的范围内。

设备

展示球和人之间正确距离的海报、镜子（如果有的话）、足球和同伴技能考核表。

活动

学生在指定区域内移动运球，搭档评估其姿势是否与海报所示相符。搭档提醒学生目视前方，眼睛不要向下看。学生运球时要看着搭档的眼睛。学生也可以借助放在前方的镜子观察自己的动作。一旦学生能向搭档展示正确的运球动作，同时让球保持近身，目视前方，搭档二人互换角色，随后练习整套技能。

带球移动

运球移动速度应该快于走路。

设备

展示运球时球与人关系的海报、镜子（如果有的话）和同伴技能考核表。

活动

学生在指定区域内移动运球，搭档评估其姿势是否与海报所示相符。一旦学生能向搭档正确展示慢跑运球，搭档二人互换角色，随后练习整套技能。

强化整体技能的高级活动建议

《美国 K-12 体育教育的国家标准和年级水平学习成果》（SHAPE America, 2014）为学生掌握用脚运球（即将成为足球运球）技能提供了一套良好的教学进度。合理的教学进度应该是先用脚内侧轻轻向前踢球，再在公共空间内走动运球，最后是在后续活动中变换速度运球。学生会迅速喜欢上这项技能，但是却可能会忽视控球和正确姿势。在后续活动中，教师应该着重强调正确的技能动作与合理的速度。另外，学生用球的大小也十分关键。这是一项极有挑战性的移动和操控性技能，充气不足的球（或在瓷砖或木地板上用大号沙包）有助于学生更好地学习这项技能。

个人活动

颜色目标

目标

在指定目标上运球，提高运球的控球能力。

设备

将用不同颜色的美术纸制作的目标（用每种颜色制作 8 ～ 12 个目标）贴在活动区域的地板上。每个学生 1 个球（如足球或塑料球）。制作 1 个彩盒，在里面放置各种颜色的美术纸。你准备的美术纸的数量要多于学生的人数。

活动

1. 选 1 个学生从彩盒里抽 1 张美术纸。

2. 抽到的颜色就是目标的颜色，所有学生必须找到同色的目标，并运球越过目标。

3. 学生一直运球越过目标，直到老师发出暂停指令。

4. 让其他学生从彩盒里抽取美术纸，活动直到所有学生都从彩盒里抽过美术纸为止。

扩展活动

- 如果不使用颜色目标，学生可以从形状盒里选出形状、从字母盒里选出字母、从单词盒里选出单词来确定目标。

- 学生可以和搭档合作。搭档选择用作目标的颜色、形状、字母或者单词，学生向选定的目标运球。搭档二人轮流选择目标或运球。

拼单词

目标

通过在字母上运球并停球来拼单词。

设备

每个学生 1 个球，将 4 套完整的字母表的字母分散贴在活动区域的地板上。有额外的元音和选定的辅音字母（如 N、R、S、T）会更好。准备纸、铅笔或记号笔、白板用作建立词库。

活动

1. 你发出开始指令，学生通过用脚向不同的字母上运球来拼单词，而且必须把球停在想使用的字母上。

2. 学生运球时要保持控球。如果控球失误，学生必须在失误的位置重新开始运球。

3. 如果学生拼出了 1 个单词，就要去词库写下这个词。最好在活动区域内多准备几个词库，这样学生就不必排队等待写单词了。

4. 每个单词只能写 1 遍。

5. 如果学生发现运球经过的字母不能用来拼单词，必须通过再次运球经过这个字母来删除它。提醒学生运球时绕过不需要的字母。

扩展活动

- 搭档二人合作。学生告诉搭档要拼的单词。学生在字母上停球拼单词，搭档在一旁记录字母并评估其运球动作。学生如果动作不正确，则不能使用这个字母，直到纠正自己的错误动作。学生拼完一个单词，二人角色互换。

- 搭档二人合作，将纸和铅笔分给他们。二人用纸和铅笔记录在上面运球并停球的字母，并且写下拼出的单词。每个人都要通过运球和停球收集 1 个元音字母和 2 个辅音字母，这样他们就有 6 个字母可以用来拼单词。他们可以使用收集到的 1 个或更多字母来拼 6 个单词。一旦拼出 1 个单词就从词库上划掉 1 个。如果学生发现某个收集到的字母无法使用，必须再次运球经过这个字母来删除它。

合作活动

挑战赛

目标

在各种情境下练习运球。

设备

每对搭档 1 个球（如足球、塑料球、泡沫球或纱球）和若干挑战卡。在瓷砖或木地板上，可以使用大的沙包代替球。

活动

1. 每个学生选 1 张挑战卡。

2. 学生完成挑战卡上描述的任务。

3. 挑战任务可能包括下列活动。

- 快速（慢速、中速）运球，同时保持控球。
- 用脚的外侧（内侧）运球。
- 绕着标志筒、容量为 2 升的空瓶、椅子或其他物品运球。
- 每次遇到黄色标志筒（蓝色或绿色标志筒）就改变运球的方向。

扩展活动

- 每对搭档记录自己的正确运球次数，而你记录班级的正确次数。只有用脚的正确部位踢球，并且让球保持在身体附近 2 ～ 4 英尺的范围内活动时，才算 1 次正确的运球。每次正确运球可计 1 分。在后续课程中，让全班学生挑战突破原来的纪录。
- 在活动区域的地板上放置不同颜色的目标（呼啦圈、标志筒或水桶），让搭档指示运球人朝哪个目标运球。
- 给每对搭档计时，看他们持续移动运球并控球的时间。在后续课程中，让学生挑战延长这个时间。
- 让学生挑战运球持续一段特定的时间（如 15 秒）。可以让全班学生一起挑战，也可以让搭档二人轮流挑战。
- 让每对搭档沿指定路线运球，并为他们计时，让他们挑战突破各自的纪录。

跟我学

目标

与搭档一起活动，提升用脚运球的技能。

设备

每个学生 1 个球（如足球、塑料球或泡沫球）。

活动

1. 每个学生 1 个搭档。

2. 一人是领队，另一人是模仿者。

3. 领队在开放空间内移动运球，模仿者跟着领队移动运球。

4. 一段时间后，二人互换角色。

扩展活动

- 领队以不同速度（快或慢）移动运球。

- 组成人数更多的队伍（如 4 人组、6 人组、8 人组），每人轮流当领队。

团体活动

创建自己的活动

目标

让学生自己设计活动，强化用脚运球的技能。

设备

每组学生 1 张纸和 1 支铅笔，以及 1 份提前列出的可用活动器材（如塑料球、足球、泡沫球、保龄球瓶、标志筒、呼啦圈或跳绳）清单。

活动

1. 2 ～ 5 个学生一组。可以由你来分组，也可以让学生自己分组。

2. 每组学生以用脚运球为基本技能设计活动。要求学生（包括所有组员）制定规则，促进正确展现技能动作，并考虑安全问题。

3. 每组学生在纸上写出组员姓名、活动规则和所需器材，然后向你展示活动。

4. 你批准他们的活动后，各组领取所需器材，开始活动。

5. 你必须批准学生对活动进行的合理改编。

扩展活动

- 各组可以将自己组的活动教给其他组。

- 各组可以将自己组的活动教给班级其他学生。

- 可以将活动录制下来，并与其他班级或家庭成员共享。

你追我躲

目标

用脚运球，避免被捉住。

设备

每个运球的学生 1 个球，每个捉人者 1 根泡沫条。

活动

1. 选出 2 个捉人者。

2. 捉人者开始站在活动区域的中间，其他学生则分散在整个活动区域内。

3. 捉人者数到 5 之前，其他学生在活动区域内四处运球。捉人者数到 5 之后，开始在活动区域内跑动，试着用泡沫条轻轻拍打运球学生。

4. 运球者如果被泡沫条拍中，则成为捉人者，而拍人者则成为运球者。如果学生运球失败，则他们必须去指定练习区域运球 15 秒，同时大声说出提示词，然后该学生才可重新加入活动。

扩展活动

- 让捉人者也运球。
- 给每组捉人者设置时间限制，时间结束后换人担任捉人者，重新开始活动。

地雷区

目标

练习用脚运球时避开障碍物。

设备

每个学生 1 个球（塑料球、足球或泡沫球），20 个交通标志筒，也可以用容量为 2 升的空瓶、塑料点、拱状锥体代替交通标志筒。

活动

1. 将障碍物分散放置在活动区域内。

2. 每个学生拿 1 个球，分散到整个活动区域内。

3. 开始指令发出后，学生开始绕着障碍物运球。

4. 如果学生的球碰到障碍物，就必须去指定练习区域练习运球 15 秒，同时大声说出提示词，然后该学生才可重新加入活动。

扩展活动

- 加入运球捉人活动。选 1 个或几个学生作为捉人者。一旦被选为捉人者，该学生即前往指定练习区域，让其他学生评估其运球的关键要领是否做得到位。游戏开始时，你可以选 1 个学生作为指定区域的第一名观察员。当捉人者完成用脚运球动作，如果关键要领做得不到位，即被捉住。第一名观察员可以回到游戏中，被捉住的学生留在指定区域，成为新的观察员。观察员监督下一个被捉住的学生完成动作后，可以回到游戏中。以此方式循环，直到活动结束。

- 如果同时有几个学生在等着完成动作，那么可以让观察员同时检查 2 个人。要尽量压缩学生的等待时间。

- 在地雷区放置呼啦圈，让一半学生站在呼啦圈内，剩下的学生试着运球穿过地雷区，绕过呼啦圈，同时保持控球。如果呼啦圈内的学生用脚碰到运球人的球，那么呼啦圈内的学生和运球人交换角色。

疯狂足球

目标

在练习用脚运球时避开其他球员。

设备

每个学生 1 个足球或塑料球，界线清晰的户外活动区域。

活动

1. 选出 2 个捉人者。

2. 捉人者站在活动区域中间，其余学生站在活动区域的一侧。

3. 开始指令发出后，学生用脚向活动区域的对侧运球。

4. 每个捉人者向其他学生运球。

5. 捉人者运球，试图用球触碰其他学生的球。（捉人者必须靠近他们想要标记的学生。）如果学生在运球到达活动区域对侧之前被标记（二人的球触碰），这个学生就成为捉人者。如果学生为了避免被标记，把球踢远，该学生则自动成为捉人者。

6. 所有学生到达对侧之后，捉人者回到活动区域中间。开始指令发出后，学生运球返回起始侧，同时躲避捉人者。

7. 活动继续，当场上只剩 2 个学生没被标记时，新一轮活动开始，这 2 个学生成为新一轮活动的捉人者。

扩展活动

- 活动开始时可以挑选 2 个以上的捉人者。

- 如果学生被标记，那么该学生必须到指定区域绕 5 个标志筒运球，然后成为捉人者，重新加入活动。

一席之地

目标

学生用脚运球时，强化目视前方的动作要领。

设备

每个学生 1 个球。

活动

1. 每个学生在公共空间内运球。

2. 逐渐缩小学生运球的活动范围，直到学生无法移动。

3. 再逐渐扩大活动范围。

扩展活动

- 用大小不同的球运球。

- 学生根据指令改变运球方向。

用脚运球问题解决表

问题	解决方法
1. 用脚尖运球	• 在 2 根游戏立柱间系 1 根绳子或者挂 1 张网，并在上面悬挂 1 个容量为 2 升的瓶子，瓶子离地不超过 1 英寸。学生练习用脚的内侧或外侧来回轻踢瓶子 • 学生二人合作，一人在指定距离内运球，另一人记录脚尖触球的次数，目标是脚尖触球 0 次
2. 运球时触球力度不当	• 回顾力量的概念 • 给每个学生分 1 个球练习运球。你在活动区域走动，如果有学生把球踢得太远，就把球拿走，目的是使学生尽可能让球远离你 • 在活动区域内放置标志筒，标志筒的间距为 2～4 英尺。学生必须运球穿过标志筒之间，球经过任一标志筒时至少触球 1 次
3. 始终用同一只脚运球	• 学生二人合作，一人在指定距离内运球，运球过程中必须换脚，另一人记录其没有换脚的次数，目标是次数为 0 • 在 2 根游戏立柱之间系 1 根绳子或者挂 1 张网，并在上面悬挂 1 个容量为 2 升的瓶子，瓶子离地不超过 1 英寸。学生练习用脚的内侧或外侧来回轻踢瓶子
4. 眼睛盯着球，而不是看向前方	• 学生二人合作，一人在活动区域内用脚移动空奶罐、充气不足的球或者泡沫球，同时和另一人保持眼神交流 • 让学生玩你追我赶的游戏 • 你手举 1 张图片或者用手示意 1 个数字，保持几秒，让学生在运球过程中告诉你，他看到的是什么图片或数字 • 学生二人合作，一人一边运球、一边模仿搭档的动作，前面的搭档一开始慢速走动，当运球人越来越熟练之后，搭档逐渐加快移动速度
5. 走路运球	• 学生二人合作。一人为捉人者，一人为运球者。捉人者快速追赶运球人并抢球，运球人需要快速跑动远离捉人者 • 活动中可以有多个捉人者

小结

　　足球是儿童最喜爱的有组织的运动项目之一。近年来，各类专业足球比赛受到了媒体的广泛关注，儿童学习足球的兴趣也日益高涨。然而，难度最大的足球技术可能就是用脚运球。运球既是操控性技能，也是运动技能。

　　年幼的儿童刚开始学习用脚运球时，典型的表现是球控制儿童，而不是儿童控制球。儿童经常错误地认为运球就是踢球、追球、再踢球的过程，因为操控球的运动对他们来说还不是一项技能。通过教授运球技巧和强调轻踢概念，儿童能够逐渐理解如何控球。儿童一旦掌握了这项新技能，其足球运动将从简单的踢球和追球转变成一种更具挑战性和趣味性的活动，他们可以受用多年。

用脚运球课程计划

（第 1 节课）

年龄组
小学二年级学生。

教学重点
用脚运球时控球。

教学次重点
学会用脚的不同部位运球，在公共空间内移动运球，运用力的概念学习操控性技能。

教学目标
教师评估观察，学生在用脚运球的 5 次练习中至少有 4 次能做到成功控球。（**提示词**：*用脚上平整的部位、轻踢、保持近身*）

材料和设备
每个学生一个充气不足的塑料球。你需要用一根曲棍球棒和一个网球做示范。

组织与管理
学生在个人空间内做热身活动，接受指导和进行练习。

热身活动
学生进入场馆，随着音乐移动。教师喊出不同的运动技能，学生做出动作，包括慢跑、跳跃、快跑和滑步。

注意学生是否安全地运动并正确完成运动技能。加入一些力量方面的运动概念，以调整活动。比如要求学生用较小的力量完成慢跑、跳跃或快跑等。

注意学生是否安全地运动并正确完成运动技能。

形式
学生在场馆内找到个人空间，面朝你站好。

介绍
你们对运动技能掌握得非常好。除了完成运动技能以及用不同的力度进行运动之外，你们还需要做其他动作来完成热身。什么动作呢？（**在公共空间内运动的时候，不要远离个人空间**）

很好。今天我们要学习一项新的技能，需要你们在个人空间内运用较小的力量进行练习。这一次，你们不仅需要控制好自己的身体，还需要控制好一个移动的物品。今天我们来练习用脚运球。

为了正确地完成用脚运球，首先用脚把球向前轻踢，然后跟着球移动，再踢。为避免球滚得太远，你们需要做大量的练习。今天我们先用塑料球练习，因为塑料球充气较少，这样就不容易滚得太远。

我会喊出一种颜色，如果这个颜色正好是你衣服的颜色，那么你就去拿一个塑料球，然后回到个人空间内坐下。

很好。大家原地起立，把球放在地板上。音乐开始，你们在公共空间内慢速移动，用很小的力量轻轻踢球，记住，只能用脚踢。你必须让球保持近身，所以不要用力踢球，要轻轻踢。（音乐开始）

注意学生是否安全地运动、轻踢、使球保持近身。重复提示词轻踢和保持近身。

停止不动。你们做得非常好。如果我想要控制好球，我是应该用脚上的平整部位踢还是用不平整部位踢呢？我来做个试验，你们认真思考这个问题。

用曲棍球棒和网球示范动作。把网球放在地上，首先用曲棍球棒顶端轻击几次球，然后用球棒平整的一侧轻击几次球。

在刚才两种情况中，哪一种更容易控制球的方向？对，当我使用球棒平整的一侧时。所以，你们用脚运球的时候，也需要用脚平整的部位运球。告诉我你们脚上平整的部位在哪里？对，脚的内侧或者外侧都正确。为了更好地控球，你们运球时一定要用脚上平整的部位。（用脚的内侧或者外侧示范运球，再示范用脚尖运球来进行对比）

音乐开始，你们需要在场馆内用脚的平整部位运球。再强调一遍，你们需要**轻踢并保持近身**。（音乐开始）

注意学生是否用脚的内侧或者外侧运球。重复提示词：用脚上平整的部位、轻踢、保持近身。

停止不动。当我说开始的时候，你们每个人找一个搭档，然后和搭档并排坐下，将两个球放在身边。开始。

这一次我们玩一个游戏，叫作"跟我学"。搭档二人当中年龄小的那位先做领队并做出相应的动作，另一位在模仿领队的动作的同时控球。当你们听到我拍手时，二人交换角色。好了，现在看看谁的年龄小。大家起立，把球放在地上。你们明白指令了吗？开始。（音乐开始）

注意学生是否用脚的内侧或者外侧运球、控球，以及模仿领队动作。重复提示词：用脚上平整的部位、轻踢、保持近身。2～3分钟后，拍手，二人交换角色。

停止不动。当我说开始的时候，你们每对搭档需要去找另外一队搭档，然后在他们旁边坐下。开始。

现在，你们是4人一组。好了，起立，每一组按照身高从低到高排队。**慢速**移动，不要脱离各自的队伍，想象一下你们是一列火车。第一个人是火车头，后面的人是一节节车厢。你们运球的同时，要紧跟着火车头。明白指令了吗？音乐开始，活动开始。（音乐开始）

观察学生的控球动作，以及是否模仿领队的动作。经常重复提示词：轻踢、保持近身。（2分钟后，换一个学生做火车头，每个人轮流做火车头）

停止不动。请把器材放到一边，列队。

结束：学生列队准备离开时可以玩教师扮演游戏。

我们来复习一下今天课堂上学习的重点。

1. 我用的是脚的哪一个部位运球？**（平整的部位）**

2. 用脚运球时，我们应该用多大的力度？**（较小的力度）**

3. 我用哪只脚运球？**（任意脚）**对，下节课我们将学习如何只用右脚或左脚运球。

参考文献

Albemarle County Physical Education Curriculum Revision Committee. (2008). *Albemarle County physical education curriculum guide*. Unpublished manuscript, Albemarle County Public Schools, Charlottesville, VA.

Bryant, R. & McLean Oliver, E. (1974). *Complete elementary physical education guide*. West Nyack, NY: Parker Publishing.

Fluegelman, A. (1981). *More new games*. New York, NY: Bantam Doubleday.

Graham, G., Holt-Hale, S. & Parker, M. (2013). *Children moving: A reflective approach to teaching physical education*. Mountain View, CA: Mayfield Press.

NASPE (1992). Outcomes of quality physical education programs. Reston, VA: Author. NASPE (1995). Moving into the future: National standards for physical education. Reston, VA:Author.

Pangrazi, B., Chomokos, N. & Massoney, D. (1981). From theory to practice: A summary. In A. Morrie (Ed.), *Motor development: Theory into practice* (pp. 65–71) [Monograph 3 of *Motor skills: Theory into practice*]. ERIC Document Reproduction Service No. ED 225 939.

Seefeldt, V. (1979). Developmental motor patterns: Implications for elementary school physical education. In C. Nadeau, W. Halliwell, K. Newell & C. Roberts (Eds.), *Psychology of motor behavior and sport*. Champaign, IL: Human Kinetics.

SHAPE America. (2014). *National standards & grade-level outcomes for K-12 physical education*. Champaign, IL: Human Kinetics.

作者简介

A. 冯妮·科尔文（A. Vonnie Colvin），教育学博士，于2016 年从美国朗沃德大学（Longwood University）健康、运动训练、休闲和人体运动学学院退休。在退休之前，除了完成日常的教学任务之外，她和学院里的实习教师一起工作，同时还是学院里体育与健康教育教师培训项目的负责人。科尔文曾担任弗吉尼亚健康、体育、休闲和舞蹈协会综合部副主席。该组织于 2013年授予科尔文大学体育教育杰出教师奖。

在任职于朗沃德大学之前，科尔文在肯塔基大学人体运动学与健康系担任了 9 年的教员。在肯塔基大学任职期间，她积极参与肯塔基健康、体育、休闲和舞蹈协会的活动。她帮助该协会协调了两次州会议，并担任体育部副主席。她曾荣获该协会颁发的大学体育教学杰出教师奖和杰出服务奖。

在 1995 年从事高等教育之前，科尔文在路易莎县从事体育教学 21 年，其中包括8 年小学体育教学、2 年初中体育教学和 11 年高中体育教学。在这 21 年的体育教学期间，她同时与来自美国诺福克州立大学（Norfolk State University）和弗吉尼亚理工学院（Virginia Tech）的实习教师们共事。

科尔文是美国健康和体育教育协会以及弗吉尼亚健康、体育、休闲和舞蹈协会的成员。此外，1999—2002 年，科尔文是《策略》（Strategies）编辑委员会的成员之一，2001 年担任该编辑委员会的主席。

退休后，科尔文继续担任兼职教授，并为朗沃德大学教授两门在线研究生体育课程。此外，她的兴趣已扩展到为朗沃德大学教授大学教育认证课程。她的这一兴趣逐渐扩展至为弗吉尼亚教育部提供咨询服务，她开发了整个联邦都在使用的课程。其后科尔文继续举办研讨会，并定期与其他学校的大学教育教师以及 K–12 体育教师进行交流。

科尔文现居弗吉尼亚州法姆维尔市，喜爱徒步、阅读和旅行。

南希·J. 埃格纳·马科斯（Nancy J. Egner Markos），教育学硕士，曾获 2002 年美国国家运动与体育协会年度基础体育教育优秀教师奖、2003 年弗吉尼亚大学柯里教育学院（Curry

School of Education at the University of Virginia）杰出小学教师奖。2011年，马科斯荣获阿尔伯马尔县公立学校教师金苹果奖。

从1984年到2011年退休为止，马科斯一直是弗吉尼亚州夏洛茨维尔阿尔伯马尔县学校系统的基础体育与健康教育专家。直到2014年6月，马科斯还是阿尔伯马尔公立学校（the Albemarle County Public Schools）体育与健康教育和家庭生活的推进者。

1985—2011年，马科斯在弗吉尼亚大学（the University of Virginia）担任体育讲师，在校期间指导学生参与体育教育和体育教学改革项目。2017年，马科斯担任朗沃德大学健康和体育专业实习教师的大学督导。

在弗吉尼亚大学担任讲师之前，马科斯在马里兰州和罗得岛州从事了5年的初中体育教育，执教田径、排球和体操。在马里兰州任教期间，马科斯指导马里兰大学（the University of Maryland）的学生进行体育训练。

马科斯是美国健康和体育教育协会以及弗吉尼亚健康、体育、休闲和舞蹈协会的成员。2010—2013年，她还是NASPE出版委员会的成员。1999—2001年，她是《策略》（Strategies）编辑委员会的成员之一，2000年担任该编辑委员会的主席，1991—2016年担任审稿人。2008—2009年，她担任美国小学体育教师年度评选委员会主席。马科斯还参与了弗吉尼亚教育部主持的《体育教育学习标准》（The Standards of Learning for Physical Education）和《体育教育资源指南》（The Physical Education Resource Guide）的编撰与修订工作。马科斯于2012—2017年担任美国运动会的主持人。

马科斯现在与家人一起定居弗吉尼亚州夏洛茨维尔市，喜欢打高尔夫球、匹克球和锻炼身体。

帕梅拉·J. 沃克（Pamela J. Walker），教育学硕士，担任弗吉尼亚州夏洛茨维尔阿尔伯马尔县学校系统的基础体育与健康教育专家30年，直到2008年退休。她在弗吉尼亚州北花园红山小学（Red Hill Elementary in North Garden，Virginia）任教25年。她同时也是弗吉尼亚大学的体育讲师，其间和实习生与实习教师共事18年。

沃克荣获1995年弗吉尼亚健康、体育、休闲和舞蹈协会颁发的年度基础体育教育优秀教师奖，并于2004年荣获阿尔伯马尔县公立学校教师金苹果奖。

沃克为本书的前几版作出了大量贡献，其中的大部分工作都包含在此版本中。我们非常感谢她的辛勤工作。但在本书第4版的编写过程中，沃克已退休。目前她在陪伴家人，她喜欢游泳、打高尔夫球、徒步、露营和旅行。她现居弗吉尼亚州斯凯勒市。

译者简介

　　陈凤林，毕业于广州体育学院体育教育专业，中学体育正高级教师，有 27 年中小学体育教研经历，现任广州市第一中学体育教师、特色处主任；担任广州市中学名教师工作室主持人、荔湾区特色项目（篮球）办公室主持人、荔湾区体教结合篮球项目总教练，曾获评荔湾区首届品牌教师之"荔湾名师"；长期致力于中小学体育教学实践研究和荔湾区青少年篮球培训工作，主持过多项省市级课题，所著论文曾获全国中学生运动会科学论文报告会一等奖。

　　胡永泉，华南师范大学体育教育专业体育教育硕士，中学体育一级教师，广州市中小学体育骨干教师，有 16 年中小学教研经历，现任广州市天河外国语学校体育教师，广州市天河区体育中心组成员；曾获评"广州市优秀教师""广州市体育骨干教师""广州市教师教学基本功大赛一等奖""感动天河的教师""天河区优秀共青团干部""天河区初三毕业班先进个人"等，2018 年报送课例被评为教育部"一师一优课、一课一名师"活动"优课"，2021 年获广州市中小学青年教师教学能力大赛初中体育组二等奖。